U0906733

海口统计年鉴

HAIKOU STATISTICAL YEARBOOK

2009

总第(14)期

海　口　市　统　计　局
国家统计局海口调查队　编

(京)新登字041号

图书在版编目（CIP）数据

海口统计年鉴. 2009/海口市统计局,国家统计局海口调查队编.—北京：中国统计出版社，2009.11
ISBN 978-7-5037-5841-6

Ⅰ.海… Ⅱ.①海…②国… Ⅲ.统计资料-海口市-2009-年鉴Ⅳ.C832.661-54

中国版本图书馆CIP数据核字(2009)第194422号

海口统计年鉴-2009

作　　者 / 海口市统计局 国家统计局海口调查队
责任编辑 / 郑淼淼
E-mail / yearbook@stats.gov.cn
责任校对 / 林　峰
出版发行 / 中国统计出版社
通信地址 / 北京市西城区三里河月坛南街75号　中国统计出版社
邮　　编 / 1000826
电　　话 / （010）63376907
印　　刷 / 海口景达鑫彩色印刷有限公司
经　　销 / 新华书店
开　　本 / 889×1230毫米　1/16开
字　　数 / 76万字
印　　张 / 24.4印张
印　　数 / 1-800册
版　　别 / 2009年11月第1版
版　　次 / 2009年11月第1次印刷
书　　号 / ISBN 978-7-5037-5841-6/C·2298
定　　价 / 220元

编者说明

一、《海口统计年鉴—2009》是一部信息密集的资料工具书。本书通过大量、翔实的统计数据，全面客观地反映了2008年及历史主要年份，特别是海南建省办经济特区以来海口经济和社会发展变化情况，是社会各界人士认识海口、了解海口的重要窗口。

二、《海口统计年鉴—2009》全书内容包括：特载；综合；人口；从业人员和劳动报酬；农业；工业；固定资产投资和建筑业；交通运输邮电通讯；国内贸易业；能源和水消费；对外经济贸易和旅游；财政、金融和保险；物价；科技、教育、卫生、文化和体育；城市建设、海洋开发和环境保护；人民生活；35个大中城市主要经济指标；附录等十七部分。

三、本年鉴所列各项统计指标，除《政府工作报告》、《关于海口市2008年国民经济和社会发展计划执行情况与2009年国民经济和社会发展计划草案的报告》、《关于2008年海口市和市本级预算执行情况及2009年海口市和市本级预算草案的报告》和《海口市2008年国民经济和社会发展统计公报》使用的统计数据为年报快报数外，其他均为正式年报数。凡与本年鉴不符的，一律以本年鉴为准。

四、本年鉴编辑入的统计数字，以2008年为主，为了方便读者使用，主要指标还列入了1987年以来有关年度的主要统计数字。

五、资料中所用的度量单位均采用国际统一标准计量单位。

六、本年鉴表中的符号使用说明："#"表示其中的主要项；"……"表示数据不足本表最小计量单位；"空格"表示该统计指标不详或无该项数据。

七、《海口统计年鉴》公开出版以来，受到社会各界的关心和支持，并提出宝贵意见，对此我们深表谢意。竭诚欢迎广大读者对年鉴的不足之处给予批评和指正，帮助我们进一步提高年鉴的编辑水平。

统计图表

地区生产总值（亿元）
450
400
350
300
250
200
150
100
50
0
11.82
175.23
347.85
393.69
443.18
1987年
2000年
2006年
2007年
2008年

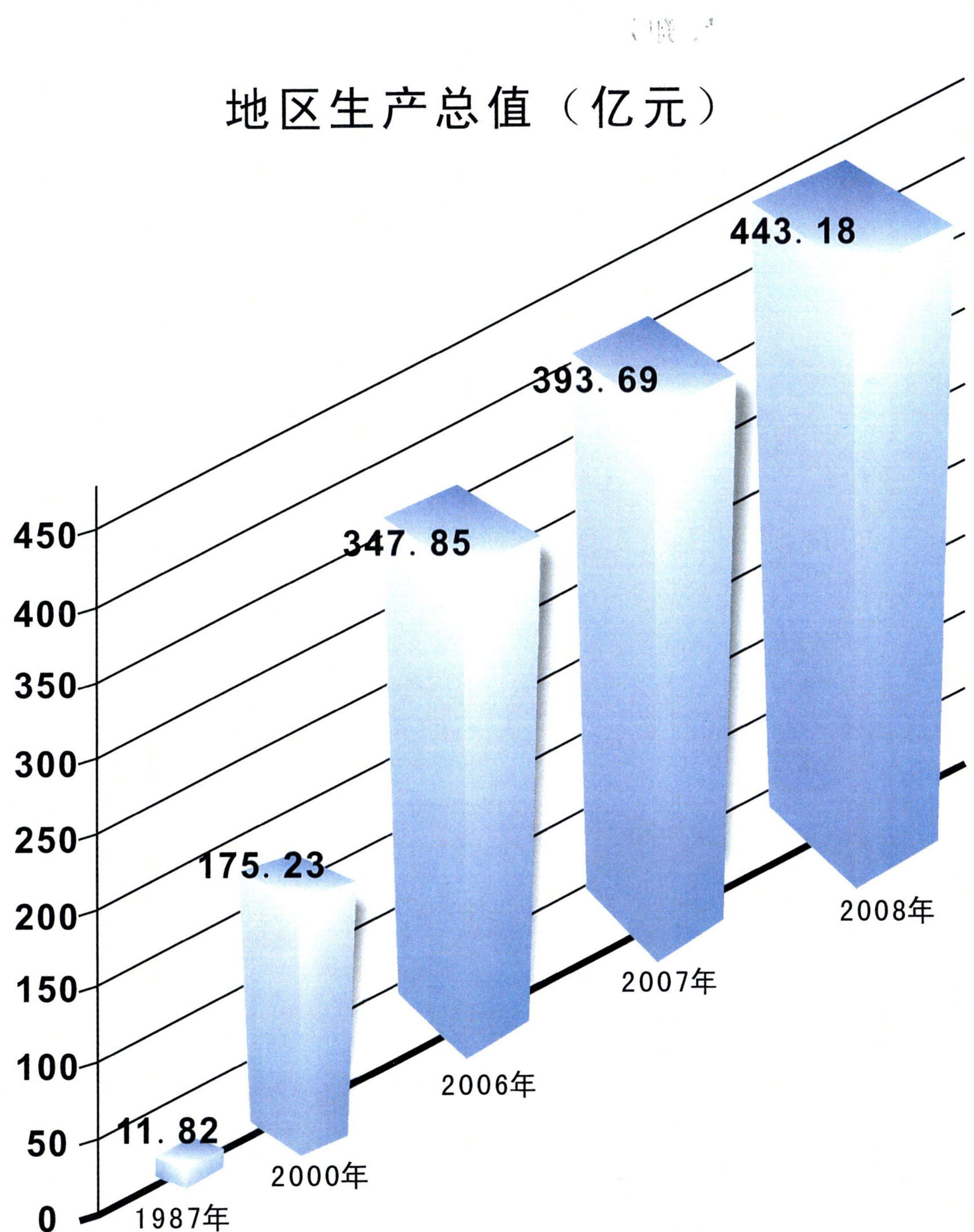

地区生产总值构成

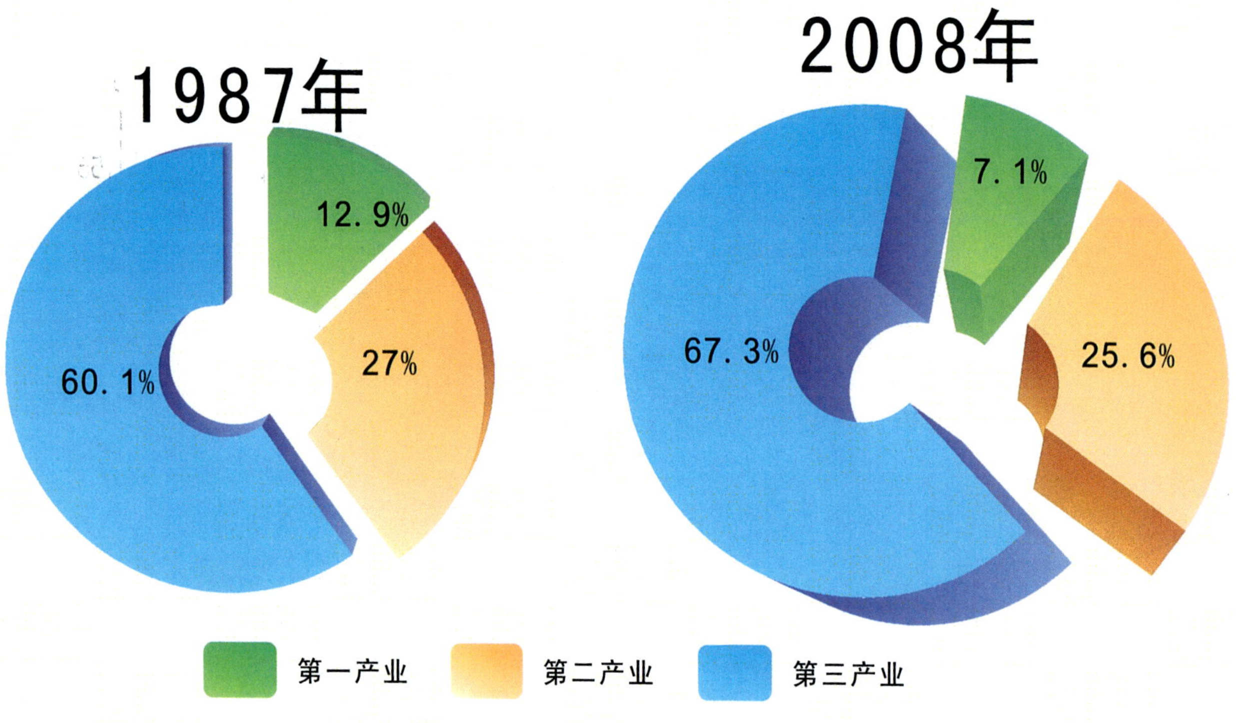

人均生产总值

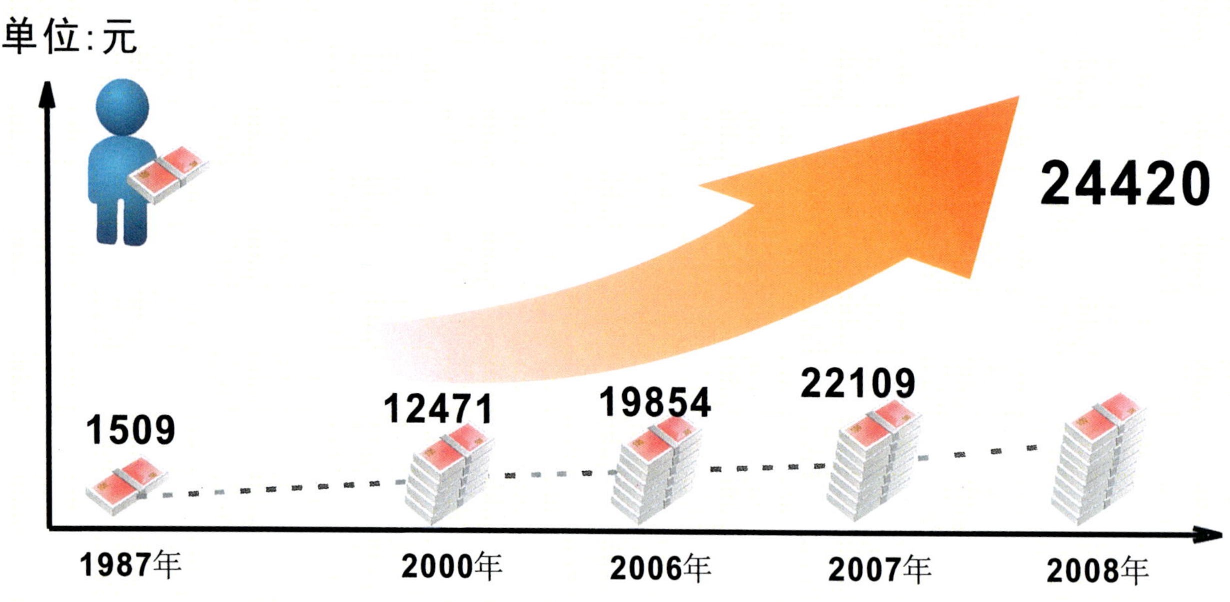

注:按常住人口计算。

人口（万人）

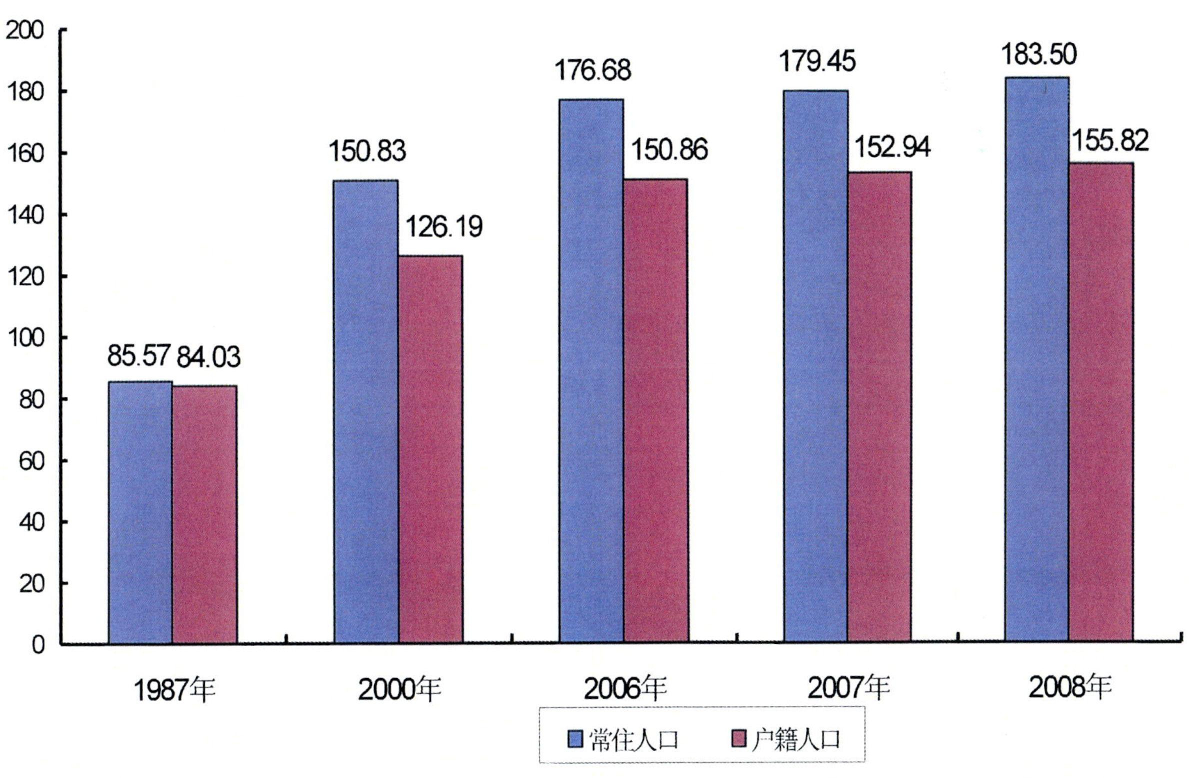

人口出生率、死亡率、自然增长率（‰）

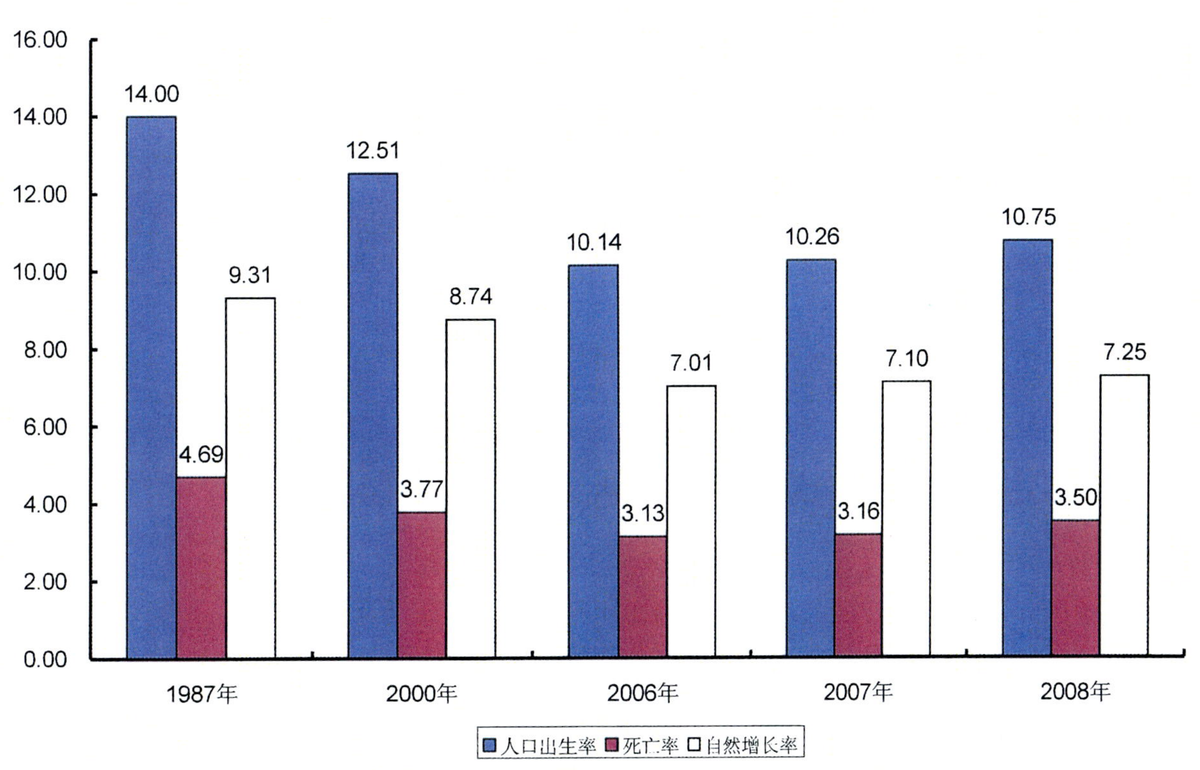

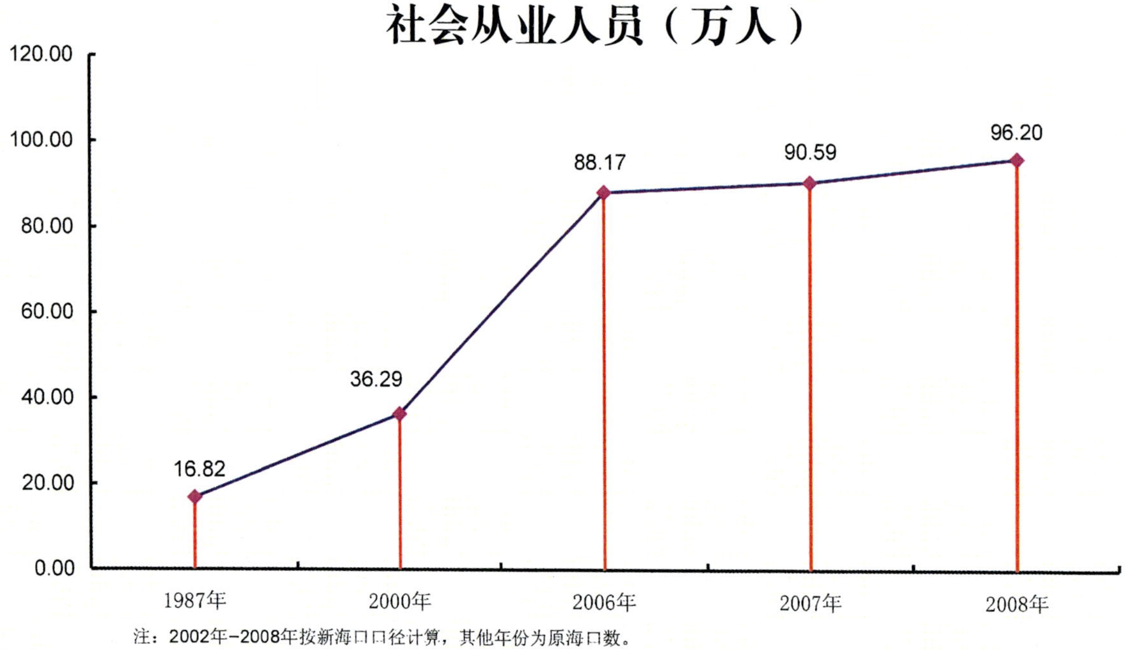
社会从业人员（万人）
120.00
100.00
80.00
60.00
40.00
20.00
0.00
16.82
36.29
88.17
90.59
96.20
1987年
2000年
2006年
2007年
2008年
注：2002年-2008年按新海口口径计算，其他年份为原海口数。

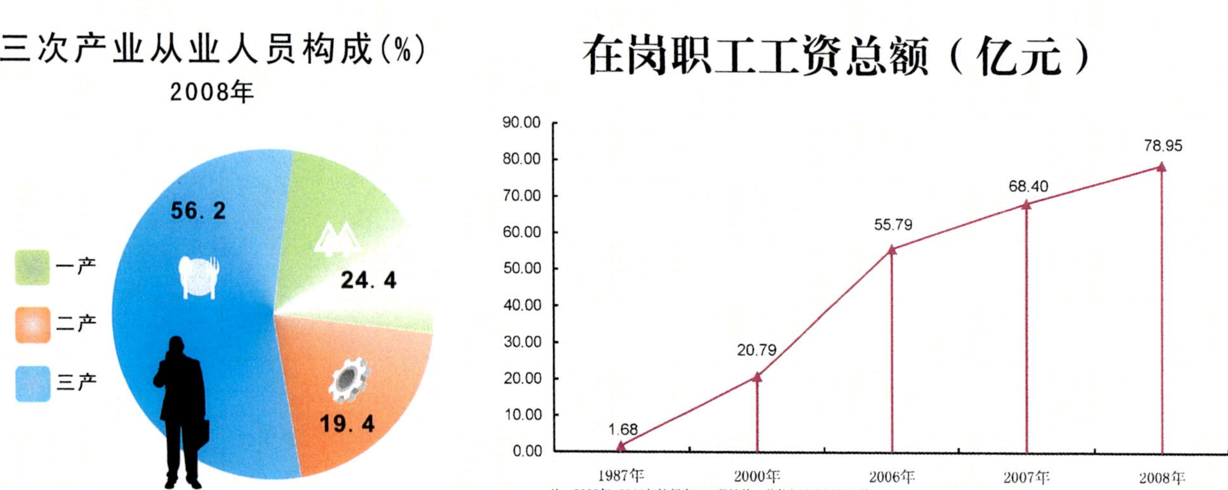
三次产业从业人员构成(%)
2008年
一产
二产
三产
56.2
24.4
19.4
在岗职工工资总额（亿元）
90.00
80.00
70.00
60.00
50.00
40.00
30.00
20.00
10.00
0.00
1.68
20.79
55.79
68.40
78.95
1987年
2000年
2006年
2007年
2008年
注：2002年-2008年按新海口口径计算，其他年份为原海口数。

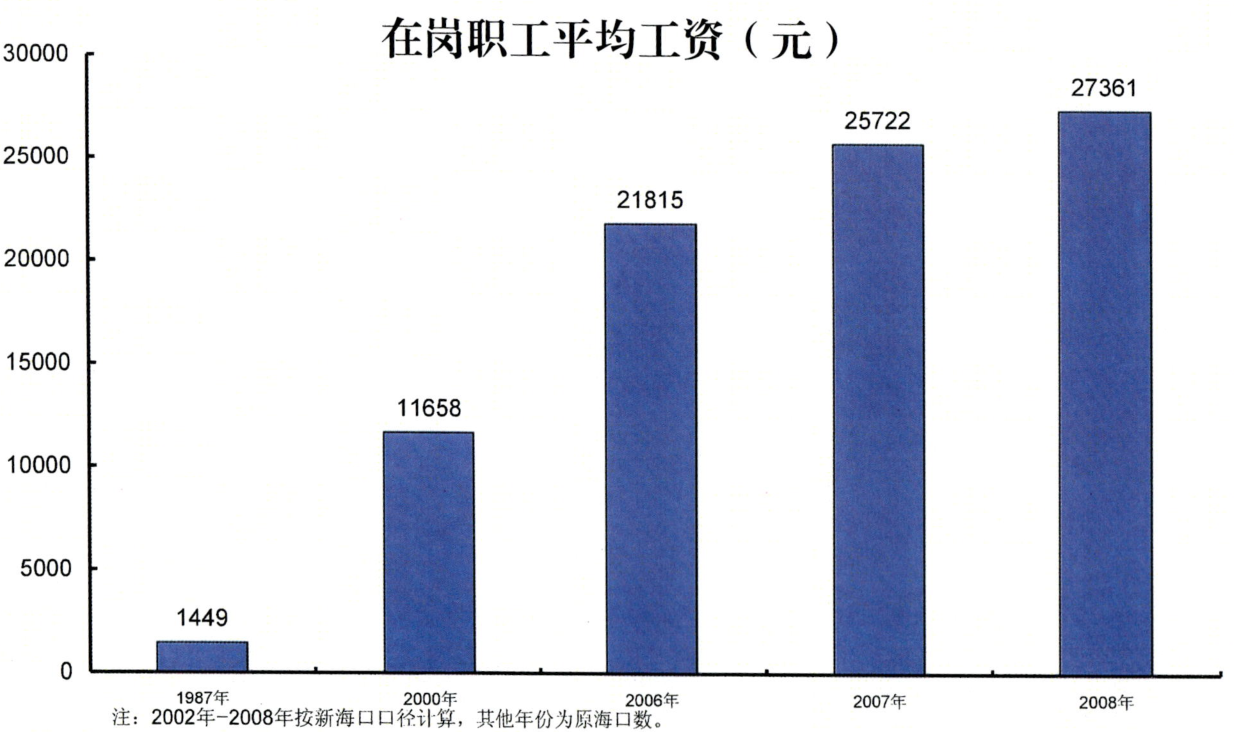
在岗职工平均工资（元）
30000
25000
20000
15000
10000
5000
0
1449
11658
21815
25722
27361
1987年
2000年
2006年
2007年
2008年
注：2002年-2008年按新海口口径计算，其他年份为原海口数。

全部工业总产值（亿元）

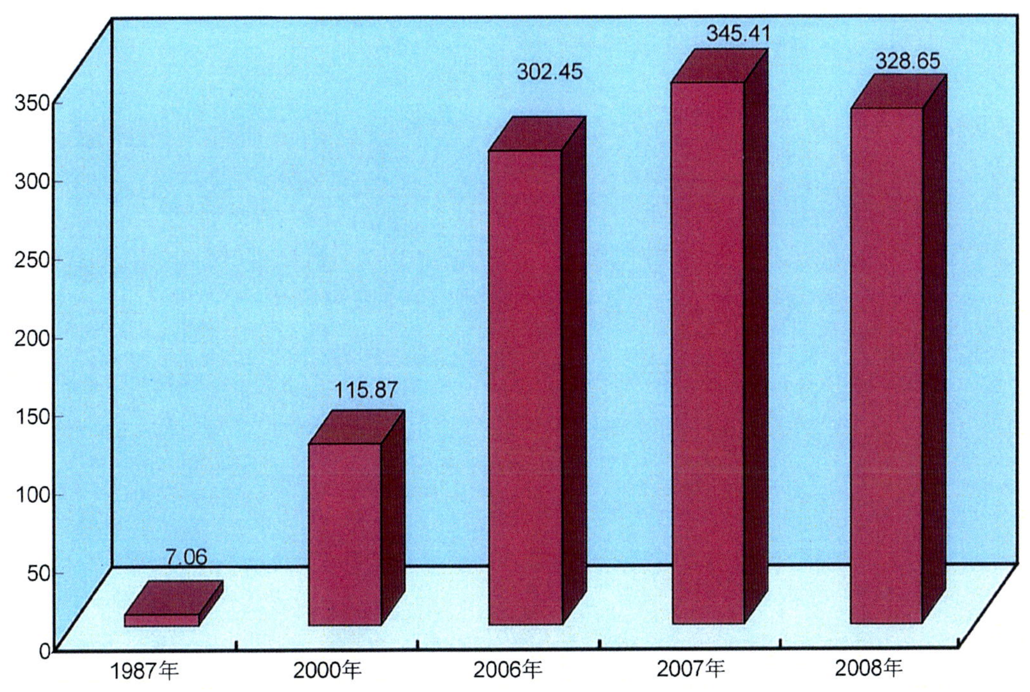

规模以上轻重工业构成（%）

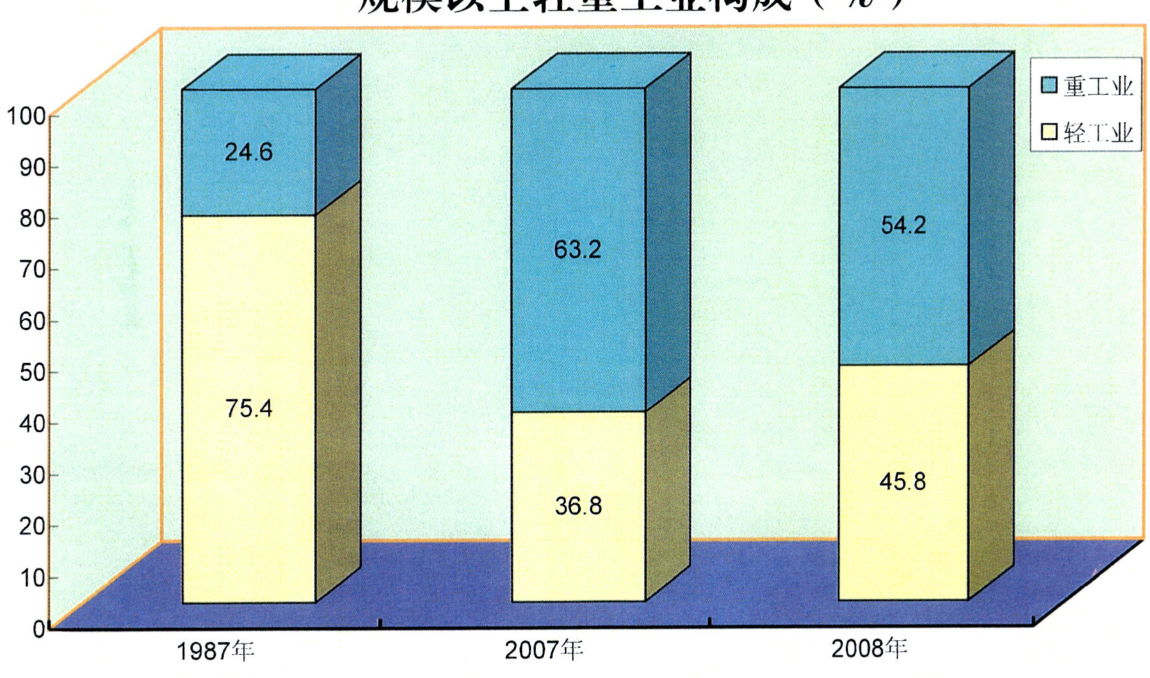

规模以上工业所有制构成（%）

1987年所有制构成(%)

11.3
9.0
79.7
国有
集体
其他

2008年所有制构成(%)

7.2
0.03
92.77
国有
集体
其他

主要工业品产量

万吨
35
30
25
20
15
10
5
0
0.24 0.30
6.80 20.05 15.67
23.79 27.57 13.67
27.37 29.31 16.60
22.10 31.18 15.36
1987年
2000年
2006年
2007年
2008年
合成纤维聚合物 软饮料 罐头

汽　车

万辆
14
12
10
8
6
4
2
0
0.31
8.36
12.26
8.51
1987年
2000年
2006年
2007年
2008年

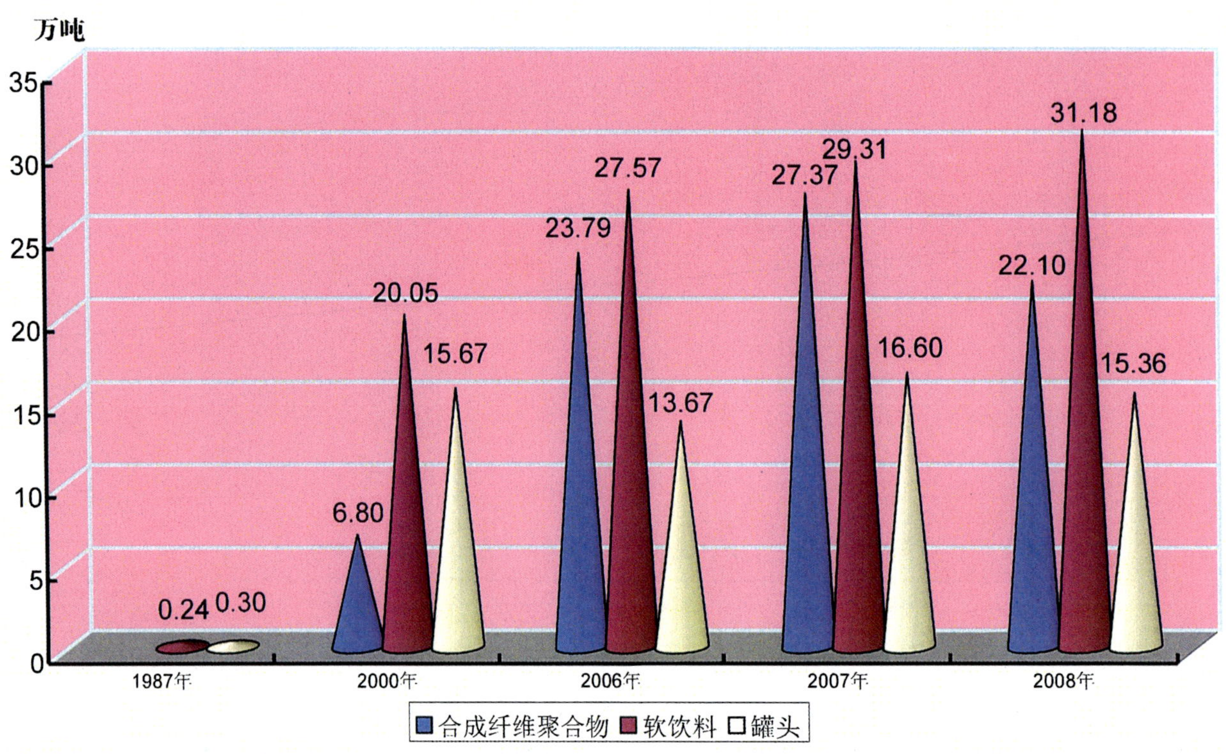

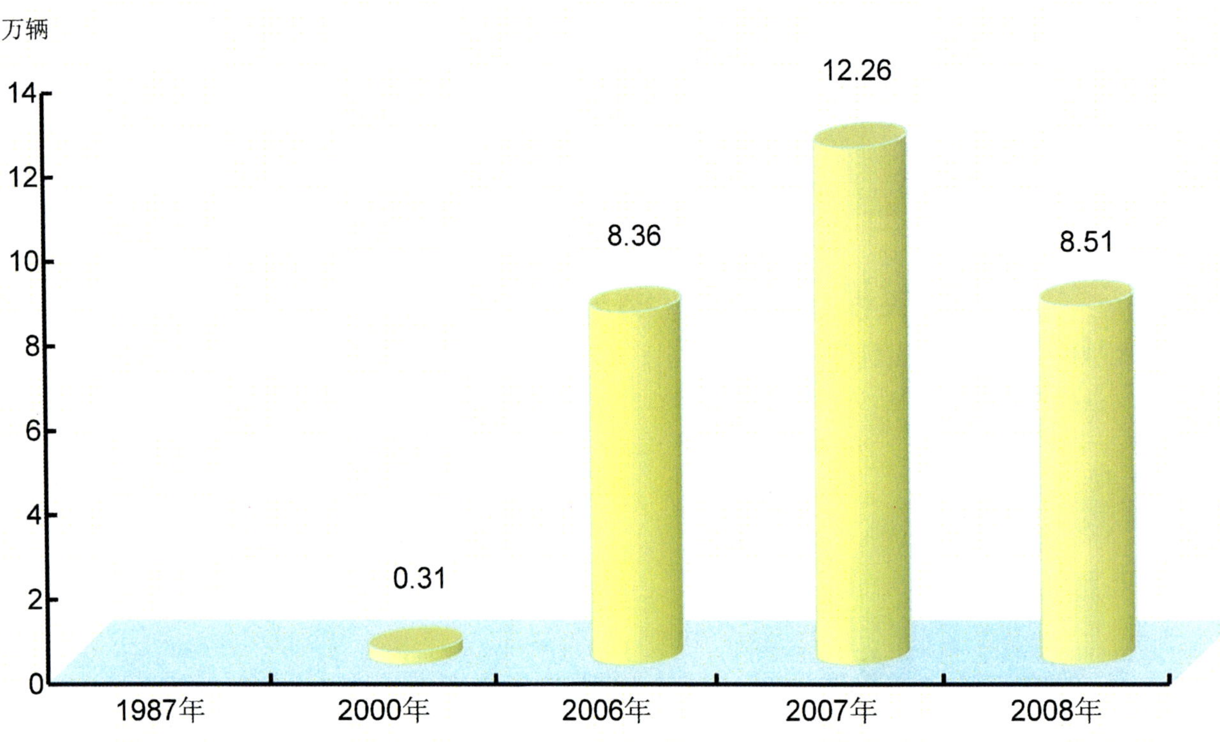

农业总产值(亿元)

(按当年价格)

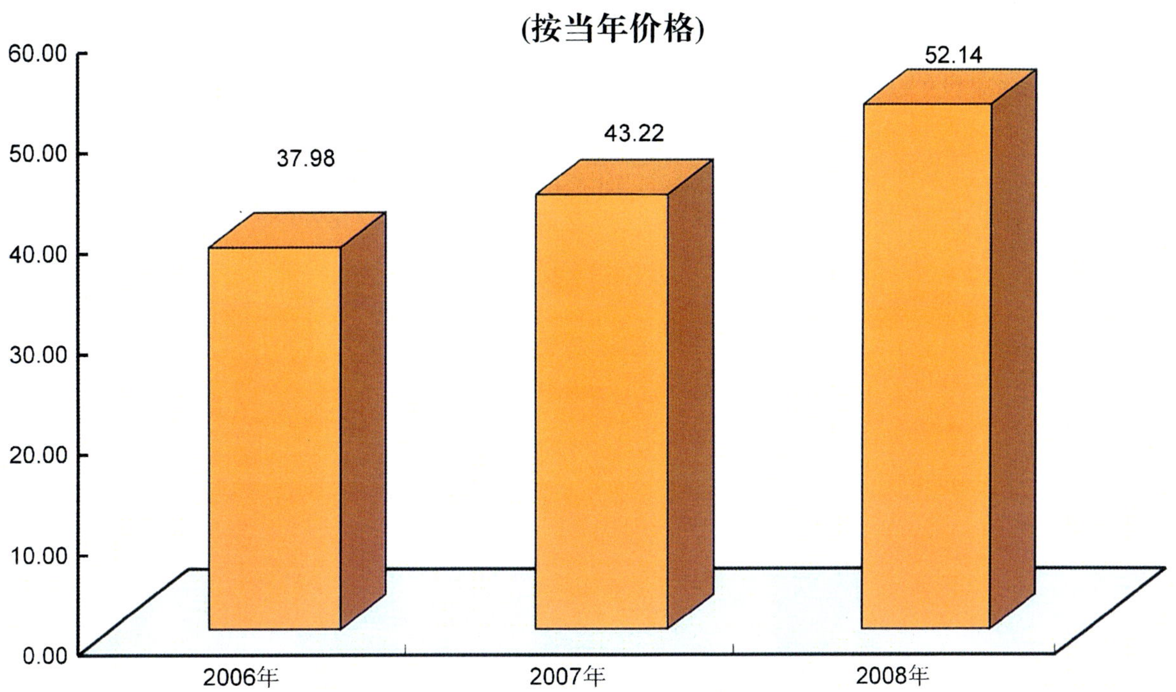

农业总产值构成(%)

(2008年)

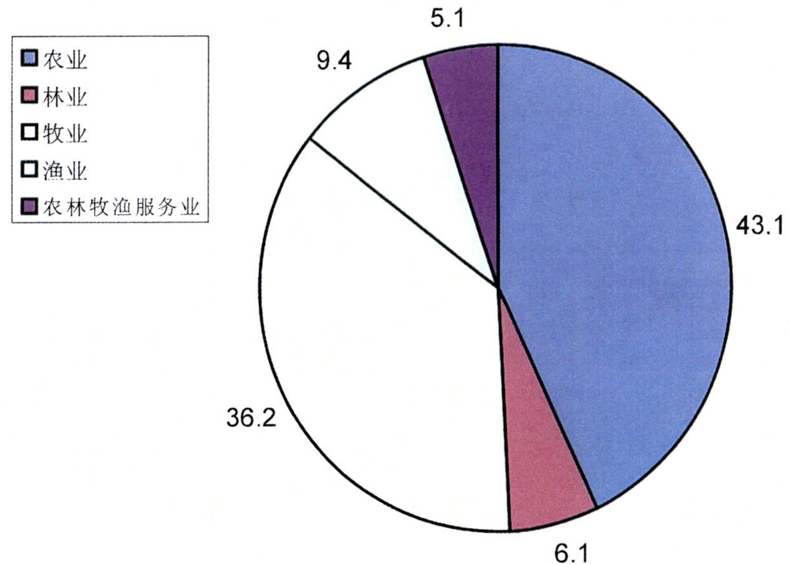

主要农产品产量(万吨)

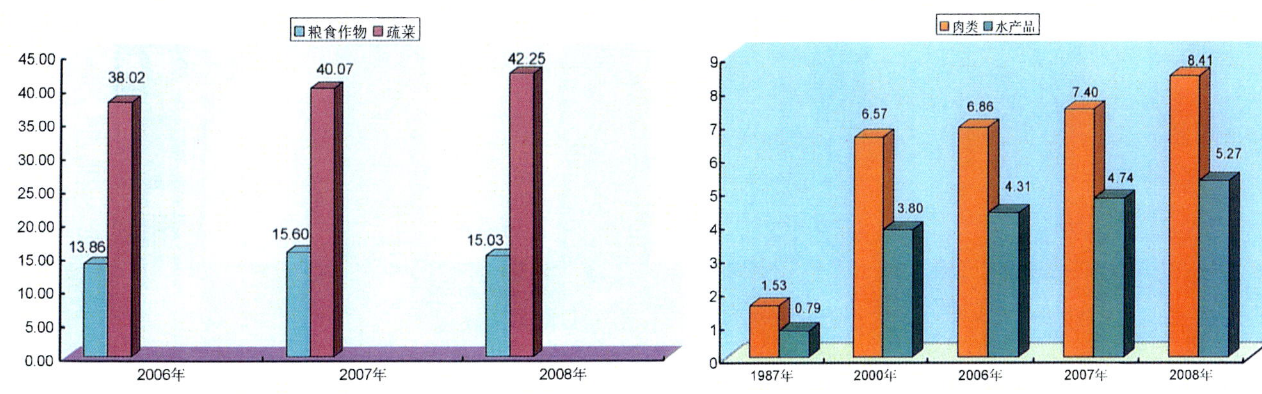

全社会固定资产投资额(亿元)

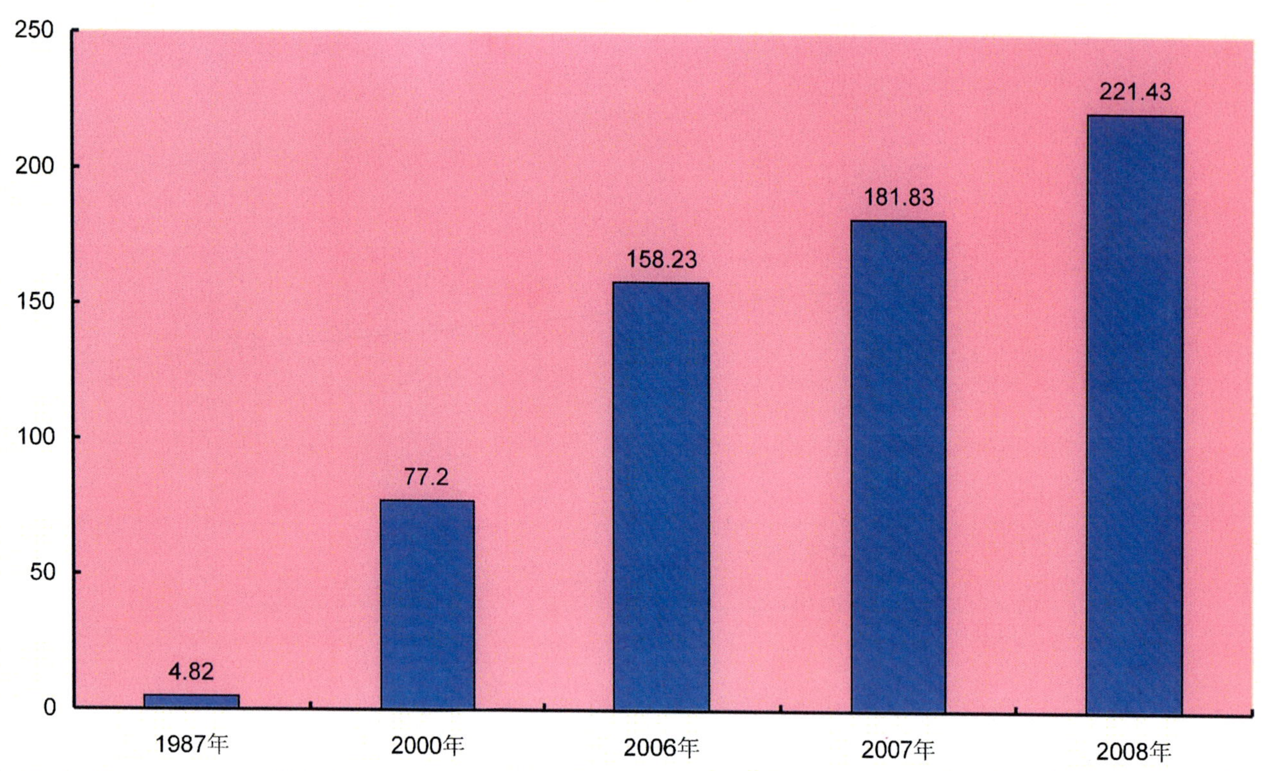

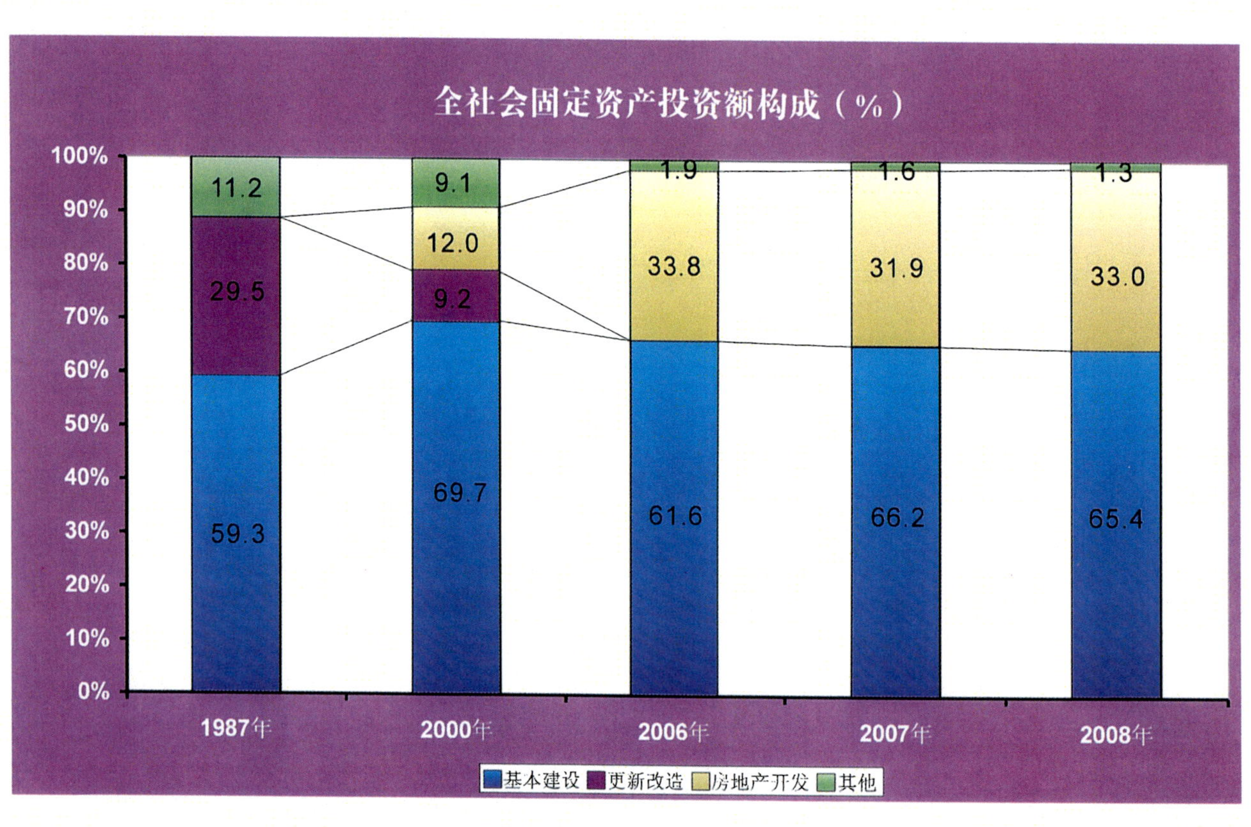

货物周转量和旅客周转量

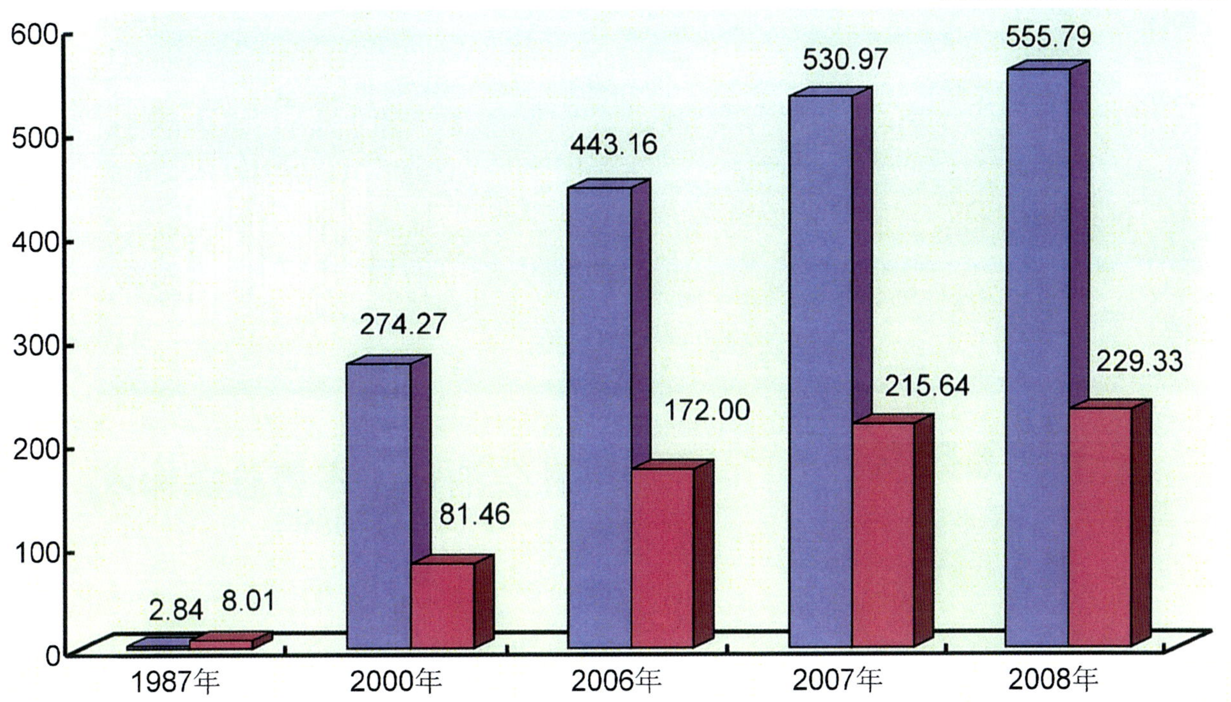

港口货物吞吐量(万吨)

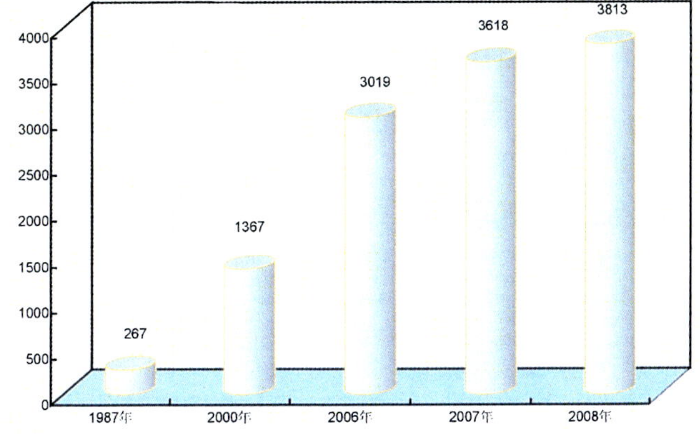

邮电业务总量(亿元)

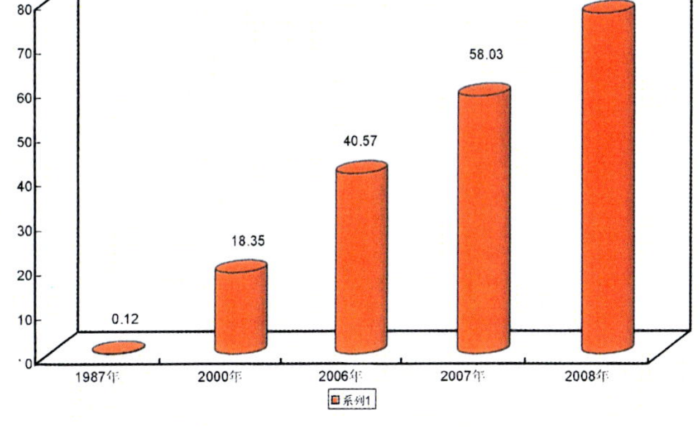

固定电话普及率(部/百人)

(按常住人口算)

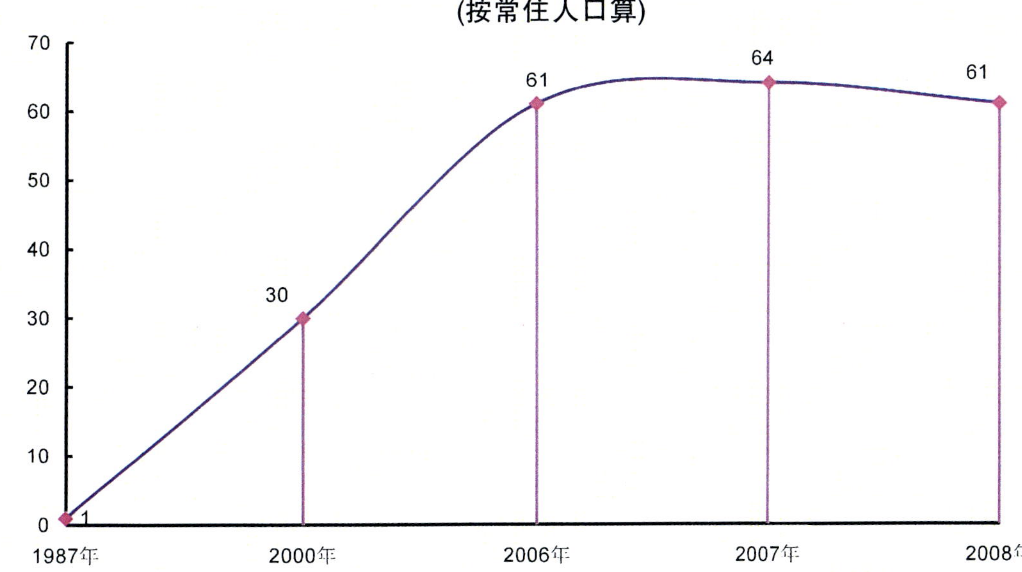

社会消费品零售总额(亿元)

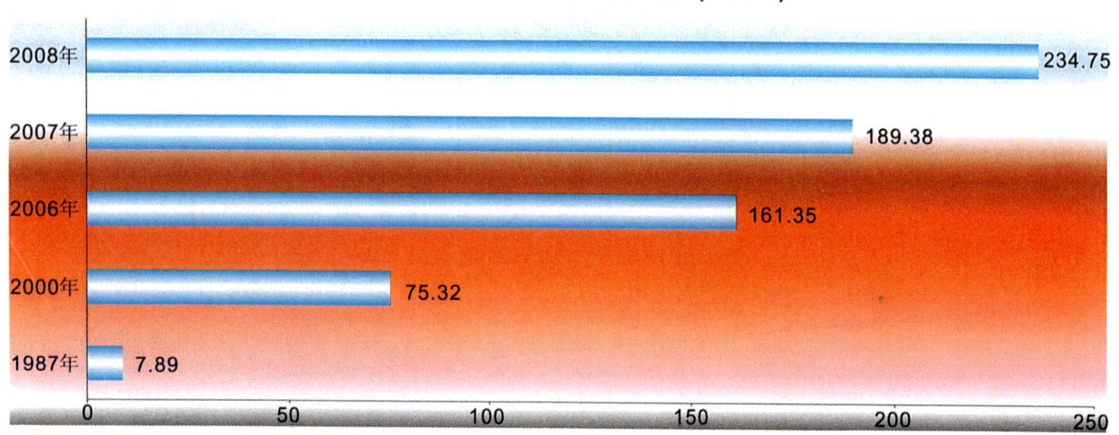

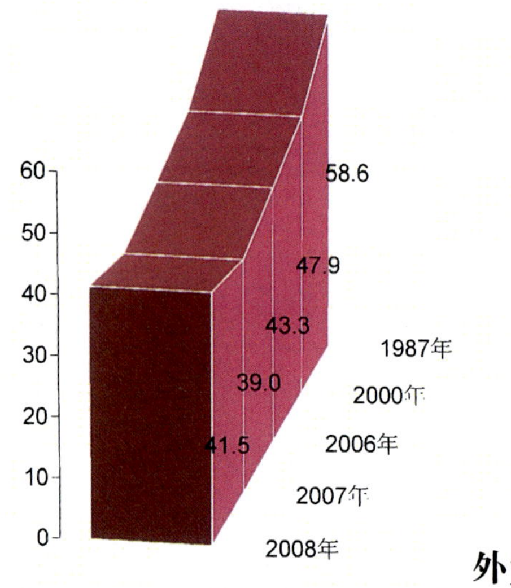

社会消费品零售总额构成
(2008年)

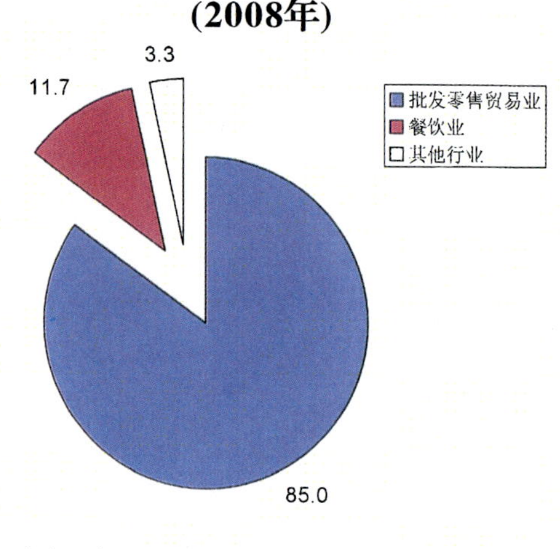

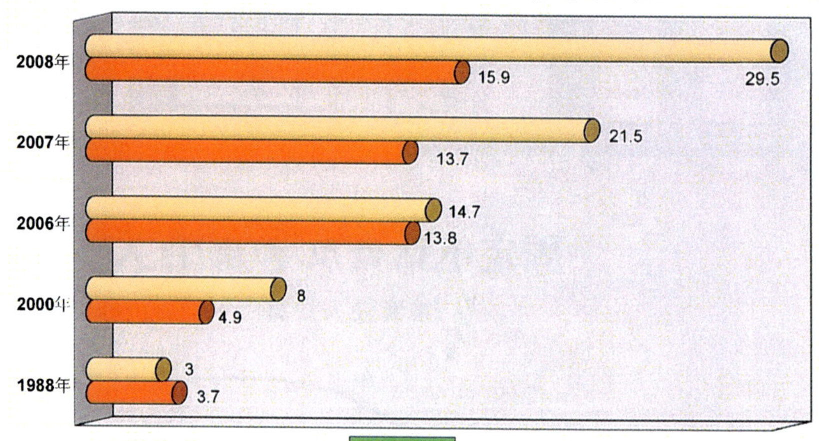

外商直接投资(亿美元)

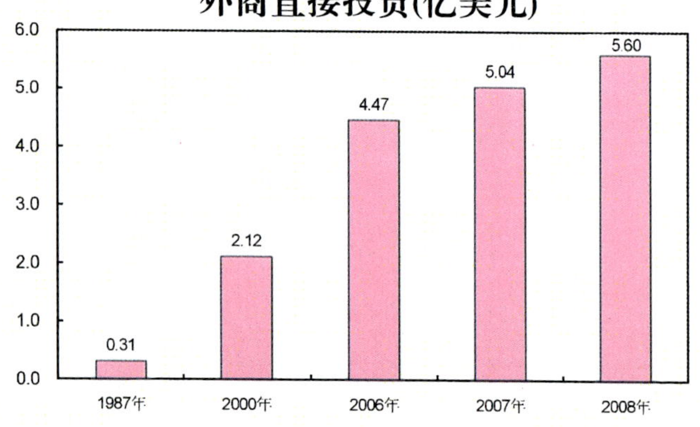

旅游饭店接待外游客(万人次)

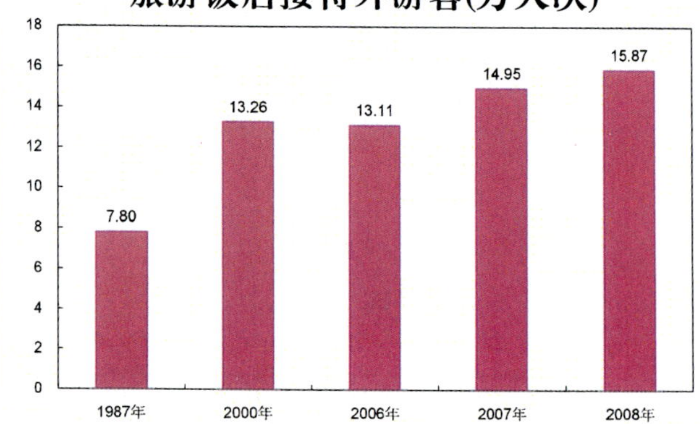

地方财政收支(亿元)

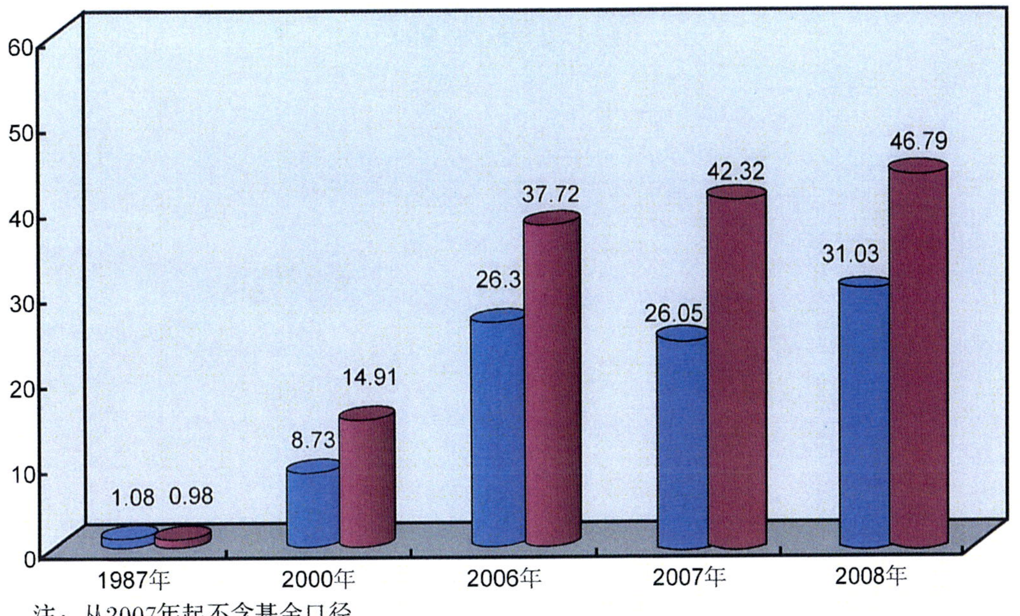

注：从2007年起不含基金口径。

金融机构年末人民币存、贷款余额(亿元)

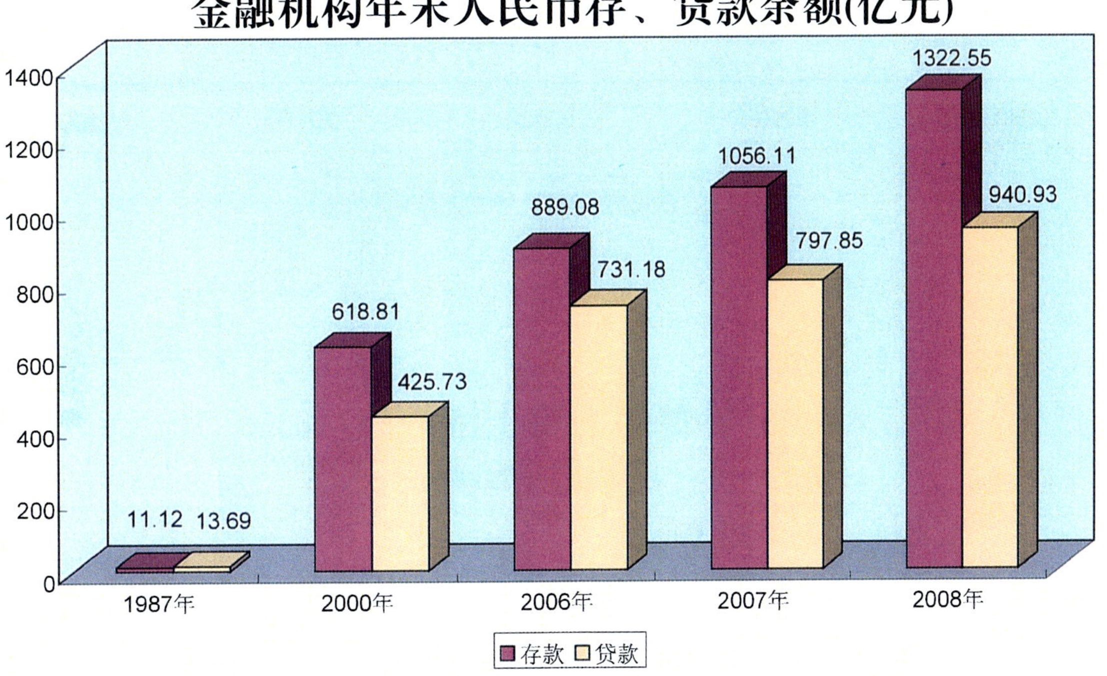

城乡居民储蓄存款余额(亿元)

（本外币）

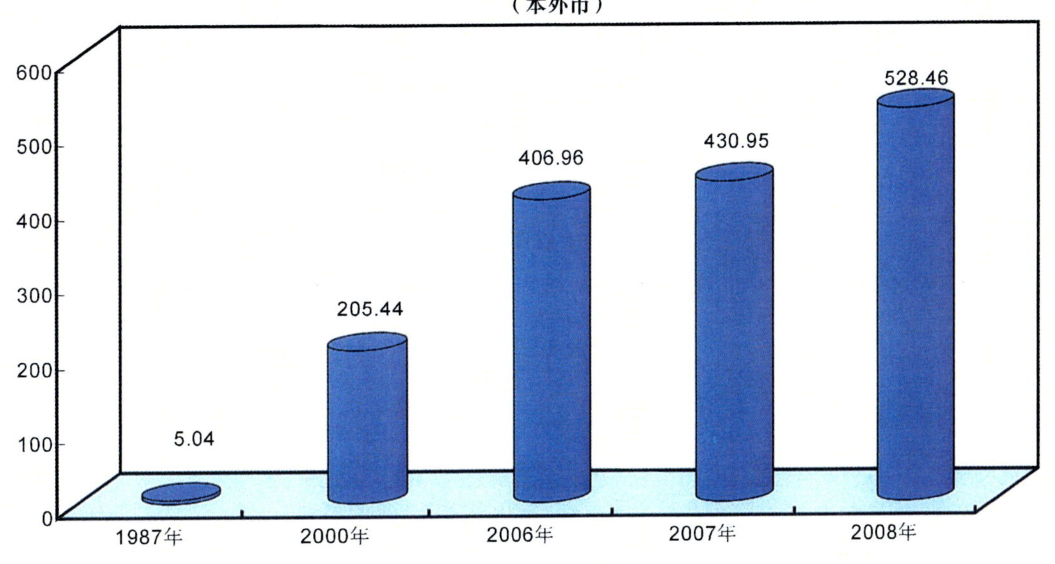

物价上涨幅度(%)

(以1987年为100)

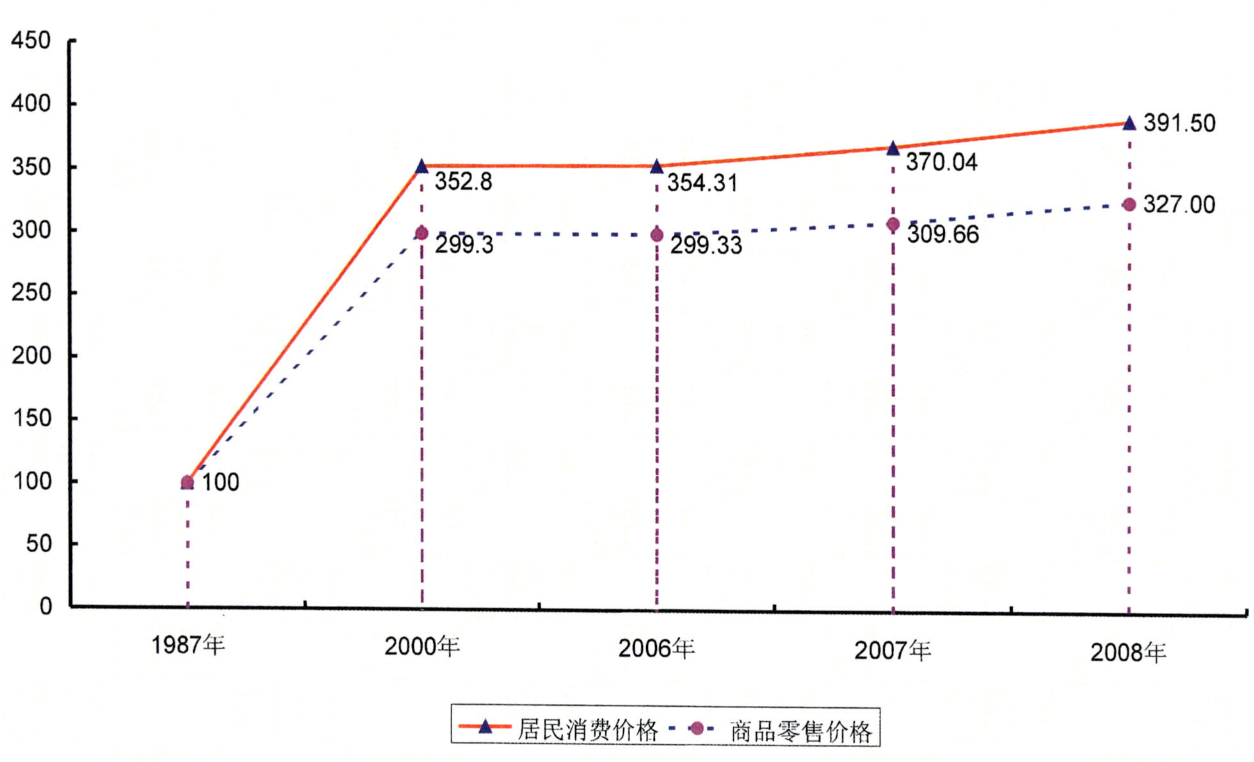

主要食品价格上涨幅度(%)

(以1987年为100)

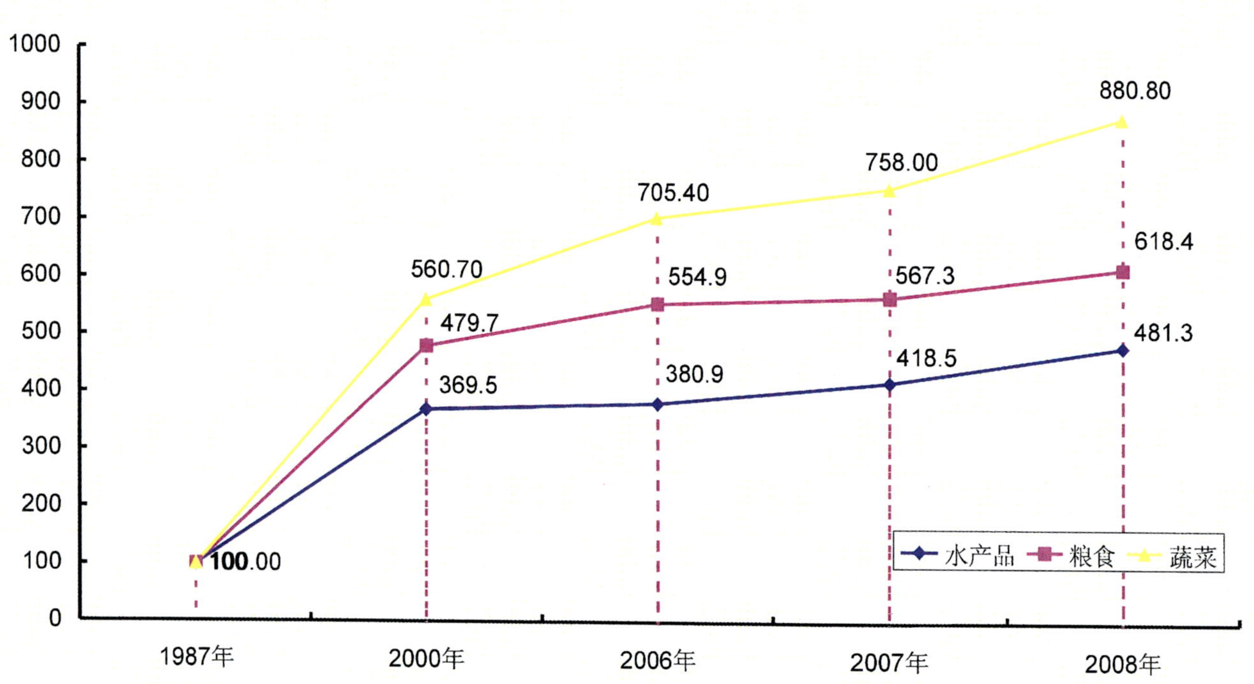

城市居民人均可支配收入和消费支出(元)

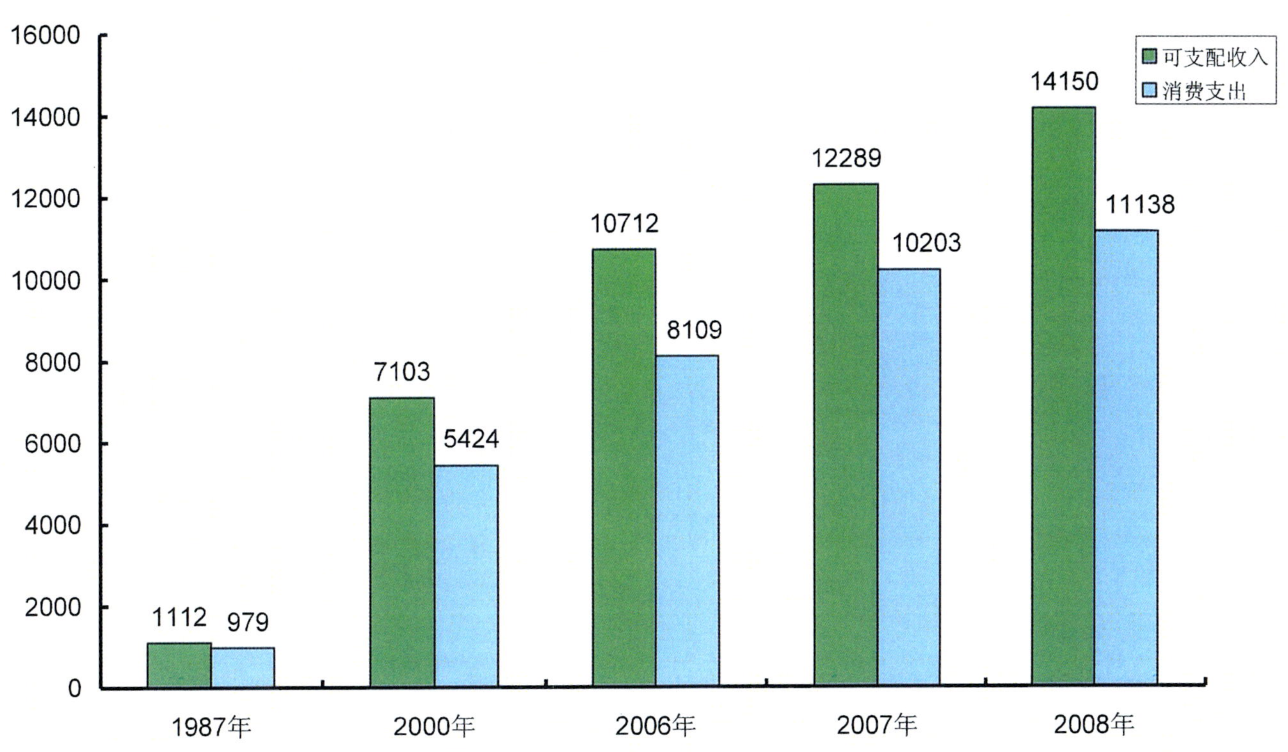

农村居民人均纯收入和生活费支出(元)

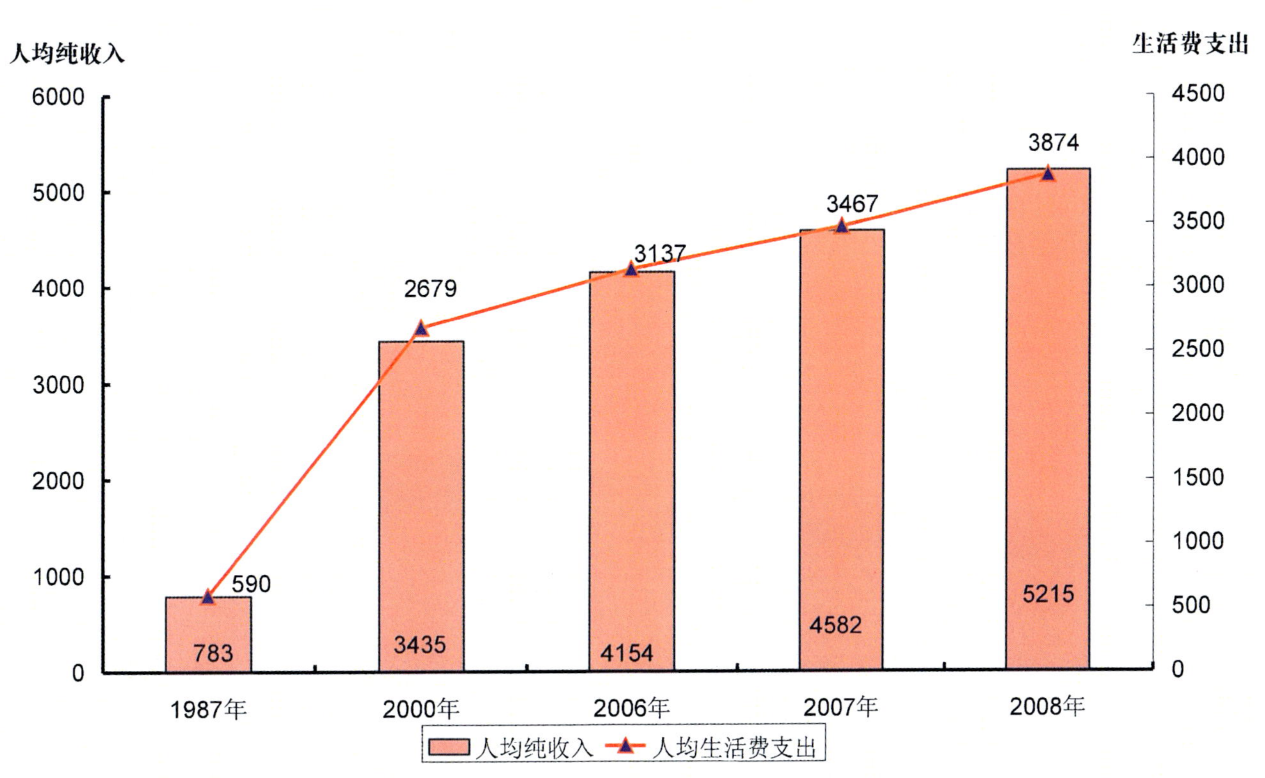

海口市人民代表

▲陈辞书记到市人大机关看望干部职工

海口市人民代表大会及其常委会肩负宪法、法律赋予的神圣职责，充分发挥地方国家权力机关的作用，在立法、监督、决定重大事项和人事任免等职权活动中取得了显著的成绩。

一年来，常委会坚持深入贯彻科学发展观，紧紧围绕全市工作大局，立足海口实际，紧扣科学发展主题，积极采取有效措施，推行科学立法、民主立法；

▲ 高锦全主任在市人大机关“送温暖、献爱心”捐助仪式上作动员讲话

▲ 市人大常委会举办第七次“人大代表论坛”

▲ 市人大常委会与市政府领导班子建立工作沟通联系制度

▲ 市十四届人大三次会议召开

依法实施监督，督促“一府两院”整改薄弱环节，完善体制机制，更好地依法行政、公正司法；注重完善代表工作机制，拓宽代表履职渠道，创新代表履职途径，充分发挥代表作用；加强自身建设，推进人大工作规范化、程序化，增强集体凝聚力、战斗力，机关焕发出了新的生机活力。

▲ 市人大常委会主任高锦全率队深入龙华区龙泉镇占符村现场调研帮扶工作

▲ 市人大机关团支部开展“寻找琼崖足迹，发扬革命传统”主题活动

▲ 市人大常委会举办市人大代表小组组长培训班

▲ 人大机关参加“颂歌献给党，激情迎奥运”歌咏比赛，获优秀组织奖

▲ 市人大常委会召开新闻发布会公布《海口市出租汽车客运管理条例》

海口市国有资产

徐伟主任在市国资系统干部职工大会上讲话

2008年，市国资委紧紧围绕经济中心工作，认真履行出资人职责，通过完善各项规章制度、实施企业财务预算和负责人业绩考核工作、加强财务监督等一系列举措，克服了国际金融危机对我委重点监管企业经营生产带来的影响，全面提升企业管理水平，提高国有资本的运营效益，确保了国有资产保值增值。2008年底，10家重点监管企业资产总额348.62亿元、净资产65.08亿元、国有资产57.4亿元、上缴税金2.59亿元，分

王飞书记到玉沙村旧城改造工地检查

召开市属监管企业经营分析会议

市国资委领导班子到海南港航集装箱码头调研

海口三亚两市国资监管工作交流

别比2007年增长50.73%、2.43%、2.85%和42.15%。年末从业人员10444人。其中，海南港航等6家企业实现盈利，利润额21,039万元；海南椰岛等4家企业亏损，亏损额6,715万元；盈亏相抵后利润总额14,324万元，比上年减少25,817万元。净利润为8,967万元，比上年减少24,839万元。上缴国有资产收益3.7亿元，完成计划3.5亿元的105.7%，并首次向重点企业收缴经营性收益1,000万元。

组织机关科级干部竞岗

首届国资系统“国资杯”男子蓝球比赛

机关全体人员参加国资系统迎新年文艺晚会

机关干部职工参观红色娘子军纪念园

国资系统迎新年文艺晚会舞蹈节目
水务集团《水之美》

▲市委书记陈辞、政协主席黄行光为城建集团成立揭牌

▲整合后的规划设计院，于2009年1月10日揭牌

▲省委书记卫留成视察城建集团货运大道建设项目

▲省委常委、常务副省长方晓宇、市委书记陈辞视察旧城改造

▲市领导视察城建集团旧改安置房建设项目

海口市城建

公司简介

海口市城建集团有限公司是一个拥有旧城改造、代建业务、物业管理等8大业务板块、多元化的国有企业集团，是台，注册资本3亿元。下属9家二级企业、17家三级企业，1

城建集团是海口市政府实施城市建设、旧城区改造项资、融资、建设和管理；旧城区土地整理与开发；居民安置管理；政府投资项目的施工总承包和代建；建设工程项目市政府交办的其它业务。同时，以市场化运作的方式，从广泛吸纳社会资本，实施项目投资和管理、资产收益管理

城建集团以“品质品位、至真至诚”为理念，以“诚牌形象”为愿景，发展目标是，国家一级房地产开发企业控股、参股的多元化投资主体，集城市建设、道路桥梁建咨询和建设项目投融资为一体的企业集团。

集团公司项目开发管理、投融资平台、财务管理、审统健全，建立了符合“四化”要求的经营班子和具有较强行业内部占领了人才制高点。集团实施了全面预算管理，

集团2008 八大创新

1、理旧与图新并举“促增效”，解决了融合中“新的不清、旧的不爽”问题，推动遗留问题的清理，共清回应收款1000余万元。

2、明晰战略召开“研讨会”，解决了集团发展战略、治理结构、管理模式、企业文化建设、激励机制等问题。

3、开放思维举办“交流会”，召开了由城建集团作为发起人、海口旅游投资控股集团公司协办的“海口市重点监管企业管理工作交流活动”，探讨管理中存在的问题，相互借鉴企业发展方面的经验，推动了管理创新。

4、居安思危确立“检讨日”，通过反省思过，居安思危，增强了干部紧迫感。

5、“三砍一拆”消灭亏损户，促进了二级企业改善经营管理水平。创新项目运作思路，市场化项目实现零的突破。

6、资源整合盘活国有资产上千万元，促进了国有资产增值。

7、创新旧改拆迁运作方法，海甸溪北岸旧改拆迁一期圆满收官，二期顺利启动，旧改拆迁工作服务到每家每户，拆迁工作规范透明，政策宣传、思想工作到位，多次受到市委、市政府领导表扬。

8、集团公司办公自动化系统开通，集团总部及二级企业之间实现了网上办公。建立了网络安全、运行管理体系，落实安全保护技术措施，保障了网络的运行安全和信息安全，极大提高了网络利用率，提高了办公效率。

▲2008年7月28日，由集团托管的房产总公司完成公司化改造，成立新的海口盛泰房地产有限公司并举行揭牌仪式。

▲集团所属市政工程设计研究院乔迁新址

▲集团周年日召开检讨会

集团有限公司

▲长堤路旧城改造15年后重启

ʟ划设计勘察、监理咨询、施工承包、房地产开发、投资业
ī城市建设投融资、项目管理、工程总承包、政府应急抢险平
ʻ名员工。

ʽ业投融资主体，主要承担城市道路、桥梁、市政公用设施投
]转房、解困房、廉租房等政府政策性房产的建设、经营和
ᵋ、设计、施工、监理和咨询；承担政府公共抢险救灾服务；
ʌ范围内国有资产经营和资本运作，盘活城建系统存量资产，
ʌ监督管理、资产重组等多元化经营。

ı、共享生活”为使命，以“做城建企业‘航母’，树一流品
ī综合开发企业，形成集团公司为国有独资、二级企业为国有
ʼ理、土地开发、房地产经营、建设工程设计、施工、监理、

▲建设中的安置小区——吉安花园

ᵋ、综合管理体系完善，集团党委、纪检、工会等监督保障系
ȷ的选人用人留人长效机制，高级工程技术人员150余人，在
ʾ所属企业实现了网络自动化办公。

▲加快建设中的海新大桥

▲已完工的安置小区恒福居

诚建海口

▲董事长肖成武

▲总经理刘群

▲监事会主席柯景祥

▲赛马机制选副总

再接再励 共创辉煌

——城建集团董事长肖成武致辞

我们携手走过了2008！

这一年，城建集团也从初生的孱弱，历经成长的

一年前，为加快推进海口市城建领域优势资源和资

一年在漫长的历史长河中，是可以忽略不计的短

与挑战、拼搏与奉献的新纪元；一路风雨一路歌，城

团的组织架构和运行体系，围绕主业重构企业价值链

地开展各项业务活动并取得了实实在在的成果，创造

和正确领导，得益于公司管理团队付出的智慧和辛劳

全集团精诚团结、自强不息、锐意拼搏的协作精神。

我们处在一个构建和谐社会、又好又快推进国民

化趋势下迅猛发展的新时代，这是英雄辈出的时代，

欢欣鼓舞，让我们继续发扬城建人特别能吃苦、特别

展的脉搏，勇敢地接受挑战，在今后的五年、十年甚

不负广大市民的期望，为海口的城市建设作出我们应

▲以观念融合为主题的拓展活动

▲集团11家企业同台表演

▲庆祝

共享生活

▲集团召开经营与战略研讨会

▲集团领导班子合影

痛苦，在磨炼中日渐强壮，初显勃勃生机。
，在市委市政府的英明决策和直接部署下，城建集团应运而生。
，然而，对于城建集团来说，却是充满梦想与迷惑、机遇
在这短短一年里，吸收合并了十一家企业，高效构建了集
实施资源整合优化，进行多元企业文化的融合，积极稳妥
可喜的开局，这一切，得益于市委市政府领导的直接关心
于全体员工的开拓进取、勇挑重担的创新精神，也得益于

展的战略机遇期，我们处在一个前所未有的全球经济一体
志者实现理想和抱负的时代，我们为生活在这样一个时代
、特别能创造、特别能奉献的企业精神，牢牢把握时代发
里创造更加灿烂辉煌的骄人业绩，不负党和政府的重托，
献！

▲一河两岸效果图

▲桂林洋大学城生活区效果图

一周年演出开门红

▲集团篮球、足球、羽毛球队部分队员合影

▲集团为员工庆贺生日

海口市委组织部

▲ 省委常委、市委书记陈辞、市委常委、组织部长陈宏芬出席全市组织工作会议

海口市委组织部内设8个科级职能机构，现有干部职工35名，其中部务会成员7名。2005年以来，海口市委组织部坚持贯彻执行党的路线、方针、政策和省委、市委工作部署，认真履行工作职责，不断创新工作思路，紧紧围绕“加强基层党建,构建和谐海口”这一目标，充分利用我市党员现代远程教育的平台，全面加强基层组织建设；紧紧围绕“强化素质，提高党的执政能力”这一重心,加大干部培训和监督管理力度，切实加强各级领导班子和干部队伍建设；紧紧围绕“坚持公道正派,树组工干部形象”这一核心，不断加强组织部门自身建设，深入开展了“讲党性、重品行、作表率”树组工干部新形象活动，选派机关干部职工进驻部帮扶点秀英区东山镇山头仔村参与、指导和督促该村的社会主义新农村建设，积极开展各类文体活动，进一步深化了全市组织工作，为海口又好又快发展提供了坚强可靠的组织保障和人才支持，得到了市委的充分肯定和广大党员干部的信任。2006年、2007年部机关党支部被评为市先进基层党组织， 2005年、2008年市委组织部被评为全省模范组织部门。

▲ 部领导慰问困难群众

▲ 部机关干部参加“讲党性、重品行、作表率”活动

▲ 部机关干部到省内市县交流学习

目　录
CONTENTS

特　载
SPECIAL REPORTS

一、综　合
GENERAL SURVEY

二、人 口
POPULATION

三、从业人员和劳动报酬
ENPLOYMENT AND LABOR REWARD

四、农 业

AGRICULTURE

五、工 业

INDUSTRY

六、固定资产投资和建筑业
INVESTMENT IN FIXED ASSETS AND CONSTRUCTION

七、交通运输和邮电通讯
TRANSPORTATION, POST AND TELECOMMUNICATIONS

八、国内贸易
DOMESTIC TRADE

九、能源和水消费
CONSUMPINON OF ENERGIES AND WATER

十、对外经济贸易和旅游

FOREIGN ECONOMIY AND TOURISM

十一、财政、金融保险

FINANCE, BANKING AND INSURANCE

十二、物价

PRICE

十三、科技、教育、卫生、文化和体育

SCIENCE &TECHNOLOGY, EDUCATION, HEALTH, CULTURE AND SPORTS

十四、城市建设、海洋开发和环境保护
URBAN CONSTRUCTTION, MARINE EXPLOITTATION AND ENVIRONMENTAL PROTECTION

十五、人民生活
PEOPLE'S LIVELIHOOD

十六、35 个大中城市主要经济指标
MAIN ECONOMIC INDICATORS OF 35 LARGE AND MEDIUM-SIZED CITIES

十七、附录
APPENDIX

海口统计年鉴

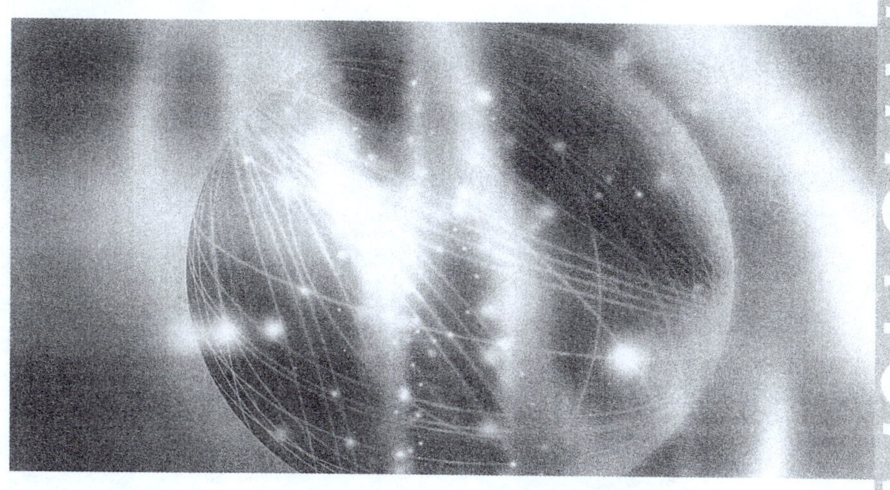

HAIKOU STATISTICAL YEARBOOK

SPECIAL REPORTS 特载

政府工作报告

——2009年2月25日在海口市第十四届人民代表大会第四次会议上

市长 徐唐先

各位代表：

现在，我代表市人民政府向大会报告工作，请予审议，并请市政协各位委员和其他列席人员提出意见。

一、2008年工作回顾

2008年是海口发展进程中极不寻常的一年。我们圆满完成建省办经济特区20周年庆典任务，精心组织世界关注的奥运火炬传递活动，全力支援四川汶川地震灾区，积极抗击特大洪涝灾害。特别是面对国际金融危机对经济发展的影响，全市人民在省委、省政府和市委的坚强领导下，深入贯彻落实党的十七大、胡锦涛总书记视察海南重要讲话、省委五届三次、四次全会和市委十一届三次、四次全会精神，抢抓机遇，奋力拼搏，全市经济继续保持平稳较快增长势头。

经济实力进一步提升。全市实现生产总值443.2亿元，增长10.4%；财政总收入100.02亿元、增长21.2%，地方一般预算收入31.03亿元、增长19.1%。

投资与消费进一步增长。全社会固定资产投资完成219.1亿元，增长20.5%；社会消费品零售总额达234.8亿元，增长24%。投资和消费拉动GDP增长8.94个百分点。

人民生活进一步改善。城镇新增就业3.1万人，农村劳动力转移就业11290人。物价自去年5月逐月回落，12月份CPI已降至2.2%。城镇居民人均可支配收入达到14150元，农民人均纯收入达到5215元，分别增长15.1%和13.8%，城乡居民收入增幅再创新高。

一年来，我们主要做了以下八个方面的工作：

(一)沉着应对各种挑战，积极抢抓发展机遇。面对国内外复杂多变的形势，我们审时度势，主动作为。早着手早准备，积极与开行及其他商业银行沟通合作，完成政府投资50亿元，带动社会投资较快增长。针对去年年初我国南方发生的雨雪冰冻灾害，积极组织农民抢种瓜菜3.89万亩，既支援了灾区，又促进了农民增收。针对四川汶川特大地震灾害，第一时间派出救援队抵达灾区，组织社会捐款8000多万元，充分展示了椰城人民的精神风貌和社会责任。针对国际金融危机的冲击，及时召开旅游、工业、医药、房地产等行业的企业座谈会，出台《关于进一步加快工业发展的若干规定》，修订《关于鼓励发展医药产业的若干规定》和《关于扶持高新技术产业发展的若干规定》，扩大航空、旅行社的奖励范围，积极落实省政府出台的关于扶持房地产、中小企业和非公有制经济发展等9个方面的政策措施，千方百计加大产业培育力度。认真落实中央扩大内需的政策，紧密结合海口发展规划，编制新增投资计划和今后三年滚动投资计划，争取中央扩大内需新增投资2.97亿元，目前已落实今年的政府投资项目资金42亿元，为政府投资项目建设提供了有效的资金保障。

(二)努力壮大优势产业，经济持续健康发展。坚持"一产做优、二产做大、三产做强"，统筹三次产业发展。一是着力发展现代农业。进一步加大支农惠农力度，全市财政安排农林水支出2.74亿元，增长32.4%，落实农业生产补贴6235.08万元。积极发展设施农业，畜牧业、渔业、花卉、水果、瓜菜等特色优势产业产值全面增长。其中畜牧业增幅达到14.1%，水产品出口创汇增长70%。积极发展生态循环农业，与省农业厅联合创办生态循环农业示范区，新建大中型沼气工程70处，服务站13个，新增循环农业基地1.5万亩。实现农业增加值31.4亿元，增长8.6%。二是积极夯实工业基础。完成狮子岭一期、海马二期、药谷二期的基础设施建设，为企业入园创造了良好条件。支持海宇二期、双成药业、海灵制药等企业的技术改造和扩建，新引进15家企业入园。创建全国知识产权示范市，积极培育发展高新技术企业，新增市级重点实验室5个、创新示范企业5个和工程研发中心5个。除汽车制造业产值下滑外，医药制造、机电制造、食品饮料等行业分别实现25.6%、16.7%、10.2%的快速增长。三是加快发展现代服务业。认真落实《关于加快发展现代服务业的意见》,加大现代物流和旅游业的扶持力度。建成海南花卉交易市场,积极推进马村港一期、海口港二期工程,加快海口中商农产品中心市场前期工作。加大旅游促销力度,积极构建琼北湛江旅游经济圈,成功举办《城市之间》中国区总决赛、中国铁人赛、热气球挑战赛、世界女子高尔夫职业赛等大型赛事活动,组织冬交会、旅游商品交易会、汽车交易会等51场大型会展,旅游经济稳健增长。全年接待过夜游客637.9万人次,增长8.5%,实现旅游总收入60.02亿元,增长8.4%。交通运输、通讯、批发零售、住宿餐饮等服务业快速发展。第三产业完成增加值298.5亿元,增长14.4%。

(三)加大投资力度,重点项目建设取得突出成效。努力创造条件,积极落实贷款融资规模,确保重点续建项目和新开工项目的资金闭合;强化重点项目协调服务和资金调节力度,实行重点项目联席会议、市长办公会和专项督查制度,保续建、保完工,全力推进重点项目建设。绕城高速公路按时实现功能性通车,海口港二期建成试运行,完成东环铁路海口段征地拆迁,海甸岛环岛路、滨江西路等49个续建项目建设进度明显加快,其中22个项目基本完工。20万吨镀锡薄板、30万辆汽车等项目开工建设,灯塔酒店围填海工程、羊山路网工程等一批重点项目完成前期工作。

(四)不断深化重点领域改革,体制活力进一步释放。抓住影响我市发展的重点领域和关键环节,攻坚克难、强力推进。经过各方配合,积极落实,海口综合保税区获国务院批准设立,成为国内开放程度最高、政策最优惠、功能最齐全、手续最简便的特殊监管区域之一。强区扩权取得重大突破,65项行政权项下放各区管理并顺利运作;调整和完善市区分税制财政管理体制,规范市区政府分配关系,调动区级发展的积极性。省政府下放的197项行政管理事项对接迅速,运转正常。认真开展机关效能建设,规范办事行为,简化办事程序,144个行政审批和服务项目进驻政府服务中心,有54项行政事项缩短办事时限。创新公共服务方式,信访、椰城纠风热线、"12345"政府服务热线和"963333"效能投诉热线等工作成效明显,机关工作效率和服务质量明显提高。加强国有资产监管,继续深入推进国有资产管理体制改革,确保国有资产保值增值。投融资体制改革进一步深化,修订《政府投资项目管理暂行规定》,简化投资项目审批流程。创新城市经营方式,举办新浪乐居海口地产项目推介会,新港、玉沙村、司马坡岛等地块成功出让。

(五)加快对外开放步伐,经济活力明显增强。坚持把扩大开放作为保持经济持续发展、推进产业升级的重要举措。利用我市被确定为全国第二批加工贸易梯度转移重点承接地的机会,组团到珠三角地区主动与企业洽谈、与当地政府对接。整合招商资源,创新招商方式,推出招商项目87个,签约项目45个,全年实际利用外商直接投资5.6亿美元,增长11.2%。积极参加海南(香港)经贸周活动,签约项目12个,其中鸿洲新城、垃圾焚烧发电等项目已开工建设。调整出口产品结构,强化出口服务,全年外贸出口总值13.1亿美元,增长15.6%。利用国内外媒体,广泛宣传20年来海口改革开放和现代化建设的巨大成就,成立海外智囊团,举办海口－东盟对话会,成为世界城市与地方政府联合组织亚太地区理事成员,海口的知名度和影响力进一步提升。

(六)扎实推进城市化进程,城乡面貌明显改观。围绕建设全国最精最美省会城市目标,坚持科学规划、集约建设和精细化管理,城市规划建设管理跃上新台阶。一是着力提升城市品质。完成海口历史文化名城保护规划、五条老街保护与改造规划、海口火山群国家地质公园总体规划、西海岸新区、江东组团等控规的编制。加快推进美丽沙、新埠岛、世纪海港城、海口湾、西海岸等片区开发。坚持政府主导,让利于民,玉沙村、海甸溪北岸改造取得重大突破。集中人力物力财力,完成主要街道的街景立面改造、小街小巷路面硬化和主要建筑、桥梁的美化亮化。认真开展交通专项整治年活动,加强公共交通基础设施建设,全市300多辆旧式中巴车全部置换成空调大巴。推行文明施工、紧凑施工、规范施工,项目施工管理得到进一步加强。二是加快新农村建设。基础设施建设进一步向农村延伸,农村公路畅通工程提前两年完成"十一五"目标,全市行政村道路基本实现硬化。新建226个农村饮水项目,解决5.1万人的安全饮水问题。继续推进"广播电视村村通"工程,消除40个广播电视"盲点村"。加强农村社会服务体系建设,农业科技110和电子农务覆盖面进一步扩大。全市专业合作社发展到217家，其中3家被评为“全省十佳农民专业合作社”。新建文明生态村170个，累计建成1069个，占自然村总数的50.3%。三是强化生态环境建设。加快推进白沙门污水处理厂二期、长流污水处理厂建设，继续推进中心区截流并网和府城管网改造工程，新建垃圾转运站6座。完成造林面积4.2万亩，超额完成退塘还林任务；新增城市绿化面积150万平方米，城市人均公共绿地达9.5平方米。我市入围全国最具幸福感城市50强，被评为环境最佳城市，荣获“全国创建文明城市工作先进城市”称号。

(七)强化民生保障，群众得到更多实惠。制定《关于大力改善民生推进基本公共服务均等化意见的实施意见》，坚持以人为本，着力改善民生。全年财政投入23亿元，增长22.4%；市本级一般预算新增财力的60.5%投向民生，办成了一批事关群众切身利益的实事。投入6.13亿元，全面完成25项为民办实事事项。教育事业进一步发展，教育支出达9.9亿元，增长19.5%，新建扩建学校10所，新增义务教育学位1万个；继续落实“两免一补”政策，免除学杂费、课本费和发放补助共5391万元；加快市旅游职业学校和高级技工学校建设，组建旅游教育集团，职业教育办学水平明显提高；积极支持海南大学“211工程”创建，海口经济学院成功实现专升本。文体事业繁荣发展，建成中国大致坡戏剧家活动基地，并被评为“国家文化产业示范基地”，新建镇级综合文化站15个，全年组织文化活动7845场。公共卫生体系基本建成，强化农村卫生院基础设施建设，社区卫生服务覆盖率达95%，被纳入全国社区卫生服务重点联系市；完善卫生监督体系，疾病控制和医疗服务质量进一步提高；全民医保成果进一步扩大，新型农村合作医疗参合率达98%，城镇居民医疗参保率达97.6%。就业与社会保障体系进一步完善，帮助就业困难人员就业再就业1.24万人，零就业家庭就业扶持政策落实到位；免费培训农村劳动力1.64万人次；对困难群众实行动态补助，压缩4%的市级行政经费，一次性发放给困难群众，城乡困难居民享受低保累计达66.1万人次；大幅提高环卫合同工人工资，月人均工资标准达947元。破解困难群众住房难，投入1.5亿元兴建廉租房2364套，投入17亿元建设安置房、改造棚户区，发放低收入住房困难家庭租房补贴200万元。

(八)加强民主法制建设，社会保持和谐稳定。主动接受人大法律监督和政协民主监督，加强与各民主党派、工商联和无党派人士的沟通联系，定期向市人大、政协通报工作。办理人大代表建议213件，政协提案330件。推行“市长接待日”常态化。进一步完善社会公示与听证制度、新闻发言人制度。提请市人大审议法规议案4件，颁布法规2件，废止规章1件。

深入推进“平安海口”建设，社会治安形势总体稳定，确保了重大活动的圆满安全。积极排查调处各类矛盾纠纷，预防和妥善处置群体性事件。强化应急管理，公共突发事件应急机制逐步健全。落实安全生产责任制，强化监督管理，深化隐患排查治理，安全生产工作在全省综合考核中评为优秀。加大食品、药品等市场监管力度，居民消费安全得到进一步保障。

人口与计划生育工作顺利完成省下达的目标任务，民族、宗教、外事、侨务和对台等工作取得新成绩。人防、统计、拥军优属、防震减灾等工作不断加强。工会、共青团、妇联、科协、红十字会、老龄、关心下一代、残疾人等其他社会事业健康发展。

各位代表，过去的一年，我们经受住了严峻的挑战和考验，保持了经济社会较快发展，成绩来之不易。这是省委、省政府和市委正确领导的结果，是全市人民团结拼搏的结果，是社会各界共同努力的结果。在此，我谨代表市人民政府，向全市人民，向全体人大代表和政协委员，向各民主党派、工商联和社会各界人士，向驻市部队和武警官兵，向所有关心支持海口发展的同志们、朋友们，表示衷心的感谢！

同时，我们也清醒地认识到，海口经济社会发展和政府工作中还存在不少问题。主要表现在：受国际金融危机的影响，我市一些主要经济指标增幅回落，GDP、工业增长没有达到预期目标；汽车、房地产等市场需求萎缩，企业发展面临前所未有的困难，经济下行压力加大；自主创新体系还不健全，产业转型升级任务繁重；影响科学发展的体制机制问题尚未根本解决，改革攻坚任务还很艰巨；公共服务还不适应城市发展的需要，社会管理还存在不少薄弱环节；就业形势较为严峻，居民增收难度加大，食品安全、教育卫生、居民住房、防灾减灾等关系群众切身利益的问题还需要继续加大力度解决，维护社会稳定的任务仍然较重；政府自身的改革和建设有待进一步加强，政府执行力和效能有待进一步提高，一些政府工作人员的服务意识不强、工作作风不实、工作效率不高,腐败现象在有些领域还比较突出。对此,我们将予以高度重视,并采取更加有效的措施加以解决。

二、2009 年工作安排

2009 年是新中国成立 60 周年,也是应对国际金融危机、采取一切措施保增长、扩内需、调结构的关键之年。做好今年的工作,意义十分重大。当前,国际金融危机快速蔓延,世界经济增长明显减速,国内经济运行困难急剧增加,今年可能是进入新世纪以来我国经济发展最为困难的一年。尽管我市受外部影响有一个滞后过程,但金融危机的负面影响已经凸显,继续保持又好又快的发展态势,任务异常艰巨。我们必须进一步增强危机感、紧迫感,把困难估计得更充分一些,把应对措施考虑得更周密一些,把各项工作做得更扎实一些。应当看到,这场危机并没有改变我国经济发展的基本态势。党中央、国务院及时准确判断形势,迅速果断作出扩内需保增长的重大决策,为我们提供了克服困难、促进经济增长的有利条件。应当看到,海口处于上升期的发展趋势也没有改变。市第十一次党代会以来,市委作出的一系列重大决策部署,为我们战胜危机,加快发展,赢得了时间,争取了主动,我们完全有基础、有条件、有能力克服当前的困难,实现新的更大发展。应当看到,危机之中蕴含着重大机遇,关键看我们有没有逆势而上、奋力闯关的勇气,有没有变压力为动力、化挑战为机遇的能力。我们坚信,只要全市上下振奋精神,勇往直前,全力以赴,扎实工作,就一定能够战胜各种困难,牢牢把握科学发展的主动权。

今年政府工作的基本思路是:**全面贯彻党的十七大和十七届三中全会精神,坚持以邓小平理论和“三个代表”重要思想为指导,深入贯彻落实科学发展观,认真落实中央一系列宏观经济政策,把保增长作为首要任务,把扩大投资上项目作为关键抓手,把扩大消费抓促销作为重要手段,把推进重点领域改革提升开放水平作为根本动力,把改善民生作为出发点和落脚点,把提高行政效能狠抓落实作为重要保障,促进我市经济社会又好又快发展。**

今年经济社会发展的主要预期目标是:**全市生产总值增长 10%,地方一般预算收入增长 10%,全社会固定资产投资增长 15%,城镇居民人均可支配收入和农民人均纯收入分别增长 10%,城镇登记失业率控制在 4.5%以内,人口自然增长率控制在 9‰以内,万元 GDP 能耗下降 2.5 个百分点。**

根据上述目标,我们要重点抓好以下五个方面的工作:

(一)扩大有效需求,切实增强经济发展后劲

坚决贯彻落实中央和省扩大内需的各项政策措施,进一步增强投资和消费对经济增长的拉动作用。

*千方百计加大投资力度。*把狠抓项目、扩大投资作为保增长的主攻方向和着力点,创造条件,能上则上,能快则快,确保实现投资预期目标。今年,全社会固定资产投资力争完成 252 亿元。一是扩大政府投资。今年市政府固定资产投资要翻一番,优先重点安排民生、重大基础设施和产业配套项目,引导和带动社会投资。发挥融资平台作用,用足用好国务院《关于当前金融促进经济发展的若干意见》,加强与金融机构的项目对接,争取更多的信贷支持。二是大力推进项目建设。全力推进 8 大类 94 个重点项目建设,实行跟踪服务、严格督办,切实解决征地拆迁、市政配套等问题,优化项目施工环境,确保一批续建项目早日建成投产,一批新项目早日开工建设,确保重点项目建设推进力度。三是扩大社会投资。降低社会投资门槛,积极探索新的投融资模式和渠道,引导民间资本投向政府鼓励项目和符合国家产业政策的领域,广泛参与民生工程、公共设施和生态环境建设。四是加快项目储备。编制 100 个产业项目、100 个基础设施项目、100 个物流项目、100 个旅游地产项目、100 个社会发展项目,强化项目的包装孵化,做好项目与国家政策的对接,积极争取更多的项目纳入中央和省的投资盘子。

*千方百计引进岛外需求。*引进岛外需求是我市保增长的重要手段。要采取多种方式更多地引进岛外需求。一是策划组织大型推介活动。我市的度假休闲旅游、房地产和热带农产品岛外市场空间较大,必须抓好促销。今年安排 1600 万元促销经费,到销售热点地区和有潜在需求地区,有针对性地开展大型促销和推介活动,拓展岛外市场。二是创新促销方式。实行政府搭台、企业唱戏的方式,整合旅游、房地产和农产品营销力量,开展经常性促销活动。综合利用各种媒体宣传促销,搭建旅游房地产促销网络平台,扩大网上交易。三是大力发展会展经济。围绕旅游、房地产和农产品,策划一批特色鲜明、吸引力强的大型会议会展、节庆娱乐、文体赛事活动,采取更加积极的扶持政策,争取更多的区域性、全国性、国

际性会议和活动落户海口。

千方百计拉动岛内消费。坚持把挖掘全省的消费需求作为扩大内需的重要着力点。一是增强居民消费能力。多渠道增加居民特别是中低收入居民收入，完善社会保障体系，稳定收入预期，确保即期消费快速增长。二是大力培育消费热点。积极策划和举办多种形式的商品促销活动，不断扩大游客和其他市县居民在海口消费；扩大信用消费，着力培育汽车、旅游、通讯、文化、健身、信息等新兴消费热点。三是促进住房消费。认真落实中央和省关于促进房地产市场稳定健康发展的政策措施，支持和鼓励普通自住住房和改善型住房消费，加快发展二手房市场和住房租赁市场，促进房地产业持续健康发展。四是扩大农村消费市场。继续实施"万村千乡"市场工程，加快城乡消费品、生产资料和农产品流通网络建设；开展家电下乡、农机下乡活动，兑现农民购买家电、农机具的补贴，努力扩大农村居民消费。

（二）深入推进产业结构调整，促进经济发展方式转变

坚持把保增长、扩内需、调结构有机结合起来，提高自主创新能力，加快经济结构战略性调整，进一步增强发展的协调性和可持续性。

加快发展现代农业。保增长的基础支撑在农业，扩内需的最大潜力在农村，保民生的重点难点在农民。要拿出真招实策，舍得增加投入，夯实农业基础，增加农民收入。今年财政对"三农"投入1.145亿元，增长79.8%。一是加快调整农业内部结构。进一步优化农业产业布局，重点加快海榆东线、海文高速生态循环农业示范区，西秀镇农业示范园和羊山特色果蔬产业带建设，大力发展热带高效农业、畜牧业、农副产品加工业，提高农产品附加值，积极推进农业产业化经营。继续扩大设施农业规模，投入6374万元，带动社会资金，新建13个生态养殖小区、13个大中型沼气池和50个农村沼气服务网点，发展1.3万亩生态循环农业基地和2000亩的花卉产业基地，进一步扩大设施农业在农业中的比重。二是增强科技对农业的支撑。强化农业实用技术培训，推广良种良苗，扩大延伸农业科技110服务网络，抓好农产品检测检验体系和农产品追溯制度建设，确保农产品质量安全合格率达到96%以上，扩大农产品、水产品出岛出口和进宾馆进超市的规模。三是加强农村基础设施建设。推进病险水库除险加固、大型灌区续建配套和节水改造，全面解决农村饮水不安全问题。继续实施农村畅通工程，新建农村公路512条、1124公里。加快农村环卫基础设施建设，切实改变农村的环境卫生状况。加快推进农村文化基础设施建设，配备23个镇综合文化站的设施，丰富群众文化生活。四是落实强农惠农政策。健全农业投入保障机制，继续提高良种、农机具购置、农资综合直补等补贴标准，扩大政策性农业保险险种和覆盖范围。

加大工业发展扶持力度。我们要充分估计金融危机对工业的冲击，动员全市上下聚焦工业、服务工业、发展工业，形成调动各种要素促进工业发展的局面。一是实施支柱产业振兴计划。抓住国家实施产业振兴规划的机遇，抓紧编制我市支柱产业振兴实施计划，用足用活国家和省鼓励企业发展的优惠政策，加快落实我市已出台的《关于进一步加快工业发展的若干规定》、《关于鼓励发展医药产业的若干规定》、《关于扶持高新技术产业发展的若干规定》和《关于加快发展现代服务业的意见》等扶持产业发展的措施，安排2亿元产业扶持资金，完善中小企业担保体系，对高新技术企业和符合条件的中小企业采取担保、贴息等扶持政策，鼓励企业技术进步和产品转型升级。二是加快工业园区建设。优化海口药谷、海马工业园、狮子岭工业园配套服务功能，启动桂林洋农副产品加工区、云龙产业园区建设，切实推进20万吨镀锡薄板、30万箱红塔山卷烟厂扩建，加快30万辆汽车项目建设，促进工业集中布局、集约发展。三是着力培育高新技术产业。推进知识产权示范市建设，制定高新技术产业发展规划，继续支持重点实验室、创新示范企业和工程研发中心建设，鼓励企业产品研发和技术创新；积极争取省产业发展引导资金支持，充分发挥市高新技术产业专项资金和科技风险投资的引导作用，组织实施一批高新技术产业化示范项目，促进电子信息、新能源、新材料、生物制药等产业加快发展。四是尽力帮扶企业渡过难关。要统一认识，帮企业，就是保增长、保就业、保稳定、保后劲。综合运用各类金融工具，加大对中小企业的支持，着力解决企业融资难问题。切实加强和改进对企业的服务，建立政府部门与各类企业经常性沟通联系制度，及时了解、把握、分析企业发展情况，适时研究采取力度更大的政策措施，帮助企业克服困难。清理和规范收费、年检等事项，对全市企业的行政性收费和年检事项进行全面清理，不合理的坚

决废除，切实为企业减负。

大力发展现代服务业。加大《关于加快发展现代服务业的意见》的实施力度，依托省会中心城市优势，积极发展以旅游为龙头的现代服务业，扩张总量、优化结构，着力提高服务业在国民经济中的比重。一是进一步提高旅游业的总体效益。抓住中国生态旅游年和国民休闲计划的机遇，强化旅游宣传促销，境外重点推介高尔夫游、热带滨海温泉度假游等产品，国内重点推介商务游、生态游、乡村游等产品，全力拓展旅游客源市场。抓紧编制我市国际旅游岛建设行动计划，推进邮轮游艇码头、免税商城、雷琼世界地质公园海口火山群博物馆、海南游客到访中心等重点旅游项目建设，积极吸引国际著名酒店管理集团落户我市，促进旅游基础设施上档次、旅游服务上水平。继续打造琼北湛江区域旅游经济圈，推出旅游精品线路，努力推进"住在海口、玩在琼北"的旅游目的地建设。二是积极发展现代物流业。继续抓好新海滚装客运港、海口港二期、马村港一期建设，加快推进粮食物流、新海物流园区建设，支持海南钢材、中商农产品、海南花卉交易市场等特色中心市场建设，促进和提高物流业规模化和集约化发展，增强区域物流中心的辐射能力。三是扶持发展其他服务业。进一步落实服务业发展的优惠政策，培育发展金融保险、信息咨询、文化创意、影视娱乐等新兴服务业，改善提升餐饮、商贸等传统服务业，切实推进医疗卫生、教育培训、文化体育等服务业。

（三）纵深推进改革开放，增强经济发展活力

进一步解放思想，发扬敢闯敢干、敢为人先的精神，大胆探索，不断加大改革力度，提升对外开放水平，为保增长、扩内需、调结构提供强大动力。

深化各项改革。坚持社会主义市场经济改革方向，积极推进重点领域和关键环节的改革创新，进一步完善保障科学发展的体制机制。一是推进农村综合改革。继续推进乡镇政府职能转变，增强乡镇政府的社会管理和公共服务职能；开展土地承包经营权流转试点，发展多种形式的适度规模经营；全面推进集体林权制度改革，促进林业产业发展。二是深入推进行政管理体制改革。结合新一轮的机构改革，积极探索大部门制，创新行政管理体制，加快政府职能转变；结合省下放的197项行政权项的规范运作，继续加大强区扩权的实施力度，增强下放权项的协调性和实效性，切实提高区级自主发展经济的能力。三是深化社会事业改革。积极推进医药卫生体制改革，着力提高医疗卫生的管理能力和服务水平，为群众提供安全有效、方便价廉的医疗卫生服务。推动社会保障、文化教育、事业单位等各项改革。四是积极促进社会组织发展。认真落实市委《关于进一步转变政府职能促进社会组织发展的决定》，有计划地将一些职能部门的管理权项向行业协会和社会组织下放，发挥社会组织在管理社会事务中的主导作用。

拓展开放领域。准确把握金融危机引发的国际产业资本流动的新趋势和国际市场格局调整的新变化，采取更加灵活的开放措施，推动开放型经济转型升级。一是提高利用外资水平。发挥加工贸易产业转移重点承接地优势，精心论证策划一批大项目、好项目对外招商，突出抓好先进制造业、高端服务业、高新技术、总部经济、基础设施等领域的招商引资。跟踪抓好在谈、在批、在建项目，办好重大招商活动，完善招商项目推进机制。二是全面优化开放环境。保护外资企业合法权益，强化部门联动服务机制，排除影响发展的制约和障碍。帮助企业开拓国际市场和化解贸易磨擦，完善大通关体系，进一步降低通关成本，确保出口退税"应退尽退"。三是加强开放载体建设。完善与澄迈县合力推进海口综合保税区建设的联动机制，定期召开协调会，尽快完成征地拆迁和基础设施建设，开展全方位的招商选资，争取一年内封关预验收，使其成为我市乃至琼北发展的新动力。

（四）打造中心城市板块，加快温馨宜居城市建设

围绕建设全国最精最美省会城市的目标，以规划为先导，以片区开发为突破口，把必要财力集中投入到新区开发和旧城改造上，进一步完善省会中心城市功能，提高城市综合承载能力。

加快新片区建设和旧城改造步伐。集中力量加快推进长流新区建设，以长流起步区路网、第二办公区、国际会展中心的建设为突破口，带动长流片区的整体开发，争取两年出形象、三年成规模。加快美丽沙、新埠岛、世纪海港城、白沙门生态公园、海口湾游艇泊位码头建设；启动江东片区、金沙湾片区的开发，打造特色鲜明的滨海生态新城区。加快旧城改造，坚持"政府主导、让利于民、补偿合理、安置到位"的原则，整合资源、集中资金，加快海甸溪北岸、朱云路片区改造，启动骑楼建筑历史文化街区的保护和综合整治，让旧城区和棚户区的人民共享城市发展

成果。进一步加强中心镇建设,发挥市区两级融资平台的作用,吸纳社会资金参与中心镇的基础设施建设;支持有条件的中心镇兴建建筑装饰材料、花卉苗木、农产品等专业批发市场,规划引导农家乐和旅游产品加工业的发展,促进中心镇二、三产业的发展。

完善省会中心城市功能。继续推进路网建设,完善以八纵四横主干道为骨架,次干道、支线路合理分布的城市道路网路。坚持"以港兴市"战略,加快推进马村、秀英、新港、新海港的建设,提升海口港主枢纽港地位。结合东环快速铁路,规划建设与城市路网的连接站点。加快推进美兰机场第二跑道建设,启动美兰机场临空产业园区建设。坚持公共交通优先发展,加快公共乘换枢纽建设,继续在快速路和主路上设立公交客运走廊和站点,逐步完成公交在城市客运交通系统中的主导地位。完成白沙门污水处理厂二期、长流污水处理厂、龙塘饮用水源点环境保护工程建设,加快中心区和新片区污水截留并网工程,进一步提高城市污水处理率。

提高城市管理水平。推进城市社区建设,按照人性化、规范化、生态化的要求,打造一批体现城市管理水平和文明程度的样板社区。搞好市区环境综合整治,继续推进违法建筑专项整治,遏制城乡新增违法建筑,进一步完善长效管理机制。切实加强生态环境保护,加快"生态海口"、"温馨宜居"工程建设,使环境更加优美,生活更加方便,道路更加畅通,城市魅力更加凸显,市民生活更加幸福。

(五)全面发展社会事业,切实保障和改善民生

保障和改善民生,是政府义不容辞的职责。当前,国内外经济形势严峻,必然给民生工作带来诸多困难。越是在困难的时候,越是要高度关注民生。我们将始终牢记为人民服务的宗旨,加大民生投入,改善群众生活,保障群众利益,努力开创全市人民安居乐业、共享和谐的新局面。

确保就业形势基本稳定。把推动就业再就业工作放在更加突出的位置,今年新增就业人员 2.8 万人。实施更加积极的就业政策,启动新一轮小额贷款担保工作,支持更多的劳动者成为创业者。努力稳定现有就业岗位,实施与就业挂钩的企业发展支持政策,引导企业采取在岗培训等多种措施不裁员或少裁员。努力扩大旅游职业学校、高级技工学校的招生规模,新增中等职业学位 3000 个,让更多中学、大中专毕业生继续就学深造,缓解就业压力。投入 2580 万元,完善城乡就业公共服务和救助体系,加强对下岗、失业人员的就业技能培训,健全城镇零就业家庭、农村低保家庭等就业困难群体的就业援助长效机制。

努力办好人民满意的教育。今年财政安排教育专项支出 2.26 亿元,增长 83.3%。要继续开展教育质量年活动,进一步推进规范化学校建设,大力实施校长、教师素质提高工程,完善城乡教师交流机制,促进基础教育均衡发展。安排 2.05 亿元,加快琼山中学、琼山华侨中学、琼山一小等学校扩建改造工程,新增 1 万个学位,基本解决府城地区学位紧缺问题。安排 1.53 亿元,落实义务教育阶段"两免一补"助学工程,扩大城乡学生受益面,保障困难家庭、进城务工人员子女平等接受义务教育。推进高中阶段教育结构调整。加快完善桂林洋大学园区的配套设施建设,积极支持海南大学"211 工程"创建,提高海口经济学院、海南职业技术学院的办学水平。

加强公共卫生体系建设。今年财政安排医疗卫生专项支出 7112 万元,增长 39.6%。完成市医院综合大楼、中医院、疾病控制中心、"120"急救中心、乡镇卫生院的建设。进一步完善卫生应急体系,建立卫生长效应急机制。安排 830 万元,加快农村和社区卫生服务体系建设,确保农村卫生室和社区卫生服务网点覆盖率都达到 100%。全面加强人口和计划生育工作,进一步稳定低生育水平。

进一步提高社会保障水平。今年财政安排社会保障专项支出 9813 万元,增长 180.1%。要巩固和扩大全民医保的覆盖面,确保新型农村合作医疗参合率和城镇居民基本医疗参保率稳定在 95%以上,提高人均参保补助标准。完善最低生活保障标准的动态增长机制和物价补贴机制,继续提高离退休人员基本养老金标准,切实保障城乡困难家庭、离退休职工的基本生活水平不下降。安排 1000 万元,新建、扩建 4 个敬老院和 4 个"五保之家",不断提高农村五保户和城镇"三无"人员的集中供养率。

提高住房保障水平。推进保障性安居工程,加大廉租住房保障力度,加快经济适用房建设步伐,探索建立政府限价房、农民工住房等制度,多渠道解决城市中低收入群众住房困难。今年安排 2.98 亿元,建设 2575 套廉租住房。采取货币补贴与实物配租相结合的方式,对低收入家庭实现廉租住房应保尽保。

促进社会和谐稳定。推动城市报警与监控系统

工程建设,认真落实社会治安综合治理各项措施,进一步抓好禁毒工作,严厉打击各类违法犯罪活动。加大矛盾纠纷排查和重信重访专项治理力度,有效化解各类矛盾,积极预防和妥善处置群体性事件。扎实开展安全生产年活动,强化安全生产监管,加大执法检查和综合整治力度,加快应急救援体系建设,坚决遏制重特大事故发生。加强食品药品监管,严厉打击违法违规生产经营行为,维护人民群众生命财产安全。

深入开展文明城市创建工作,加强社会主义核心价值体系建设,完善学校、家庭、社会相结合的未成年人教育网络。高标准做好双拥工作,促进军地军民和谐。发挥工会、共青团、妇联等人民团体在创建文明城市中的作用,加强老龄工作,推进妇女儿童和残疾人事业的发展。大力开展爱国卫生运动。继续做好外事侨务、民族宗教、档案史志、地震等工作。

三、切实加强政府自身建设

实现保增长、扩内需、调结构的目标任务,政府肩负着重要责任。我们一定要在市委的领导下,切实加强政府自身建设,努力创造良好的发展环境,促进经济社会又好又快发展,决不辜负党和人民的重托。

*进一步提高领导科学发展的能力。*深入开展学习实践科学发展观活动,深刻领会和准确把握科学发展观的丰富内涵,学习新知识、研究新情况、解决新问题,进一步增强各级领导干部和公务员贯彻落实科学发展观的自觉性和坚定性。正确处理当前与长远的关系,坚持一切从实际出发,强化对经济运行的调控,不断提高政府的执行力,真正把保增长、扩内需、调结构的任务落到实处。严格按照法定权限和程序行使权力、履行职责,自觉接受市人大及其常委会的法律监督和市政协的民主监督,主动接受舆论监督和社会监督;继续办好"椰城纠风"热线和"12345"政府服务热线,完善"市长接待日"制度,不断提高依法行政水平。

*进一步提高行政效能。*认真开展以"帮助扶持企业发展、帮助推进项目建设,促进民生改善、促进经济增长"为主要内容的"执行年"活动,深化机关效能建设。推进政府工作项目化,各项工作都要明确目标,制定实施方案,实行量化管理,确保省委、省政府交办的重点工作、责任状事项和市委的决策部署按时完成。深化行政审批制度改革,理顺审批职能,减少审批事项,改进审批流程,实行并联并行审批,审批时限再压缩30%以上;加快电子审批网络和电子监察系统建设,行政许可项目在线审批达50%以上;完善重点项目联席会议制度和跟踪督办制度,建立重点项目建设绿色通道,实行一个部门牵头、一个窗口受理、一套数据审批、一次现场勘查、一次集中会审,实现政府服务大提速。强化监督检查,保证政令畅通,对执行不力的责任人和责任单位坚决实施行政问责。建立完善绩效考评机制,激发队伍活力,变"要我干"为"我要干",以服务企业、服务项目、服务市民的实绩检验政府的行政效能。

*进一步加强勤政廉政建设。*坚持把以人为本的执政理念体现在各项工作中,落实到经济社会发展的各个方面。尊重群众主体地位,发挥群众首创精神,坚持问政于民、问需于民、问计于民,继续实施为民办实事工程,扎扎实实为基层、企业和群众排忧解难。大力弘扬埋头苦干、务实创新的工作作风,要开短会、发短文、多调研,坚决取消各种没有实际内容的会议和活动。牢固树立艰苦奋斗、过紧日子的思想,今年公务购车用车、会议、公务接待和机关工作人员出国出境经费支出零增长,将有限的财力更多地投向社会民生事业。坚决贯彻执行廉洁从政的各项规定,认真落实党风廉政建设责任制,利用我市少数干部的腐败典型案例,开展警示教育,推进反腐倡廉制度建设。加大违法违纪案件查处力度,坚决纠正损害群众利益的不正之风。加强对建设工程、土地出让、产权交易和政府采购等重点领域的监管,形成公开、公平、公正的运行机制,努力建设节俭、清廉、对人民负责的政府。

各位代表,海口发展正处在一个关键时期,困难和挑战考验着我们,责任和使命激励着我们。让我们更加紧密地团结在以胡锦涛同志为总书记的党中央周围,在省委、省政府和市委的坚强领导下,坚定信心,把握机遇,团结奋斗,扎实工作,为建设繁荣富裕、环境优良、社会和谐的海口而努力奋斗,以优异的成绩向新中国成立60周年献礼!

关于海口市 2008 年国民经济和社会发展计划执行情况与 2009 年国民经济和社会发展计划草案的报告

——2009 年 2 月 25 日在海口市第十四届人民代表大会第四次会议上

海口市发展和改革局

各位代表：

受市政府委托，现将海口市 2008 年国民经济和社会发展计划执行情况与 2009 年国民经济和社会发展计划草案提请会议审议，并请市政协各位委员和其他列席代表提出意见。

一、2008 年国民经济和社会发展计划执行情况

2008 年在市委市政府领导下，全市上下以科学发展观统揽全局，紧紧围绕我市发展的中心问题，克服了自然灾害、物价上涨、金融危机等前所未有的困难，加大产业扶持，扩大有效需求，深化改革开放，全力推进社会民生事业，统筹城乡发展，实现了我市经济平稳较快发展和社会和谐稳定，除生产总值和居民消费价格指数指标外其他指标均较好地实现了市十四届人大三次会议确定的经济社会发展目标。

（一）主要指标完成情况

——生产总值 443.2 亿元，同比增长 10.4%，低于年度预期目标 1.6 个百分点，但增幅高于全省 0.6 个百分点。主要原因是由于国内外整体经济形势复杂多变，对我国的经济造成冲击，波及我市汽车制造、化工化纤纺织等支柱行业，导致工业出现了大幅下滑。

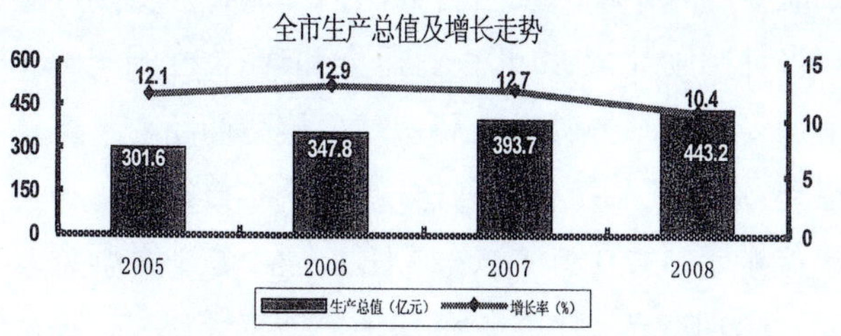

——全社会固定资产投资 219.1 亿元，同比增长 20.5%，高于年度预期目标 5.5 个百分点。

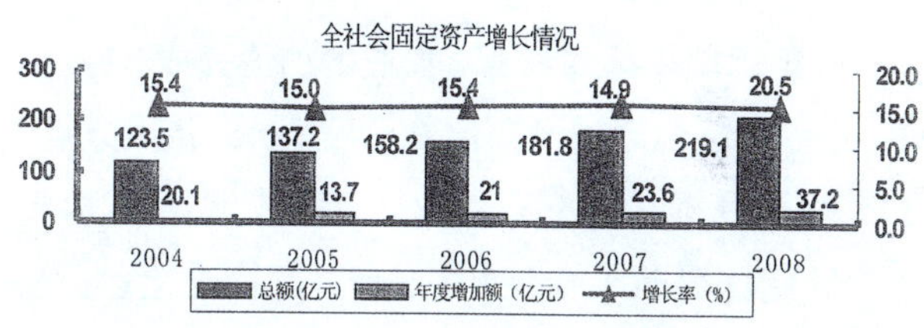

——社会消费品零售总额 234.8 亿元，同比增长 24%，高于年度预期目标 10 个百分点。

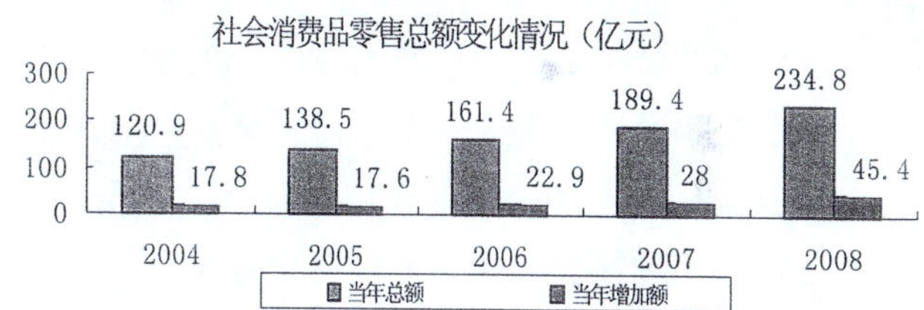

——出口总值 13.1 亿美元，同比增长 15.6%，高于年度预期目标 3.6 个百分点。

——财政总收入 100.02 亿元、同比增长 21.2%，高于年度预期目标 4.3 个百分点，超过 GDP 增速 10.8 个百分点，提前两年完成“十一五”规划财政收入过百亿元的目标。地方一般预算收入 31.0 亿元，同比增长 19.1%，高于年度预期目标 6.1 个百分点。

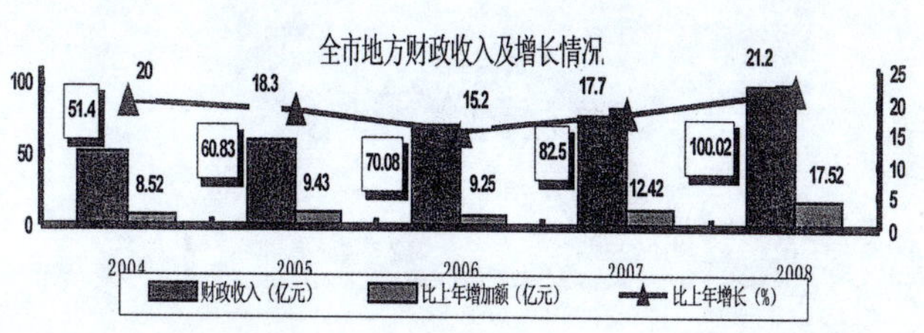

——居民消费价格指数 CPI 为 5.8%，未实现年初 4.4%的控制目标。主要是 08 年以来受国内外物价上涨传导和成本推动及需求拉动等因素影响，带动我市食品类、居民居住类和能源等价格的不断攀升，CPI 价格指数突破年初控制目标，但仍低于全省 1.2 个百分点，整体水平保持稳定。

——城镇居民人均可支配收入和农村人均纯收入分别达到 14150 元和 5215 元，同比增长 15.1%和 13.8%，分别高于年度预期目标的 7.1 和 5.8 个百分点。

——城镇登记失业率 3.2%。低于年度控制目标 0.8 个百分点。

——人口自然增长率为 7.25‰，低于年初控制目标。

（二）主要特点

1、农业保持稳健增长。农业增加值完成 31.4 亿元，同比增长 8.6%，增幅比 07 年高 0.6 个百分点，完成年初目标 108.3%。其中，畜牧业增幅达到 14.1%、同比提高了 0.4 个百分点。畜牧业、渔业、水果等优势产业产品出岛出口大幅增加。生猪出岛超过 20 万头、增长 11.2%；文昌鸡出口出岛 34 万只、增长 37.1%；水产品出口创汇 2.46 亿美元、增长 70%；荔枝出口美国 400 吨，香蕉出口 500 吨。

都市农业推进力度进一步加大。发展生态循环农业面积 7.8 万亩，无公害瓜果菜基地 10.3 万亩；农业生产补贴力度加大，落实各种补贴 6235.1 万元，主要用于种粮、沼气、农资购置和能繁母猪补贴；加大推广电子农务力度，安排 400 万元建设了 10 个农业科技 110 服务站；加快农民专业合作社发展步伐，建成 3 家“全省十佳农民专业合作社”，全市登记注册合作社达 243 家，带动农户 3.7 万户，占全市总户数的 36%。农村产业规划初步完成，完成了 10 个中心镇总体规划、7 个镇的控规。

我市农业增加值增长情况（亿元）

40.0 30.0 20.0 10.0 0.0

2006: 23.7, 2.8; 2007: 26.8, 3.1; 2008: 31.4, 4.6

当年增加值　年度新增额

2、工业出现较大幅度下滑。全年工业增加值完成 81.3 亿元，同比下降 0.4%、规模以上工业总产值同比下降 6.6%。从支柱行业方面看，除汽车制造业产值下降 35.6%、化学纤维业产值下降 14.6%外，食品饮料业、机电制造业、农副产品加工业、医药制造业等产值分别增长 10.2%、16.7%、14.8%、25.6%。占我市工业较大比重的海马汽车生产总值下滑成为我市工业下降的主要原因。

市委市政府高度重视这一情况，采取非常应对措施：制定进一步扶持工业、医药、高新技术产业发展的多项政策措施，加大力度完成了高新区的基础设施建设，推进了海宇锡板二期、海马三期等项目顺利开工，经过多方努力，第二产业全年完成增加值 113.3 亿元，增长 1.7%。

全部工业增加值增长情况（亿元）

110.0 90.0 70.0 50.0 30.0 10.0 -10.0

2004: 57.5, 4.4; 2005: 62.1, 4.6; 2006: 79.8, 17.7; 2007: 86.4, 6.6; 2008: 81.3, -5.1

当年增加值　年度新增额

3、第三产业的主导性进一步凸显。第三产业完成增加值 298.5 亿元、增长 14.4%，对经济增长贡献率达 86.4%。从产业结构看：

一是传统服务业继续支撑第三产业发展。交通运输、批发零售、住宿餐饮等传统服务业快速发展，均实现了 11%以上的增长速度，其增加值总量占整个第三产业的 53.3%。

二是现代服务业发展加速。市委市政府制定出台了《加快发展现代服务业的意见》和《加快发展现代服务业的实施意见》，明确了我市现代服务业发展方向。旅游业稳健增长。通过落实《海口市进一步鼓励航空客运市场开发暂行办法》和旅行社奖励办法等多种奖励政策，以北京奥运会和建省 20 周年纪念活动为契机举办各类会展、赛事、旅游商品交易会等活动，促进了旅游业的稳定增长。全年接待国内外过夜旅游者 637.9 万人次、增长 8.5%，实现旅游总收入 60.02 亿元、增长 8.4%；房地产业平稳增长。完成增加值14.9亿元、同比增长1.3%，完成房屋销售总额77.3亿元、同比增长26.5%，完成投资71.3亿元、同比增长18.6%。房屋施工面积650万平方米、同比下降6.1%，销售面积168.9万平方米、同比下降2.3%，新开工面积196.3万平方米、同比下降1.9%。我市房地产业上半年保持良好发展态势，各项指标增长较快，下半年受宏观环境的影响各项指标逐月下降；物流业在全省的中心地位逐步显现。物流中心基础设施建设力度加大，推进了马村港一期的建设，秀英港二期已简易投产，启动了新海港滚装码头一期、美兰机场二期扩建工程的前期工作。重点打造各类专业中心批发市场，推进了海口中商农产品中心市场前期工作，完成了海南钢材交易市场新址和海南花卉交易市场的建设；金融业运行质量显著提高，全年实现整体盈利17.1亿元，同比增加3.0亿元。我市储蓄增长24.9%，贷款增长24.8%。金融业呈现各项存款快速增长，中长期贷款平稳增长，经济金融良性互动、协调性进一步加强等特征。

4、三大需求继续保持两位数较快增长。全年全市社会消费品零售总额达到234.8亿元，增长24%，占全省社会消费品零售的52.3%。商业布局进一步优化，消费结构不断升级，传统消费领域保持快速增长。

全社会固定资产投资总额完成219.1亿元，同比增长20.5%。从行业投入来看，投资增长贡献最大的行业是房地产业、交通运输仓储和邮政业、水利环境和公共设施管理业等。从时序上看，我市固定资产投资呈现前高后低的态势，上半年保持较快增速，而下半年尽管信贷环境有所改善但由于需求下降导致投资者投资谨慎，投资增幅下降。从新开工项目看，今年新开工项目128个，同比下降31.6%。

全年完成进出口总值36.1亿美元，同比增长19.1%，其中出口总值13.1亿美元，同比增长15.6%。外商直接投资5.6亿美元，增长11.2%。

5、政府投资重点项目有序推进。在上半年国家宏观调控的形势下，我市及早动手，积极准备，加强与金融机构的对接，确保了政府投资项目的资金基本闭合。政府投资项目完成情况良好。竣工项目方面，绕城公路、海甸岛环岛路(美丽沙段)、海汽工业园区基础设施、狮子岭飞地工业园区、药谷二期、滨江西路、白沙门环境综合整治、龙塘饮用水源点环境保护建设工程等22个项目已顺利完工；续建项目方面，旧城改造、中心次干路整治、南渡江环境综合整治、自来水管网改造、人民医院医疗综合大楼等27个项目正加快推进；新建项目方面，白沙门、长流污水处理厂、农村公路畅通工程(三期)等14个项目已顺利开工；项目储备方面，组织一批重大储备项目争取中央预算内资金和扶持，08年获得中央预算内资金和省专项资金2.96亿元。

6、增强物价监测能力，保持物价基本稳定。针对今年特殊的物价上涨形势，我市重点做好了强化稳定物价能力和减少物价对低收入群体影响的工作。审议通过了《海口市价格调节基金征收使用管理办法》的修改意见，扩征价格调节基金，增强了政府调控市场的能力；出台了《海口市2008年度经济适用住房指导价格》，强化了物价综合调控；制定出台了《海口市低收入困难群众CPI上涨动态补贴方案》对收入困难群众进行动态补贴，受到了国务院检查组的肯定。2008年，我市CPI比全国低0.1个百分点，比全省低1.2个百分点，基本保持了市场物价的稳定。

7、一批民生项目扎实推进，构建和谐社会取得积极进展。今年以来，我市继续把解决民生问题作为“一号工程”，市财政在公共服务上投入了22.4亿元，同比增长11.5%。其中，为民办实事项目投入6.1亿元，25项为民办实事事项全部如期完成。一是农村生产生活条件明显改善。农村公路通畅工程投入6000万元，完成道路30条，168公里，农村公路建设提前两年完成“十一五”目标。完成农村饮水项目226个，解决5.1万人的安全饮水问题。新建大中型沼气工程70处和镇村级沼气服务站13个，“三沼”综合循环利用率提高到95%。完成1个行政村标准文化室和15个乡镇标准文化站，建设9个行政村卫生室；二是保障性住房建设加快。投入1.5亿元重点推进青年路民安小区、市美舍河、盐灶、岭下村2364套廉租房项目建设，投入17亿元推进玉沙村、海甸溪等安置房和棚房区改造。 三是教育基本建设有力推进。教育基础投入1.1亿元，新建、扩建新玉沙、滨海九小、龙华职业中学等学校，新增1万个义务教育学位；四是医疗卫生服务设施不断改善。投入医疗卫生基本建设3.5亿元，推进市人民医院医疗综合大楼、市医疗急救中心、市疾控中心、市中医院等项目建设。

8、改革开放进一步深化。一是行政体制改革取得新突破。强区扩权改革深入推进，我市已分两批下放了66项权力，同时，对省里下放的197项行政权项，主动对接，平稳过渡。二是不断深化投资体制改革。修订完成《政府投资项目管理暂行规定》，简化了投资项目审批流程，进一步明确各方责任和提高项目审批效率；三是国有企业改革加快。组建了海口市创新产业投资有限公司，为高新技术产业发展提供资金支持。海峡股份上市各项工作已准备就绪，水务集团股改上市工作积极推进。劣势国有企业退出市场步伐加快。四是区域联动发展和合作交流加快推进。积极参与"9+2"泛珠三角区域经济合作，今年8月组织了香港投资推介会。推进环北部湾经济圈建设，加强物流、旅游和口岸建设合作，加快推进了琼北湛江区域合作组织。

总体上讲，2008年全市国民经济和社会发展计划执行情况是好的，在全面落实科学发展观，加快经济发展和社会建设方面迈出了重要一步。这些成绩是在复杂多变的国内外经济形势，重大自然灾害较多的一年取得的，来之不易。但在发展中长期存在的问题依然没有得到根本解决，需要加以重视。

第一，工业增长乏力的问题未得到根本性的改变。我市工业发展基础较弱，总量较小，长期以来依赖产业存量支撑，缺乏新的增长点的格局未得到较大改变。09年海马汽车的不确定因素较大，对我市工业稳定发展产生较大压力。

第二，投资结构合理性问题一直制约着我市经济快速发展。长期以来我市投资偏向于房地产业、城市基础设施建设等领域，工业、现代服务业等生产性投资短腿问题一直存在。09年我市房地产业发展放缓，新开工项目减少，对我市投资和税收将产生较大影响。

第三，我市在全省中心城市作用没有充分发挥。作为省会城市和我省的经济文化中心，中心城市的经济拉动效益和商贸服务中心的优势没有充分发挥，中心城市辐射作用仍有很大的提升空间。

二、2009年国民经济和社会发展的预期目标

根据市委市政府经济工作会议和政府工作报告对当前宏观形势的判断，深入贯彻落实海口市委市政府关于保增长，扩大投资，扩大消费的发展思路，在充分调研和实际可行性的基础上，我们建议2009年全市经济社会发展的主要预期目标如下（详细指标见附表）：

——全市生产总值增长10%，比全省高1个百分点。主要考虑是：2008年我市经济增长率为10.4%，虽然国内外经济形势比较严峻，但我市经济基本面良好，政府投资力度加大，固定资产投资和消费都将保持较高的增长速度，因此相信经过全市各方面的共同努力，该目标是可以实现。

——全社会固定资产投资增长15%。考虑到09年中央积极的财政政策和宽松的货币政策，调查摸底了解得到的骏豪、海航等一批企业的重大社会投资项目情况，09年我市固定资产投资可以实现15%的增长率。

——社会消费品零售总额增长15%。根据我市历史数据中社会消费品零售总额增长率一般大于全社会固定资产投资总额增长率和大润发、家乐福等大型商业网点保持快速增长，新建网点也不断增加的情况，以及促进消费的各项措施的落实，制定该项指标是比较切合实际的。

——地方一般预算收入增长10%。由于受09年复杂经济形势影响，我市主要税源房地产业等投资速度放缓，财政增收压力较大，经国税、地税和财政三大部门的分析和预测，通过努力增幅提高10%的预期目标是可以实现的。

——城镇登记失业率控制在4.5%以内。受宏观环境影响09年就业形势趋紧，我市实体经济将受到不同程度的影响，预测企业新增就业岗位将相应减少，预计新增就业岗位预计只有28000个，而全市城镇登记失业人数预计将达到28125人。根据上述预测数据，2009年城镇登记失业率将达到4.5%。

——城镇居民人均可支配收入增长10%。2008年城镇居民收入增长的主要成因是工资性收入和经

营性收入的快速增长，2009年城镇居民经营性收入在经济回落的条件下实现大幅度增长有难度，但考虑国家可能出台相关的刺激就业及构成08年居民收入快速增长的工资收入没有大的下降，预计10%的增长可以实现。

农民人均纯收入增长10%。2009年预计我市农业发展增长将保持稳定，随着农村农动力转移力度不断加大，大量支农惠农政策的不断出台和实施，农民转移性收入、工资性收入等将保持08年的快速增长势头，2009年农民人均纯收入增长率为10%是可以实现的。

——人口自然增长率控制9‰以内，因为统计口径发生变化，根据相关部门对原统计口径与新统计口径的换算和预测，2009年度人口自然增长率控制为9‰是较有把握完成的。

——万元GDP能耗下降2.5%。根据08年我市GDP能耗下降2.5%，考虑到省里对我市能耗下降要求和十一五规划目标，09年每万元GDP能耗确定为同比下降2.5%。

三、2009年经济社会发展主要措施

根据市政府2009年经济社会发展总体要求及2009年全市经济社会发展预期目标，我们建议采取以下六个方面的措施：

（一）抓好重点项目建设和促进消费，确保经济增长

以项目为抓手，扩大项目投资，用项目促进产业，以产业带动经济，加大城市整体营销，深挖消费潜力，拉动岛内外需求，力保我市经济的稳健发展。

1、狠抓项目建设，提速片区开发，确保固定资产投资增长

做好项目投资计划编制和落实，用项目推动产业，用产业带动发展。落实好08年中央新增投资白沙门污水厂扩建、长流污水处理厂和廉租房等15个项目。积极推进农业、新型工业及园区基础建设、旅游地产、商贸物流中心、片区开发、基础设施、生态工程和社会民生等一批重点建设项目。同时做好项目包装储备工作，编制三年滚动的项目计划；转变城市经营理念，提速片区开发。政府投资模式由过去的“主导一级开发”模式转变为“主导一二级开发，实施一二级联动”模式，集中资金加大片区投资力度，对开发片区进行统一规划，整体开发，按时序推进。旧城改造方面，吸引各种社会资金，09年集中加快海甸溪北岸、朱云路片区等棚户区的改造；新区开发方面，重点推进长流新区的建设，以长流起步区路网、第二办公区、国际会展中心等建设为突破口，带动长流片区的整体开发，同时，启动江东组团新片区建设；确保项目资金落实和工程建设质量，保持投资合理增速。把握国家施行积极的财政政策和宽松的货币政策的时机，深入贯彻国家宏观政策，做好我市项目与国家政策的对接工作，积极争取国家中央预算内资金和国债。加大与开行等金融机构的合作，增强各大金融机构对我市建设的支持力度。积极引入社会投资，通过多种方式引导各类资金参与我市发展建设。确保项目建设资金闭合，加强对项目实施全过程的跟踪和管理，严控项目成本，确保工程质量。

2、加大城市营销，培育消费增长点

以整体营销为主要模式，充分发挥岛内活动平台，主动出击岛外目标市场，按照“政府搭台，企业唱戏”的城市促销原则，主动赴山西、广东、北京等地参加房博会和开推介会，加大“阳光海口，娱乐之都，品味之城”的城市形象宣传力度，扩大旅游、房地产和物流三大产业岛内外需求；利用海口中心城市的优势大力发展商贸服务业，完善我市商业网点布局和升级，大力扶持大型批发市场和购物中心，积极策划和举办年货等节庆产品展，吸引岛内各市县到海口消费，增强我市对周边市县的商业辐射力；力保农民人均收入增长10%，增强农民有效需求能力，利用中央对农民购买家电、农机实行补贴的政策，推进农村现代流通服务网络建设，积极扩大农村消费市场；安排专项资金加大各类活动主办力度，利用建国60周年、世界高尔夫锦标赛等多种有利因素，精心策划一批旅游、赛事、会展等活动。

（二）加大产业扶持力度，力保三次产业平稳发展

针对今年产业发展较困难，外部环境压力较大的形势，要坚定“产业兴市”不动摇，围绕支柱产业的配套和产业链的延伸，加大产业扶持力度，促进三次产业平稳发展。

1、大力发展都市农业，提高农业综合效益和农民收入

以都市农业为发展方向，以农民持续增收为出发点，增强农业基础地位，提高农业综合效益。计划09年投资约2亿元用于农业建设，加大农业基础设施投入，推出一批农业重点项目，重点推进畜牧业、水产业、花卉产业和大棚蔬菜的建设，提升设施农业和循环农业水平，夯实特色农业基础；进一步优化我市农业产业布局，打造海榆东线、海文高速公路沿线的生态循环农业产业带等四大特色产业群带；大力兴办农村专业合作社，大力推广农产品“出岛、出口、进宾馆、进超市”的“两出两进”模式；落实强农惠农政策，加大农资、能繁母猪和购买家电等补贴。

2009年现代农业发展和新农村建设重点项目

农业基础设施建设：推进病险水库除险加固工程建设，安排4100万元加大羊山地区水利设施建设，启动国家一级渔港建设。

设施农业、循环农业建设：建成大中型沼气工程13个，沼气服务网点50个，新增规模化种植基地3000亩，兴建3座田头冷库，加大农产品质量检测、蔬菜大棚及喷滴等建设。

热带都市农业基地建设：扶持建设13个生态养殖小区，发展生态循环农业基地1.3万亩，推进海南省（海口）现代生态循环农业示范基地，打造海口热带花卉产业化示范基地。

农产品加工建设：扶持壮大农业龙头企业，推进文昌鸡产业示范工程建设项目，支持罗牛山优良种猪繁育及推广体系、农产品冷藏中心、冷冻肉加工技术改造等项目建设。

2、稳定工业存量，寻找新的增长点

贯彻落实各项工业扶持措施，出台振兴港口发展政策，扎实推进基础设施建设，提高服务质量，切实解决企业实际困难，以工业项目为主线，稳定存量，寻找增量。安排1亿元产业扶持资金，通过担保公司完善中小企业担保体系，支持企业提高自主创新能力，帮助解决中小企业融资难的问题，积极争取中央资金对支柱产业支持力度，落实对海汽等支柱产业中央贷款贴息；确保海口综合保税区按要求的时间节点封关运作，使之成为我市新的经济增长点。同时，加快云龙产业园区建设，优化海口药谷、海马等工业园区发展环境，努力促使签约企业尽早入园，形成新的增长点；继续推进一汽海马30万辆、海宇锡板二期等续建项目，积极争取30万箱红塔卷烟厂扩建项目早日建成开工；安排专项资金加大招商力度，延伸汽车制造、机电、农产品加工、化纤纺织等产业链，加快医药产业的恢复性增长，积极引进光伏等新兴产业项目。做好保税区的项目储备，确保保税区封关运作时项目能尽早落地；加大对高新技术产业扶持，重点扶持有自主创新能力的企业，推进企业技术创新和改造，提高我市工业技术含量和竞争力。

2009年工业建设重点项目

园区基础设施建设：推进海口综合保税区、云龙产业园、狮子岭飞地工业园等工业园区发展。

存量工业项目：推进20万吨海宇锡板二期、一汽海马30万辆汽车、30万箱红塔卷烟厂扩建项目、海南现代包装工业园、海南高新现代电缆等扩建项目。

增量工业项目：加快推进光伏、新能源等一批新项目的建成投产，努力发展以海洋为核心的"蓝色工业"，积极引入上海宝钢材料加工配运、光伏产业等新增项目。

3、加快发展现代服务业，打造旅游、地产和物流三大产业

以旅游、地产和物流为核心，加快三大产业平台建设，抢占现代服务业制高点。充分利用我省建设国际旅游岛的契机，做好我市旅游规划编制工作，加大我市旅游基础设施和旅游产品的开发建设。推进完成印象·海南岛建设并投入运营，完成骑楼历史文化街区建设的前期工作并启动示范区主入口广场建设，推进雷琼海口火山世界地质公园博物馆、海口湾游艇码头等旅游项目建设，加快构建琼北湛江旅游经济圈；把房地产开发与旅游相结合来推进美丽沙、新埠岛、海口湾海港世纪城等一批旅游地产项目，把房地产开发与保障性安居工程相结合来推进海甸溪两岸、长流新区和江东新区的建设；把物流业做活起来，努力使之成为我市新的经济增长点。加快启动美兰机场临空产业园区建设，推进新海物流园区前期工作，争取中商海南农贸市场尽快开工，加快海南（海口）粮食物流园区建设，支持花卉、建材、农产品交易等专业物流中心建设，引进阿联酋投资商投资海口国际会展中心及会展酒店。

加大扶持力度。进一步落实旅游奖励政策，加大对航空、旅行社和酒店的奖励范围和标准，吸引更多的岛外游客。采取切实措施稳定房地产业发展，放宽房地产企业的资金条件限制和企业共度难关。动手

编制我市物流发展规划，明确发展战略。大力发展会展经济。对会展业进行补贴，加大特色优势产品及出岛出口等“双出”产品帮扶力度，降低成本，增加竞争力，力争产品出口和出岛平稳发展，争取更多的会展业务落户海口，扩大我市岛外市场。

2009年现代服务业重点项目

旅游项目建设：推进骏豪项目基础设施建设，完成印象·海南岛建设并投入运营，推进雷琼海口火山世界地质公园博物馆、骑楼历史文化街、海口游客到访中心等重点旅游项目建设，加快秀英港二期土地开发前期工作，加快海口湾游艇码头、香格里拉酒店等项目建设，启动龙湾庄园文化生态园度假社区建设。

房地产项目建设：加快推进海口美丽沙、新埠岛、世纪海港城、鸿州新城等项目建设，争取启动金沙湾土地整理和司马坡岛建设，推进海甸溪两岸、长流新区和江东新区的建设。

物流基础设施建设：推进新海物流园区、海南（海口）粮食物流园区等物流园区建设，推进新海滚装客运港、秀英港二期、马村港一期港口项目，加快海南钢材交易市场搬迁，推进中商农产品中心市场、海南花卉交易市场、桂林洋水产品交易市场、海南木材交易市场、海口国际会展中心及会展酒店项目建设。

（三）安排一批惠民项目，切实改善民生

在今年发展压力较大的情况下，安排13.7亿元20个为民办实事项目和一批民生工程，保障和改善民生，为百姓减负减压，稳定发展基础。1.实施更加积极的就业政策。加快推进政府投资和社会重大项目建设，充分发挥项目带动就业的作用。鼓励和扶持以制造业和服务业为龙头的劳动密集型产业和中小企业，千方百计增加就业岗位。安排1300万元建设海口市城乡一体化人力资源市场，完善就业工程体系配套；2. 扎实推进一批科教文卫项目建设。安排2.05亿元加快推进琼山中学高中部、琼山华侨中学、琼山一小等项目进度，增加1万个学位，解决府城地区学位紧缺问题。安排7750万元加快推进海口市旅职校项目进展，加快推进市技工学校前期项目，支持职业教育发展。安排2.78亿元完成市人民医院医疗综合大楼、市中医院、市疾病控制中心和市急救中心等“两院两中心”建设，进一步完善城乡医疗服务体系；3. 加大保障性住房建设。安排2.98亿元新建2575套廉租房，积极推进棚户区改造工程，加大推进海甸溪北岸、滨江新城起步区、朱云路和镇海村棚户区改造；4.加大生态环境建设力度。安排6.28亿元推进市中心污水截流并网工程、府城分区污水并网工程、桂林洋污水管网配套工程、白沙门污水处理厂、长流污水处理厂、江东生活垃圾转运站等污水和垃圾处理基础设施项目建设，并把龙塘污水厂的污水收集工程列入前期启动工作。5、安排一批农村基础建设项目。安排3.9亿元进一步完善农村路网工程，新建农村公路512条，1124公里；安排495万元实施三期33个“盲点”村电视和84个村广播“村村通”工程；安排1000万元建设4家村镇敬老院和4家“五保之家”；安排470万元完成剩余3个乡镇综合文化站、80个农家书屋和20个示范文明社区建设；安排1000万元建设400个封闭式垃圾收集屋购置垃圾车；安排480万元建设农村卫生室使农村卫生室覆盖率达100%，安排600万农村改厕完成6000户家庭厕所改造。

（四）加快农村综合改革，推进我市城市化进程

加快推进农村综合改革，积极探索农村土地流转制度改革和推进林权制度改革，以促进农村经济发展、农民增收为核心，以文明生态村创建为综合载体，以公共基础设施建设为切入点，加快城乡一体化发展，全面推进农村公共经济、文化、医疗卫生事业建设，逐步缩小城乡之间的基本公共服务差距。落实海口市城乡规划编制工作；加大财政对农村的投入，充分发挥各区的城投公司作为融资平台的作用，吸纳社会资本参与建设，加快资金、人才、技术等生产要素向农村聚集；引进和发展非农产业，加快扶持乡镇企业及乡村休闲游等产业发展，探索产业园区与中心城市建设一体化模式，积极推进国际旅游小镇建设；继续推进生态文明村创建活动，计划新建170个文明生态村。

（五）保持价格总体水平基本稳定

稳定物资供给，强化价格监控，积极疏导价格矛盾，切实做好稳定价格服务工作。做好我市物质流通的通畅工作，加大重点商品需求监测和供给渠道疏导力度，确保重要商品物质的储备，从源头上化解物价上涨原因；建立重点商品价格库和价格预警预报及发布机制，与海口广播电视台共同办好物价信息专栏，密切跟踪省内外主要商品的价格走势，做好价格信息发布工作；做好价调基金征集管理工作，充分发挥价格调节基金平抑物价的作用，重点抓好生活

必需品及食品价格的稳定工作，特别要落实低收入困难群体动态补贴。

（六）深化改革开放，推动科学发展

把体制创新作为突破发展“瓶颈”的关键举措，要用改革的办法，运用市场的机制来解决发展中的困难，推动科学发展上水平。进一步落实《省委关于进一步完善省直管市县管理体制的意见》，对接好省里下放的197项权项；继续推进我市强区扩权，进一步理顺市、区两级财政管理体制，做到“财随事转”；探索“大部制”改革，促进新一轮行政体制改革；修订《海口市政府投资项目引资管理暂行办法》，积极探索新的投融资渠道和模式，降低社会引资门槛，放宽投资领域，为社会资本的进入创造良好的条件；加大政府投资后评估体系的培育，提高政府投资效益；贯彻落实《关于进一步转变政府职能促进社会组织发展的决定》，积极推进社会组织发展，有计划、有试点将一些职能部门的管理权项向行业协会和社会组织放权；继续抓好国有企业改革，推进国有企业发展；深化区域合作，充分利用“9+2”泛珠三角论坛、环北部湾等区域合作组织和友好合作城市，加强区域互动和经贸交流；积极利用国际旅游岛建设新契机，提高我市对外开放水平。

附表：

2009年海口市经济和社会发展主要预期目标表

指标名称	单位	2008年				2009年	
		预期可比数	增长%	实际完成数	增长%	预期可比数	增长%
一、海口市生产总值	亿元	441	12	443.18	10.4	487	10
第一产业	亿元	29	8	31.4	8.6	33	8
第二产业	亿元	122	10	113.28	1.7	119	5
工业	亿元	95	10	81.26	-0.4	83	3
第三产业	亿元	291	14	298.5	14.4	334	12
二、工业总产值	亿元	380	10	328.65	-5.6	345	5
三、全社会固定资产投资	亿元	210	15	219.06	20.5	252	15
四、社会消费品零售总额	亿元	215	14	234.75	24	270	15
五、出口总值	亿美元	7.58	12	13.08	15.6	14.6	12
六、实际外商直接投资	亿美元	5.5	10	5.6	11.2	6.15	10
七、旅游总收入	亿元	60	8.3	60.02	8.4	64.3	8
八、财政总收入	亿元	96.43	16.9	100.02	21.2	—	—
地方一般预算收入	亿元	29.44	13	31.03	19.1	34.1	10
九、城镇居民人均可支配收入	元	13270	8	14150	15.14	15560	10
农民人均现金纯收入	元	4950	8	5215	13.8	5736	10
十、城镇登记失业率	%	4	——	3.2	——	4.5	——
十一、人口自然增长率	‰	8	——	7.25	——	9	——
十二、每万元地方生产总值能耗	吨标准煤	下降2.5%		——	——	下降2.5%	

附注：1、因为07年农业普查，农业的基数发生变化，所以08年预期数随之变化：第一产业为29亿元，生产总值为441亿元。2、出口总值统计口径发生变化，08年预期时用的是口岸口径，现在按规定用的是外贸口径。

关于2008年海口市和市本级预算执行情况及2009年海口市和市本级预算草案的报告

——2009年2月25日在海口市第十四届人民代表大会第四次会议上

海口市财政局

各位代表：

受市政府委托，现将2008年海口市和市本级预算执行情况及2009年海口市和市本级预算草案报告如下，请予审议，并请市政协各位委员和其他列席人员提出意见。

一、2008年海口市和市本级财政预算执行情况

全市财政总收入1,000,186万元（来源地，下同），增收175,263万元（与上年完成数对比，下同），增长21.2%，完成年度预算的103.7%。其中：全市地方一般预算收入310,313万元，增收49,682万元，增长19.1%，完成年度预算的105.4%；上划中央和省收入590,121万元，增收95,246万元，增长19.2%，完成年度预算的106.5%；基金收入（老口径，仅指纳入全市财政总收入统计部分）完成99,752万元，增收30,335万元，增长43.7%，完成年度预算的86.3%。

全市地方财政总收入501,367万元，增收52,359万元，增长12%。其中：全市地方一般预算收入310,313万元，省级补助收入162,969万元，调入资金11,643万元，上年结余结转16,442万元。全市地方财政总支出501,367万元。其中：全市地方一般预算支出467,882万元，增支44,468万元，增长10.5%，完成年度预算的105%；上解省支出14,684万元，调出资金4,171万元，增设预算周转金560万元，结余结转14,070万元（其中：结转下年支出13,832万元，净结余238万元）。

市本级地方财政总收入460,122万元，增收48,302万元，增长12%（按旧体制同口径对比增长15.1%，下同）。其中：市本级一般预算收入240,199万元，增长6%（同口径增长12.3%），完成年度预算的111.9%；省级补助收入162,969万元，调入资金9,465万元，区级上解收入36,764万元，上年结余结转10,725万元。市本级地方财政总支出460,122万元。其中：市本级一般预算支出290,242万元，增长4.3%，完成年度预算的98.8%；补助区支出137,044万元，上解省支出14,684万元，调出资金4,171万元，结余结转13,981万元（其中：结转下年支出13,832万元，净结余149万元）。

政府性基金收入138,871万元，增收58,820万元，增长73.5%，完成年度预算的35.8%。其中：地方政府性基金收入124,660万元，增收55,243万元，增长79.6%，完成年度预算的32.8%；省级补助收入5,996万元；调入资金7,471万元；上年结余结转744万元。政府性基金支出138,871万元，增支58,820万元，增长73.5%，完成年度预算的35.8%。其中：地方政府性基金支出133,133万元，增支66,441万元，增长99.6%，完成年度预算的36.1%；省级补助支出144万元；结余结转5,594万元。

2008年在市委、市政府的正确领导和市人大的监督指导下，财政部门认真落实党的十七大、十七届三中全会和胡锦涛总书记视察海南重要讲话精神，深入贯彻落实科学发展观和积极的财政政策，狠抓增收节支，财政收入保持快速增长，全市财政总收入首次突破百亿元，一般预算收入超额完成预算任务，有力地促进了我市经济社会发展，财政工作取得明显成效。

（一）加强收入征管，财政实力进一步增强

在全市经济稳定较快增长的基础上，财税部门采取有效措施，依法加强收入征管，认真落实征收责任，开展企业所得税税源调查，摸清税源状况，健全税源动态监控机制，严格执行“收支两条线”管理，抓好国有资源有偿使用收入征管，确保财政收入保持了平稳较快增长。

财政收入主要体现了四个特点：一是各级财政收入均实现较快增长。其中：中央级财政增长18.4%，省级财政增长20.7%，市级财政增长19.1%。二是全市地方一般预算增速比GDP快8.7个百分点。三是税收收入占全市地方一般预算收入的比重比上年提高4.4个百分点，成为增收的主要来源。四是税收收入实现按月均衡入库。财政总收入突破百亿元大关，各级收入实现快速均衡增长，税收收入占比逐步上升，财政收入质量得到提升，财政实力进一步增强。

(二)调整支出结构，社会事业进一步发展

进一步调整优化财政支出结构，保障部门基本支出，确保各部门正常运转。有效推动“三农”、教育、科技、卫生、文化、社会保障等社会事业的全面发展，新增财力主要用于民生项目，努力改善民生，保障民安，凝聚民心。

1. 各项支农惠农政策落实有力。农林水事务支出27,437万元，增长32.4%。主要项目：(1)农田水利建设资金2,700万元，农业发展风险资金450万元，农业综合开发专项配套资金465万元，支农项目优化整合经费200万元，支持设施农业建设，农业综合生产能力继续提高，农田综合整治工作成效显著，连续四年获得全省评比一等奖。(2)无疫区防治经费397万元，森林病虫害防治经费150万元。(3)积极提高农村富余劳动力就业率，安排农村劳动力转移工作经费480万元，2008年新增转移输出11,128人。(4)拨付农村精神文明建设经费500万元，新创建生态文明村168个。(5)农机购置补贴配套资金100万元，能繁母猪补贴及保险费277万元，惠农政策得到有效落实。

2. 集中财力改善民生，促进和谐海口建设。民生支出230,529万元，比2007年的188,332万元增加42,197万元，增长22.4%，剔除省对我市新增民生专项支出32,311万元，我市实际新增财力用于民生支出9,886万元，占全市地方一般预算收入新增财力16,335万元的60.5%，超过省委省政府关于地方一般预算新增财力不低于55%用于解决民生的要求。民生支出的重点项目安排如下：

一是全力保障教育投入，促进教育均衡发展。教育支出99,391万元，增长19.5%。主要项目：(1)全面落实教育扶助工程。安排5,400万元免除中小学校义务教育杂费；2,600万元免除义务教育阶段公办学校在校生课本费；580万元免除城市义务教育阶段特困家庭学生、残疾学生、孤儿和农村学校在校生寄宿生活费和作业本费；1,300万元补助特困家庭子女、残疾学生、孤儿免学费和报考费；168万元资助341名特困大学新生。(2)安排义务教育阶段教师绩效工资支出6,360万元，2008年我市中小学校教师岗位绩效工资从每人每月150元提高到300元。(3)职业教育国家助学金789万元，高等职业教育国家励志奖学金108万元。(4)教育费附加中安排407万元用于重点支持职业教育师资培养培训、农村职业教育和成人教育发展。

二是不断完善社会保障制度和劳动就业再就业制度。社会保障和再就业支出61,489万元，比上年增长8.3%，主要用于落实提高企事业退休人员养老金政策，足额发放城乡低保、优抚补助，支持就业再就业。主要项目：(1)发放城镇、农村居民最低生活保障经费分别为1,000万元和1,800万元。针对物价上涨因素，及时落实国家出台的物价补贴政策，并且从4月份起调剂财力将农村低保对象物价补助标准从93元提高到140元，惠及全市城市低保对象约25,000人，农村低保对象约34,000人。(2)2008年8月为缓解因燃油、粮食、肉蛋等基本生活用品物价上涨给城乡低保人员带来的生活压力，市政府主动压缩市本级行政经费，节约资金1,205万元发放城乡低保一次性特殊补助。(3)拨付就业再就业及培训经费494万元，帮助就业困难人员实现就业再就业12,377人，实现零就业家庭动态为零，免费培训农村劳动力16,428名。(4)发放“两节”特困职工生活补助1,291万元，用于救助困难下岗职工和鳏寡病残企业退休人员生活。(5)廉租住房租金补贴支出200万元。(6)启用价格调节基金203万元，用于平抑粮油副食品等生活必需品价格，降低物价上涨对低收入困难群体基本生活的影响。(7)按规定将彩票公益金1,334万元用于发展社会福利事业,主要包括:敬老院建设经费224万元、儿童福利院建设和流浪未成年人救助项目经费共466万元、城市和农村医疗救助经费232万元、"五保之家"建设经费233万元、贫困残疾人危房改造经费73万元。

三是加大城乡医疗卫生投入力度,建立覆盖城乡的医疗保险服务体系。医疗卫生事务支出33,861万元,增长38%。继续巩固城镇居民医疗保险、新型农村合作医疗成果,不断扩大医疗保险覆盖面,加强医疗机构基础设施建设和医疗救助体系建设。主要项目:(1)卫生事业专项678万元,用于社区公共卫生服务、计划免疫常规免疫、疾病控制防治、收治精神病人及城市流浪乞讨人员。(2)城镇居民医疗保险补助资金1,260万元,补助对象达351,272人,补助标准由现行的40元/人提高到80元/人。(3)离休干部医疗补助资金2,871万元。

3. 加大环境保护力度,改善城乡生活环境。环境保护事务支出5,003万元,增长97.5%。主要包括:水域环卫管理作业经费538万元、城市环境综合治理费475万元、环保治污经费108万元、创建国家卫生城市专项经费127万元。

4. 加大科技经费的投入,促进社会生产力的发展。科学技术事务支出6,051万元,增长19.2%,主要用于农业科技服务110建设、电子政务、支持市区企业进行科技创新改造等。主要项目:科技三项费1,246万元、高新技术产业发展专项资金500万元、全市电子政务建设项目经费100万元。

5. 加强文化建设,提升城市形象。文化体育与传媒事务支出7,380万元,增长12%,主要包括节庆、旅游促销及招商引资经费1,367万元,文体活动经费395万元,改革开放30年和建省20年经费1,553万元。精心组织建省20周年庆典系列文艺演出、《城市之间》国内总决赛、第二届海口热气球节、奥运会火炬接力海口站传递等系列活动,宣传推介了"阳光海口、娱乐之都、品味之城"的城市形象,有力促进我市旅游业的健康发展。

6. 维护社会稳定,保障人民安居乐业。公共安全事务支出51,507万元,增长7.1%。主要项目:一是为落实地方各项军人优抚安置政策,安排企业军转干部生活困难及自主择业专项经费466万元。二是继续做好我市创建双拥模范城市工作,安排双拥经费387万元。三是拨付公安干警工作经费672万元,用于弥补公安系统办案工作及基层派出所维稳建设的经费不足。四是安排见义勇为奖励资金280万元和举报毒品犯罪奖励资金65万元,调动各种社会力量共同遏制犯罪。五是拨付法律援助经费150万元。

此外,认真落实"为民办实事"资金,切实解决人民群众关心的热点难点问题。2008年全市为民办实事项目共25项,预算投入资金61,299万元。其中财政预算安排14个项目,实际拨付资金21,544万元,完成预算的102.4%。

7. 全力保障应急经费,高效应对突发公共事件。一是5月12日四川汶川地震发生后,迅速启动了财政资金拨付应急预案,共拨付救援资金544万元。二是认真做好"问题奶粉"婴幼儿的排查和治疗经费保障工作,拨付资金203万元,筛查人数达10,844人次,确诊结石患儿49人,住院治疗治愈21人。三是迅速做好10月中旬发生在我市的特大洪涝灾害防病防疫经费保障工作,拨付资金1,930万元用于卫生防疫和灾后重建。

(三)深化财政改革,财政管理水平进一步提高。

积极推进各项财政改革,努力创新财政运行机制和管理模式,进一步提高财政管理水平。

1. 调整完善市区分税制财政管理体制。

根据省政府《关于调整完善分税制财政管理体制的通知》(琼府[2007]78号)的要求,为科学合理划分市区政府事权范围和支出责任,理顺财政分配关系,健全财政分配的激励和约束机制,增强区级政府公共服务能力,按照"强区扩权"和促进基本公共服务均等化的指导思想,以及"事权与财权相一致"的原则,制定和执行了新的市区分税制财政管理体制,对规范市区两级财政分配关系,充分调动两级政府的发展积极性,促进基本公共服务均等化具有强大的推动作用。

根据市委关于强区扩权的有关要求,目前市级各部门已向区级分二批共下放65项行政权限。依据"财随事走"的原则,对区共转移支付资金7,996万元。其中:教育系统九所学校下划经费4,364万元;城管、规划系统人员下划经费990万元;强区扩权专项工作经费2,642万元。

2. 稳步推进国库管理制度改革。一是国库集中支付制度改革试点范围进一步扩大,全额预算单位基本纳入国库集中支付范围。二是完善集中支付资金的拨付审核程序和GFMIS(政府财政管理信息系统)的相关功能,提升支付口令和密码管理层级,加强国库资金的安全管理和规范运作。启用新版财政工资网络统发系统,财政供养人员工资由实拨方式向直接支付方式转变。三是清理财政专户资金,增强财政资金的调控能力,提高财政资金的使用效益。四是推行公务卡制度改革试点工作,规范行政事业单位职务消费。通过公开招标的形式确定了5家公务卡代理银行,印发了《海口市本级预算单位公务卡管理暂行办法》,并确定市文体局等10家市本级预算单位为第一批公务卡制度改革试点单位。

3. 进一步完善政府采购制度。政府采购规模和范围不断扩大,采购制度渐趋规范。一是建立党政机关定点接待制度,通过公开招标确定我市2009年党政机关出差和会议定点饭店各25家,对出差及会议实行定点管理,进一步完善公务接待制度。二是完善政府协议供货制度,进一步扩大了政府采购协议供货的范围,对协议供货价格实行动态管理和二次竞价,在产品保修期内实行厂家和供应商双保险售后服务,并将保修期外的服务纳入协议供货范围,实行增值服务,保证售后服务质量。三是实施公务车辆定点维修服务末位淘汰制度,有效提高公务用车维修质量和效率。

4. 不断推进收入分配制度改革。认真落实工资套改制度,严格执行公务员津贴补贴制度。继续深化事业单位收入分配制度改革,落实国家有关提高教师收入水平的政策。2008年我市总共增加支出6,360万元将中小学校教师岗位绩效工资从每人每月150元提高到300元。

5. 农村综合改革取得初步成效。一是完成农村义务教育"普九"债务的调查清理工作,为争取国家专项资金支持化解"普九"债务,减轻农村教育负担,加快农村教育发展奠定基础。据统计,我市直属学校和四个区的农村义务教育债务总额为6,191万元。其中:"普九"债务5,166万元,2003年至2005年期间发生的债务1,025万元。2008年已安排偿还1,581万元。二是在全市试行农村基层"村财民理镇监管"制度,促进了村级财务管理规范化、制度化。全市256个村委会已全部实行了该项制度,387个经济社也已开始实施该项制度。

6. 拓宽政府融资渠道。2008年国家加强宏观经济调控,实行了从紧的货币政策,为应对我市基础设施建设资金短缺问题,积极争取到海南省农村信用社的贷款,共贷款6.8亿元用于我市新农村建设和城市基础设施建设项目。

7. 加强政府债务管理。开展政府债务管理课题研究,积极探索债务管理的科学方法,落实开行贷款、外国政府贷款和国内金融机构贷款的回执制度,建立金融机构、贷款业主和财政三方对账机制,完善政府债务偿还资金台账管理,确保准确、及时、足额偿还贷款,维护政府的诚信形象。2008年共计偿还债务161,657万元,其中:偿还贷款本金78,102万元,支付利息83,555万元。

8. 加快金财工程建设步伐。加大财政信息网络资源整合力度,推进乡镇财政信息化建设,在全市23个乡镇财政所建立局域网,连通全市财政网络,建立起覆盖市、区、乡三级财政的信息高速公路,促进财政管理信息化、科学化和规范化。

9. 加强行政事业单位国有资产管理制度建设。颁发了《海口市行政单位国有资产管理暂行办法》(市政府令第68号)、《海口市事业单位国有资产管理暂行办法》(市政府令第69号),拟定了《行政事业单位国有资产管理实施细则》,建立健全行政事业国有资产监管机制,促进管理规范化和制度化。

10. 加强财政监督力度,规范财经秩序。以财政职能的转变和财政管理机制的完善为切入点,拓宽了财政监督范围,提高了财政资金使用效益,保障财政政策的有效执行。一是深入开展会计信息质量检查,对全市市属22家重点企业和49家行政事业单位进行会计信息质量检查,整顿会计秩序,规范会计行为。二是开展为民办实事专项资金检查。对2007年27个为民办实事项目财政资金的管理使用情况进行了全面检查，共涉及财政资金78,347万元，确保市委、市政府的重大决策落实到位，并达到预期目标。三是开展石油价格改革资金、种粮农民综合直补资金与粮食直补资金支付检查，确保资金及时足额拨付到位。四是抓好公务员津贴补贴专项检查。对发现问题的单位及时整改落实，共收缴违规发放津补贴273万元，巩固了我市津补贴改革成果。五是强化住房公积金监督管理。通过检查及时将公积金管理中心的管理费用和提取的廉租房补充建设资金220万元追缴入库，规范资金管理。六是加强财政信息全程监控。对全市预算、国库资金拨付和资金结算单位进行实时监控，确保财政资金的安全。

11. 加强法规制度建设，促进财政管理规范化。认真清理财政管理的相关规章制度。重新修订了《海口市市本级单位结余指标管理暂行办法》，拟定了《海口市市级机关和行政事业单位差旅费管理办法》和《海口市市级会议管理办法》，规范财政资金管理。

12. 推进机关效能建设，打造素质过硬的财政队伍。以机关效能建设为契机，围绕“建一流班子、带一流队伍、创一流业绩”目标，按照“科学发展、务实创新、服务高效、爱民廉洁”的财政发展的总体要求，着力打造一支思想正派、作风过硬、廉洁自律、业务精干、素质优良、文明高效的财政团队。对照市纪委提出的“七大问题”，以服务态度、工作落实、群众监督为重点对机关作风进行集中整改，建立完善机关各项规章制度，机关办事效率、工作效能和服务质量得到明显提升，2008年在全市机关效能评比中名列前茅。

2008年财政工作虽然取得了明显成效，但同时也存在一些不足：一是预算编制的科学性和准确性有待提高，很大程度上影响了预算执行。二是财政收入实现了较快增长，但增长压力加大，与省内兄弟市县相比增速较慢。三是重点税源不稳固，主要依靠几家大企业支撑的局面没有得到根本改变，同时，土地基金收益受客观环境影响增长乏力，财政收入稳定增长的风险仍然很大。四是由于体制、机制和人员素质等多方面因素的影响，财政的管理还不够科学，财政监督还不够到位，财政效能还有待进一步提高。对于这些问题将在以后的工作中逐步加以解决。

二、2009年海口市和市本级预算草案

(一)总体要求

2009年市本级财政预算安排的总体要求是：全面贯彻落实党的十七大、十七届三中全会和胡锦涛总书记视察海南重要讲话精神，以邓小平理论和“三个代表”重要思想为指导，按照市委十一届四次全会和全市经济工作会议部署，深入贯彻科学发展观和积极的财政政策，立足于扩大内需、扶持产业发展，加强财源培植，积极组织财政收入；进一步优化支出结构，保障市委、市政府的中心工作和重点项目、重大改革，加大“三农”、教育、卫生、社保、住房保障、环境保护投入，推进基本公共服务均等化；继续贯彻“强区扩权”的决定，健全市区公共财政管理体制，构建更具活力体制机制，促进社会和谐，推动我市经济平稳较快发展。

(二)统筹兼顾，稳妥安排2009年预算

1.2009年海口市和市本级预算安排目标

全市财政总收入1,150,660万元(含政府性基金收入16亿元)，增长15%。

全市地方财政总收入584,422万元。其中：全市地方一般预算收入341,709万元，增长10%；省级补助收入187,643万元；调入资金41,000万元；上年结余结转14,070万元。全市地方财政总支出584,422万元。其中：全市地方一般预算支出552,012万元，增长18%；上解省支出27,520万元；调出资金4,600万元；结余结转290万元。

市本级财政总收入528,621万元。其中：市本级地方一般预算收入245,283万元，增长2.1%；省级补助收入187,643万元；调入资金41,000万元；上年结余结转13,981万元；区级上解收入40,714万元。市本级财政总支出528,621万元。其中：市本级地方一般预算支出381,822万元，增长31.6%；上解省支出27,520万元；补助区支出114,478万元；调出资金4,600万元；结余结转201万元。

政府性基金预算收入366,964万元，增长164.2%。其中：地方政府性基金收入350,670万元，增长181.3%；省级补助收入6,100万元；调入资金4,600万元；上年结余结转5,594万元。政府性基金预算支出366,964万元，增长164.2%。其中：地方政

府性基金支出 323,160 万元，增长 142.7%；省级补助支出 2,400 万元；调出资金 38,000 万元；结余结转 3,404 万元。

市本级预算财力 414,132 万元。其中:安排部门预算基本支出 96,699 万元，占 23.4%；部门预算项目支出 62,093 万元，占 14.9%；专项支出 131,407 万元，占 31.7%；上年结转支出 13,813 万元，占 3.3%；省追加专项支出 70,000 万元，占 16.9%；上解省支出 19,000 万元，占 4.5%；总预备费 8,000 万元，占 1.9%；拖欠省、区级历年体制款支出 7,000 万元，占 1.6%；消化历年决算挂账支出 1,520 万元，占 0.3%；调出资金 4,600 万元，占 1.1%。

2.市本级预算财力主要安排情况

(1)足额安排基本支出，确保预算单位正常运转。继续巩固工资改革和规范津补贴工作成果，确保全市预算单位工资、津补贴按时足额发放。2009 年基本支出预算 96,699 万元，增长 12.4%(与 2008 年完成数对比，下同)，其中：人员支出 66,872 万元，商品和服务支出 14,975 万元，对个人和家庭补助支出 14,852 万元。人员正常增资调资、培训费提取比例提高和住房公积金提取比例由 8%提高到 12%等原因导致基本支出增加。项目支出预算 62,093 万元，增长 33.0%，预算增加的原因主要是根据各部门(单位)工作安排新增项目支出 6,028 万元(包括新增绿地管养费和道路桥梁养护费等)，以及罚没、行政性收费收入等非税收入预算增加的财力性支出 5,802 万元。

(2)加大农业扶持力度，促进农业增效、农民增收。安排"三农"专项支出预算 11,450 万元，增加 5,083 万元，增长 79.8%。主要项目：一是支持设施农业建设，改善农村生产生活条件，农田水利基本建设支出 2,900 万元、支农资金项目优化整合经费 575 万元、农村安全饮水工程支出 250 万元、设施农业专项经费 1,000 万元。二是预防农业产品安全生产风险，无疫区防治经费 450 万元、森林病虫害防治经费 150 万元、农贸市场农药残留检测工作经费 50 万元。三是农村劳动力转移工作经费 525 万元。四是农村精神文明建设经费 1,000 万元。五是推进农业结构战略性调整，支持羊山地区发展 900 万元、农业综合开发配套资金 450 万元、农业项目地方配套资金 360 万元、农村综合改革经费 600 万元。六是调动农民发展生产的积极性，农业发展风险资金 650 万元、能繁母猪补贴 265 万元、农业保险补贴 185 万。七是其他农林水专项工作经费 940 万元。其中：海域使用金专项经费 700 万元、农村基层组织和农村干部培训补贴 40 万元、林地确权专项工作经费 400 万元。

(3)继续加大教育投入，提升教育发展水平。安排教育专项支出预算 22,590 万元，增加 10,268 万元，增长 83.3%。主要项目：一是安排教育费附加支出 8,450 万元，主要用于教育布局调整、远程教育、学校教学楼建设、危房改造、购置办公设备、设立教学基地等方面，安排农村义务教育偿债专项支出 700 万元。二是加大义务教育保障力度，安排中小学校义务教育免除杂费补助 1,340 万元、农村中小学校义务教育免除课本费补助 1,080 万元、农村学校公用经费 680 万元、市长奖教奖学基金 100 万元。三是加强职业教育建设，安排职业教育国家助学金 1,340 万元、高等职业教育国家励志奖学金 140 万元及职业教育人才师资培训专项经费 200 万元，重点支持骨干中等职业学校和技能型紧缺人才专业建设、职业教育师资培养培训、农村职业教育和成人教育发展。四是安排义务教育阶段教师绩效工资支出 9,000 万元，比上年增加 8,040 万元。

(4)强化社会保障体系，促进就业再就业。安排社会保障和就业专项支出预算 12,685 万元，增加 6,634 万元，增长 109.6%。主要项目：一是提高低保金标准，安排城镇居民最低生活保障经费 1,700 万元，农村居民最低生活保障经费 2,600 万元，低保工作经费补助 130 万元。二是安排符合计划生育人员增加养老金 865 万元，符合条件人员约 12,000 人。三是养老基金财政补缺资金 2,923 万元，"事企差"财政补助资金 1,015 万元。四是根据《被征地农民养老保险暂行办法》和市政府常务会议精神，安排被征地农民养老保险工作经费 200 万元。五是就业再就业及培训经费 700 万元，主要用于增加就业岗位及加强下岗人员培训，预计新增就业人数 3 万人。六是下岗失业人员小额担保贷款贴息 300 万元，主要用于帮助下岗失业人员自谋职业和自主创业。七是廉价住房租房补贴 200 万元，逐步改善特困居民的住房条件。八是"两节"特困职工生活补助 1,500 万元。

(5)完善公共卫生体系，提高医疗服务能力。安排医疗卫生专项支出预算 7,112 万元，增加 2,018 万元，增长 39.6%。主要项目：一是卫生事业专项 1,225 万元，用于社区公共卫生服务、计划免疫常规免疫、疾病控制防治、收治精神病人和城市流浪乞讨人员等。二是城镇居民医疗保险补助资金 1,550 万元，逐步提高我市居民医保财政补助标准，惠及约 412,318 位城镇居民。三是离休干部医疗费补助经费 3,000 万元。四是农民工工伤医疗补助 100 万元，农村卫生人才培养及队伍建设经费 100 万元。五是从未参加基本医疗保险退休人员医疗补助费 1,000 万元，解决符合条件人员的医疗补助费。六是二等乙级以上军人医疗费 120 万元，解决 80 名六级以上在乡革命伤残人员医疗费。

(6)提高居民收入水平，积极扩大内需。围绕"保增长、扩内需、调结构、促改革、重民生"的目标，实施积极的财政政策。针对我市当前的经济形势，增加安排促进内需专项预算资金 17,945 万元。主要项目：一是住房消费财政补贴 2,000 万元，包括按 70%的比例弥补房产、国土等相关部门因暂停收取房地产交易买方需缴纳的行政事业性收费造成的政策性减收，以及对符合补贴政策的购房者给予购房补贴。二是住房补贴经费 3,000 万元，用于分阶段实施住房补贴制度，刺激中低级财政供养人员的购房需求，提高其购房经济能力。三是旧城改造拆迁工作经费 12,945 万元，其中：玉沙村改造项目 3,167 万元，海甸溪北岸项目 8,162 万元，长堤路项目 1,566 万元，直管公房项目 49 万元。推动我市房地产业良性发展，创建良好人居环境。

(7)积极培育优质产业，加大收入征管力度。安排促产业发展专项资金支出预算 17,700 万元，增加 10,159 万元，增长 134.7%。主要项目：一是扶持产业发展资金 10,400 万元，具体包括：中小企业发展专项资金 500 万元，积极培育个体私营等中小企业在内的各类市场主体，增强经济发展活力；名牌产品奖励经费 150 万元，用于进一步加快海口市名牌培育工作；海口市政府信用体系建设经费 100 万元，用于"诚信海口"建设；新增进港航班及旅客奖励经费 1,600 万元，用于鼓励海口市航空客运市场加快发展；旅行社奖励经费 50 万元，用于推动我市旅游业的发展；扶持医药产业发展专项资金 3,000 万元、加快现代服务业发展专项资金 1,000 万元、加快工业发展专项资金 3,000 万元、其他产业发展专项资金 1,000 万元，进一步推动产业结构优化调整，推动海口经济持续健康发展。二是社会组织发展专项资金 100 万元，促进社会组织发展。三是税收征管经费 4,000 万元，主要用于解决市国、地税部门(含社保征稽局)征收工作经费，代收代征代扣税款手续费等。四是财税检查及增收奖励经费 3,200 万元，用于保障财税部门开展财税专项检查和项目绩效考核等工作经费，并对收入征管部门增收实行奖励，保障财政收入应收尽收。

(8)足额保障经费，支持公益性文化体育事业发展。安排文化体育专项支出预算 2,930 万元，增加 551 万元，增长 23.2%。主要项目：一是节庆、旅游促销及招商引资工作经费 1,600 万元，对外宣传经费 120 万元。二是民族民间文化保护工程项目经费 350 万元。三是建国 60 周年系列庆典活动专项经费 500 万元。四是全市 23 个乡镇综合文化站的正常运作经费 50 万元，建设 80 家农家书屋配套经费 125 万元，农村电影公益性放映补贴经费 30 万元。

(9)加大科技投入，促进经济可持续发展。安排科技专项支出预算 3,055 万元，增加 1,198 万元，增长 64.5%。主要项目：一是根据国家《科学进步法》及《海口市科技投入办法》有关规定，安排科技三项费 1,430 万元，增加 130 万元，增长 10%。二是高新技术产业发展专项资金 700 万元。三是 100 万元用于推进我市专利申报工作。四是 2009 年我市各部门(单位)预计建设 50 个科技项目，安排资金 100 万元。五是科技进步奖 125 万元，扶持高新技术企业发展；国家科技资金资助项目地方配套 500 万元，资助获得国家科技型中小企业技术创新基金资助的项目；科技风险投资资金 100 万元。

(10)加大污染源治理投入，积极支持生态建设。安排环境保护专项支出预算 3,925 万元，增加 1,965 万元，增长 147.7%。主要项目：一是创建国家先进卫生城市专项经费150万元。二是加大环保治污力度，安排环保治污经费500万元。三是为完善城市环境综合治理长效管理机制，安排经费500万元。四是按新的污水处理费征收标准，安排城市污水处理专项经费1,300万元。五是保障旧城改造办公室工作顺利开展，安排工作经费80万元。六是企业水域环卫承包管理年度经费550万元。七是节能减排工作经费50万元、畜禽养殖业污染综合整治资金100万元和机动车排气污染防治工作经费50万元。

(11)加强公共安全建设，确保社会稳定。安排公共安全建设专项支出预算2,825万元，增加195万元，增长7.4%。主要项目：一是双拥经费400万元，用于继续做好我市创建双拥模范城市工作。二是企业军转干部生活困难及自主择业600万元，落实地方各项军人优抚安置政策。三是公安干警工作经费800万元，用于弥补公安系统办案工作及基层派出所维稳建设的经费不足。政法系统办案奖励资金60万元，提高政法系统办案积极性。四是举报毒品犯罪奖励资金180万元，戒毒宣传经费40万元，切实打击毒品违法犯罪活动。五是防震减灾经费200万元，按我市现有总人口180万人，1.2元/人的标准安排。六是社会治安综合治理专项工作经费150万元，法律援助经费150万元。

三、完成2009年财政预算任务的主要措施

(一)实施积极财政政策，推动经济平稳较快发展

充分发挥财政资金的杠杆和导向作用，因地制宜出台财政宏观调控政策，用好产业发展专项资金和促进内需专项资金，通过贴息、担保、兑现优惠政策等各种方式，优化产业结构、扶持产业发展，增强中小企业抵御风险能力，扶持重点企业技术改造，推进经济结构战略性调整，实现经济较快发展。

(二)强化预算执行，确保完成年度预算任务

积极会同税务部门，加大税收征管力度。建立收入征管激励机制，充分调动各征管部门积极性；健全税源动态监控体系和欠税通报机制，提高财政收支分析的深度，形成收入预测和预警机制，堵塞征收漏洞；健全和完善土地流转制度，实现土地基金收益增长与城市品位提升共同发展的目标；建立科学、规范、合理的政府非税收入项目库，推进非税收入规范管理，确保顺利完成年度财政收入任务。

提高预算编制的科学性，加强预算支出进度管理。部门预算要强化编制和执行主体的责任，项目支出预算推行项目库管理和滚动预算，细化项目支出预算编制，减少预留资金的比例，提高可执行预算指标的到位率；建立预算编制与预算执行互动机制，将预算指标与执行绩效相挂钩；加强预算执行动态监控，构建全方位的预算执行监控体系。

牢固树立过紧日子的思想，严格控制一般性支出。压缩行政开支，降低行政成本。从严从紧安排公务用车购置、会议经费、公务接待费用、出国(境)经费等一般性支出；经常性支出原则上实行“零增长”；控制部门随意追加支出预算，严格预算执行。

(三)加大民生投入力度，推进基本公共服务均等化

认真贯彻市委《关于大力改善民生推进基本公共服务均等化的实施意见》(海发[2008]8号)的有关精神，稳步推进就业、教育、社会保障、全民健康、文体科技普及、惠民安居、农村公用设施、人居环境、公共安全等九大工程，切实解决人民群众关心的切身利益问题。确保新增财力的主要部分投向民生，保障重点民生项目年度财政资金需要，集中解决民生问题，建立发展成果及时普惠广大群众的机制，推进基本公共服务均等化。

大力支持教科文卫和社会保障工作，完善义务教育经费保障机制，大力发展公益性文化事业，支持完善公共医疗卫生服务体系建设，完善城乡社会救助体系，健全城乡低保水平与物价联动机制，保证教育、科技投入的法定增长和社会保障支出的稳定增长，积极促进社会事业发展。

加大“三农”投入，保证财政支农资金实现法定增长，支持以水利为主的农业基础设施建设，改善农村生产生活条件，促进农村社会全面进步；支持开展农村劳动力转移培训阳光工程，提高农村劳动力素质；继续整合各类支农资金，提高财政支农资金使用效益；落实各项惠农政策，支持和完善农业发展保障体系建设，促进农业发展、农民增收。

(四)深化财政改革，提升财政管理水平

继续深入贯彻强区扩权决定，切实加强对强区扩权下划资金的管理，确保下放区级管理的教育、农业、规划、建设等事项实施到位。进一步完善对区转移支付制度体系，针对各区人均可支配财力和人均支出偏低的实际情况，争取将各区纳入省对市县一般性转移支付范围。优化转移支付结构，加大激励性转移支付力度，促进区域协调发展，增强区级基本公共服务能力。

健全国库管理制度。将所有预算单位实有资金账户，逐步纳入国库单一账户体系管理，并将所有财政资金纳入国库集中支付范围；继续扩大国库集中支付试点单位范围，选择部分差额单位进行试点，探索解决差额单位、自收自支单位的集中支付问题；推行财政电子支付改革，实现财政与各商业银行间的电子支付；继续扩大公务卡制度改革试点的范围，推进单位职务消费改革，提高行政成本的透明度。

完善政府采购制度。强化采购预算管理，逐步实行采购程式化、标准化；理顺集中采购体制，建立“管采分离”的政府采购机制，从根本上解决影响采购效率的深层次问题；建设政府采购电子平台，推动政府采购工作信息化、规范化。

进一步推进农村综合改革。推进乡镇机构改革，整合乡镇事业站所，创新农技推广机制；推进农村义务教育综合改革，进一步完善政府投入办学、各级责任明确、财政分级负担、经费稳定增长的农村义务教育经费保障机制；有效化解义务教育债务风险，促进各地教育均衡发展，2009 年市区预计化解义务教育债务 4,610 万元；推进区镇财政管理体制改革，合理划分区、镇政府事权范围和支出责任，理顺区、镇财政分配关系，增强乡镇财政公共服务能力；继续推行“镇财区管镇用”改革，试行村级财务会计委托代理制，在全市经济社范围内推行“村财民理镇监管”制度，促进村级财务管理规范化、制度化；加强征地补偿安置费管理，落实被征地农民的就业培训和社会保障资金，解除被征地农民的后顾之忧。

加强债务管理。加强贷款资金监管力度，完善政府债务的风险管理机制和预警机制，足额保障政府债务偿还所需资金；拓宽政府融资渠道，争取贷款期限长、利率低的金融机构贷款，充分利用社会资金进行政府项目投资，建立多元化融资体系。

（五）加强财政监督，推进财政支出绩效评价工作

加强财政法规制度建设和财政监督力度，提高依法理财能力。研究制定《海口市财政资金管理监督规定》和《海口市会计条例》，继续抓好会计信息质量、政府投资项目、为民办实事项目等检查，建立稳定长效的财政监督新机制，提高财政资金的安全性、规范性和有效性；强化行政事业单位国有资产监督管理。建立健全行政事业单位资产监管制度，研究开发资产管理信息系统，推进资产动态管理，实现资产配置和部门政府采购预算的有效结合；积极推进财政绩效评价工作，建立规范、科学的绩效考评指标体系，形成财政资金事前确定绩效目标、事中加强监督管理、事后实施绩效评价的全过程跟踪问效机制，将资金支持力度与预算执行效果紧密联系，提高资金使用效益。

2009 年我市的财政工作任重而道远，我们要以科学发展观为统领，紧紧围绕市委、市政府的战略部署，坚定不移地落实积极财政政策，在 2008 年财政总收入实现 100 个亿的基础上，继续振奋精神，求真务实，扎实工作，开拓创新，共同开创我市财政工作的新局面，为全面建设小康社会、构建和谐海口做出新的更大的贡献！

2008年海口市国民经济和社会发展统计公报

海口市统计局
国家统计局海口调查队

（2009年2月25日）

2008年，全市人民在市委、市政府的正确领导下，认真学习实践科学发展观，紧紧围绕全市经济增长的目标，面对着经济运行中的不确定因素增加和经济环境趋于严峻等诸多不利因素的影响，沉着应对，振奋精神，抢抓发展机遇，全市总体经济继续保持平稳增长的发展势头。

一、综合

国民经济保持平稳增长。初步测算，2008年全年海口市生产总值（GDP）实现443.18亿元（不含农垦，下同），按可比价格计算，比上年增长10.4%，已连续11年保持两位数增长，经济增长率比全国平均水平高1.4个百分点。从三次产业情况看，第一产业实现增加值31.4亿元，增长8.6%；第二产业实现增加值113.28亿元，增长1.7%，第三产业实现增加值298.5亿元，增长14.4%。一、二、三次产业结构为7.0:25.6:67.4。按常住人口计算，人均生产总值达3573美元(按平均汇率)，比上年增长8.0%。每万元地区生产总值单位能耗控制在1吨标准煤以下。

市场物价涨幅不断回落。2008年全市居民消费价格总水平比上年上涨5.8%，其中食品类价格上涨12.7%，居住类价格上涨4.9%；商品零售价格上涨5.6%。原材料、燃料、动力购进价格上涨3.7%，工业品出厂价格上涨0.8%。

劳动就业工作继续推进。2008年末，全市城镇从业人员29.1万人（不包括私营企业、乡镇企业从业人员及个体劳动者），比上年增长3.2%，其中，在岗职工人数28.9万人，增长6.5%。全年实现新增就业人员31313人，其中下岗失业人员再就业12377人；职业技能培训11798人，其中再就业培训5730人；农村富余劳动力转移就业11290人；创业培训1149人。

国民经济和社会发展中存在的主要问题是：经济结构有待于进一步调整优化；工业整体竞争力较弱，企业自主创新能力不强；就业再就业压力仍然较大等等。

二、农业

农业生产平稳发展。今年以来，我市克服持续低温阴雨天气对农作物生产的影响，加大农业基础设施投入，认真落实各项支农惠农政策，农业整体经济呈现平稳发展。2008年，全市实现完成农林牧渔业总产值50.57亿元，比上年增长8.8%。实现农林牧渔业增加值31.4亿元，增长8.6%。其中，种植业增加值14.55亿元，增长4.5%；林业增加值1.96亿元，增长7.3%；牧业增加值10.21亿元，增长13.9%；渔业增加值3.6亿元，增长10.1%；农林牧渔服务业增加值1.08亿元，增长9.1%。

蔬菜生产稳定，畜牧业保持增长。尽管全市蔬菜生产遇到多年来罕风的寒灾暴雨天天气的影响。但由于抗灾措施得力，抢种各类瓜菜及时，有效地保障了蔬菜生产的稳定发展，2008年蔬菜种植面积33.98万亩，比上年增长8.7%；蔬菜总产量42.25万吨，增长5.4%。

随着能繁母猪补贴、生猪良种补贴、生猪标准化规模养殖建设等一系列扶持政策的到位，全市畜牧业继续保持较快发展的势头。全年全市生猪出栏76.84万头，比上年增长24.1%，禽类出栏916万只，比上年增长11.7%；肉类总产量8.87万吨，比上年增长19.8%。其中猪肉产量6.62万吨，增长24.6%。

2008 年主要农产品产量

产品名称	单位	绝对数	比上年增减%
粮食	万吨	15.03	-3.7
糖蔗	万吨	16.45	19.6
蔬菜	万吨	42.25	5.4
瓜类	万吨	2.14	28.5
#西瓜	万吨	1.96	40.6
水果	万吨	22.70	8.0
#波萝	万吨	2.95	16.7
香蕉	万吨	14.62	3.8
柑桔橙	万吨	0.56	42.0
杨桃	万吨	0.31	20.6
石榴	万吨	0.54	6.5
橡胶	万吨	0.83	8.6
椰子	万个	1270	3.6
胡椒	万吨	0.21	9.3
槟榔	万吨	0.14	13.0
肉类总产量	万吨	8.87	19.8
#猪、牛、羊肉产量	万吨	6.97	24.2
禽肉产量	万吨	1.72	10.6
禽蛋产量	万吨	0.67	32.6
水产品总产量	万吨	5.27	11.3
#海水产品	万吨	3.49	9.5
淡水产品	万吨	1.78	15.1

三、工业和建筑业

工业生产呈现下滑。2008 年，受市场竞争日趋激烈、企业资金偏紧、原材料价格上扬等因素的影响，我市工业生产增速呈现下滑。全市工业实现总产值 328.7 亿元，比上年下降 5.6%，其中规模以上工业累计完成产值 305.41 亿元，下降 6.6%。分轻重工业看中：重工业完成产值 165.64 亿元，下降 17%；轻工业完成产值 139.77 亿元，增长 11.7%。全年规模以上工业产销率达 101.3%；工业品出口交货值 25.9 亿元，增长 7.6%。

从主要行业看，汽车制造业实现产值 69.39 亿元，下降 35.6%；化学原料及化学制品制造业实现产值 25.01 亿元，下降 11.4%；医药制造业实现产值 34.73 亿元，增长 25.6%；食品制造业实现产值 19.64 亿元，增长 12.8%。

2008 年主要工业产品产量

产品名称	单位	绝对数	比上年增减%
主要工业产品产量	万吨	60.52	-9.0
配混合饲料	万吨	15.36	-7.5
罐头	万吨	15.37	1.1
啤酒	万吨	31.18	5.5
软饮料	亿支	77.16	7.9
卷烟	吨	332	-78.7
农用氮、磷、钾化肥	万吨	4.67	-20.4
化学纤维	万吨	22.1	-19.3
聚酯切片	万吨	22.1	-19.3
塑料制品	万吨	1.91	13.7
汽车	辆	85086	-30.6
#轿车	辆	82771	-27.7
变压器	万千伏安	591.39	3.7

建筑业发展稳定。2008 年，全市建筑业完成增加值 32.02 亿元，比上年增长 9%；资质内建筑企业完成施工产值 80.99 亿元，增长 29%。

四、固定资产投资

固定资产投资规模进一步扩大。2008 年，全市完成全社会固定资产投资 219.1 亿元，比上年增长 20.5%。分产业看，第一产业投资 3.8 亿元，增长 28.6%；第二产业投资 5.9 亿元，增长 5.3%；第三产业投资 209.3 亿元，增长 20.8%。分行业看，文化、体育和娱乐业、房地产业和信息传输计算机输服务和软件业增长较快，分别增长 4.9 倍、37%和 27.9%。

房地产业投资增速平稳，商品房销售面积呈现趋缓。2008 年，全市完成房地产开发投资 71.2 亿元，比上年增长 18.6%。其中，住宅投资 53.1 亿元，增长 33.5%。新开工面积 196.3 万平方米，下降 1.8%。全年房屋竣工面积 109.5 万平方米，下降 15.8%。全年房屋销售面积 168.9 万平方米，下降 2.4%；商品房销售额 77.3 亿元，增长 26.5%。

重大项目带动作用明显。2008 年，全市完成 1500 万元以上的投资项目 191 个，完成投资 206.4 亿元，比上年增长 25.4%，占全市投资总量的 94.2%，其中投资完成上亿元以上的重大项目完成投资 180.8 亿元，增长 36.9%，东环铁路、绕城公路、城市海岸、观澜公寓、滨江西路、海口港二期、中国移动 GSM 网络建设、玉沙村旧城改造等重大项目进展顺利。

五、交通运输、邮政电信

交通运输能力有所提高。2008 年，全年完成旅客运输量 20764.5 万人，货物运输量 7627.5 万吨，分别比上年增长 24.0%和 25.1%；旅客运输周转量 229.3 亿人公里，货物运输周转量 555.74 亿吨公里，分别增长 9.4%和 17.6%；港口货物吞吐量 3813.2 万吨，增长5.4%。

年末全市民用汽车拥有量15.28万辆，比上年增长18.6%，其中私人汽车拥有量10.48万辆，增长26.5%。民用轿车拥有量8.61万辆，增长25.6%，其中私人轿车拥有量6.78万辆。

2008年交通运输周转量和港口吞吐量

产品名称	单位	绝对数	比上年增减%
一、货物周转量	亿吨公里	555.74	17.6
公路	亿吨公里	16.72	43.3
水运	亿吨公里	526.17	17.4
民航	亿吨公里	2.98	6.4
铁路	亿吨公里	9.87	-2.8
二、旅客周转量	亿人公里	229.3	9.4
公路	亿人公里	51.58	25
水运	亿人公里	1.91	-7.3
民航	亿人公里	172.2	5.1
铁路	亿人公里	3.61	53.9
三、港口货物吞吐量	万吨	3813.2	5.4
# 出口量	万吨	1789.1	2.6
港口集装箱吞吐量	万标箱	34.64	21.1
四、旅客吞吐量			
港口	万人	705.3	-0.9
机场	万人	822.2	13.2

邮电通讯业迅猛发展。2008年，全市邮电业务总量78.57亿元，比上年增长35.4%。其中，电信业务总量76.8亿元，增长36.2%；邮政业务总量1.77亿元，增长8.9%。本地固定电话用户112.03万户，减少3.32万户；移动电话用户179.6万户，增加31.3万户。年末基础电信运营企业计算机互联网宽带接入用户30.86万户，增加3.34万户。

六、国内贸易

社会消费品零售额稳步上升。2008年，全市实现社会消费品零售总额达234.75亿元，比上年增长24.0%，扣除物价上涨因素，实际增长17.4%。其中，批发业零售额14.76亿元，增长27.6%；零售业零售额184.82亿元，增长25.1%。在批发零售贸易业中，限额以上批发零售贸易企业零售额122.08亿元，增长44.6%，比上年加快13.5个百分点。消费结构不断升级，汽车、高端家电、金银珠宝、家具和通讯消费成为消费热点。分类别看，汽车类、石油及制品类等商品销售增速较快，汽车类零售额29亿元，石油及制品类零售额49.94亿元，分别增长43.3%和41.2%。

七、对外经济和旅游

对外贸易继续保持增长。2008年，全市外贸进出口总值36.14亿美元，比上年增长19.1%。其中，进口总值23.0亿美元，增长21.2%；出口总值13.1亿美元，增长15.6%。其中一般贸易进出口27.4亿美元，增长24.1%。对外贸易伙伴主要集中在美国、欧盟和香港，其贸易额分别增长60.8%、49.3%和23.3%。

外商投资增势良好。2008年，全市新签外资协议合同54宗，新签协议合同总投资5.86亿美元；全年实际外商直接投资5.6亿美元，比上年增长11.2%。其中，合资企业投资1.85亿美元，增长60.1%。

旅游业发展保持增长。2008年，全市接待国内外过夜旅游者637.9万人次，比上年增长8.5%。其中，旅游饭店接待入境旅游者15.87万人次，下降7.8%；国内游客418.24万人次，增长9.9%。旅游饭店客房平均开房率为60.4%。实现旅游总收入60.02亿元，增长8.4%。年末全市拥有星级酒店72家。其中，五星级酒店7家，四星级酒店15家，三星级酒店33家。

八、财政、金融和保险业

财政收入持续较快增长。2008年，全市财政总收入100.02亿元，增长21.2%。其中，地方一般预算收入31.03亿元，增长19.1%。营业税、增值税、企业所得税和个人所得税等主体税种分别增长17.9%、11.0%、63.7%和19.5%。全年地方一般预算支出45.94亿元，比上年增长8.6%。

金融运行态势良好。2008年末，全市本外币各项存款余额1359.24亿元，比年初增长24.9%。其中，储蓄存款余额528.46亿元，增长22.4%；企事业单位存款余额623.77亿元，增长29.9%。全市本外币各项贷款余额1092.25亿元，比年初增长24.8%。其中，短期贷款余额214.54亿元，增长62.2%；中长期贷款余额814.19亿元，增长17.3%。

保险市场持续增长。2008年，全市实现各项保费收入20.27亿元，比上年增长30.1%。其中，财产险保费收入7.25亿元，增长2.9%；人寿险保费收入

13.01亿元，增长52.6%。各项赔付支出5.82亿元，增长47.4%。其中，财产险赔付3.71亿元，增长58.5%；人寿险赔付2.11亿元，增长31.2%。

九、教育、科学技术

教育事业稳步发展。2008年，全年普通高等教育招生2.83万人；在校生9.2万人，增长11%。各类中等专业教育招生2.26万人；在校生5.82万人。普通高中招生1.15万人；在校生3.32万人。初中招生3.08万人；在校学生8.69万人。小学招生3.1万人；在校学生18.2万人。幼儿园在园幼儿(包括学前班)人数4.12万人。

科技创新体系初步建立，科技成果转换效果显著。2008年，全市建立国家创新型企业1家，国家级创新型试点企业2家，市级创新型企业5家；建立国家级企业技术中心4家，省级重点实验室23家，市级重点实验室11家，省级工程技术研发中心37家，市级技术研发中心5家。我市企业共获得国家科技项目支持共48项，获得国家资助资金3500万元，其中国家科技支撑项目共35项、星火计划项目4项，火炬计划项目3项、国家中小企业创新基金5项、国家科技富民强县1项。专利申请量达678件，授权量257件，分别比上年增长46.4%和24.8%，全市科技系统全年资助专利申请87项，发放资助金额26万元。

十、文化、体育、卫生

文化、体育事业日益繁荣。2008年，我市以海南建省办经济特区20周年为契机，全方位展示大特区省会城市的环境特色、城市特色和文化特色，宣传推介了“阳光海口、娱乐之都、品位之城”的城市形象，成功举办了《城市之间》国内总决赛、第三届万春会、第七届冼夫人文化节、2008中国铁人赛、2008H1热气球飞越琼州海峡挑战赛暨第二届海口热气球节、建省20周年庆典系列文艺演出、北京奥运会火炬接力海口站传递等系列文体活动。年末，全市已建成乡镇文化宣传中心20个，群众文化馆2个，电影放映单位7个，引进国内外著名艺术团体精品文艺表演20场，组织群众性下乡文体活动2500场次。大型近代琼剧《百年苍翠》获得国家地方戏曲展演三等奖后，实现了“梅花奖”零的突破。全市油画作品中有8、9、12幅分别在《中国艺术博览》、《世界知识画报》、《世界人文画报》上刊登，其中油画作品《二月的歌》被中国美术馆收藏，《黎家印象薪火相传之二》入选2008年奥林匹克美术大会。

竞技体育取得新成绩。2008年，在全省第三届运动会的17个项目比赛中，我市代表队共获得金牌总数79枚，并获团体总分第一名。

卫生事业继续改善。2008年，我市重点开展以艾滋病、霍乱、手足口病、流感、登革热、结核病为重点的传染病防治工作，加强对传染病疫情报告的管理，有效控制急性肠道传染病疫情，全力防控手足口病。断续加大对社区卫生服务机构、偏远农村地区接种门诊运转工作的管理力度，全市共印发各种防治知识培训、宣传材料110万份，消毒水井1537口，发放卫生宣传资料58634张，启动社区卫生服务信息网络管理系统和重点联系城市建设工作，有力地保障我市人民群众的生命健康。至2008年末，全市共拥有各类卫生机构419个(不含诊所)，拥有病床位7732张；卫生专业技术人员(含医护技)12178人。年内新建社区卫生服务机构15家，社区卫生服务覆盖率达95%。新建村卫生室16家，村卫生室的覆盖率达92%。

十一、城市建设、环境保护和安全生产

城市路网进一步完善。2008年，全市基础设施进一步加强，完成市政道路建设84109米，绕城高速公路已实现功能性通车，海口港二期建成并进入试运行。在市政基础设施建设方面，已完成滨江西路、振兴路、海南广场周边路网、海甸岛环岛路、长秀片区路网的建设任务，全年通车里程达到36公里，完成排水管道约20公里。

供水供电综合能力得到加强。2008年，全市供水管道长度813.65公里。全年供水总量15442.4万立方米，全年城市公共供水综合生产能力77万立方米/日，最高日供水量45.11万立方米。全市有变电站33座，拥有主变台数60台，比上年增加12台；主变容量227.39万千伏安，全年总售电量31.4亿千瓦时，增长8.3%。全市建成污水总处理规模31.5万吨/日。

环境绿化保护工作成绩显著。2008年,全市建成烟尘控制区面积91.42平方公里,环境噪声达标区面积62.64平方公里。二氧化硫年日平均值为0.009毫克/立方米,二氧化氮年日平均值0.017毫克/立方米,PM10年日平均值为0.043毫克/立方米,环境污染指数(API)平均值42,全年空气质量处于Ⅰ级优的277天,Ⅱ级良的89天,空气环境质量继续保持国家Ⅰ级水平。主要江河、湖库、饮用水源水质均达到国家标准。全市拥有市容环卫专用车辆188辆,全年生活垃圾清运量35.6万吨。城市生态环境不断改善。全年新增各类绿地273公顷,城市绿地率和绿化覆盖率分别达到36.5%、40%。林业建设稳步推进,全年造林2823.5公顷。其中,防护林345.4公顷。森林覆盖率达到37%。

安全生产形势总体稳定。2008年,全市发生各类伤亡事故874起,比上年减少4.3%;死亡119人,增长4.4%;直接经济损失645.5万元,增长7.7%。在各类伤亡事故中,交通道路发生事故430起,下降11.7%;死亡人数96人,增长5.5%;直接经济损失95.3万元,下降34.2%。全市发生火灾事故422起,增长5.8%,死亡人数2人;直接经济损失119万元,上升43.0%。亿元GDP生产安全事故死亡率0.27%,下降0.02%。

十二、人口、人民生活和社会保障

人口总量保持低速增长。2008年,全市人口出生率为10.75‰,死亡率为3.5‰。自然增长率为7.25‰。年末常住人口183.5万人,比上年增加4.05万人。户籍人口155.82万人,比上年增加2.88万人。

城乡居民收入水平继续稳步提高。2008年,全市城镇在岗职工年平均工资27364元/人,比上年增长6.4%,扣除物价上涨因素,实际增长0.6%。据抽样调查,全市城市居民人均可支配收入14150元,比上年增长15.1%,扣除物价上涨因素,实际增长8.8%。农村居民人均纯收入5215元,比上年增长13.8%,扣除物价上涨因素,实际增长7.6%。城市居民人均消费性支出11138元,比上年增长9.2%。其中,食品支出4623元,增长16.1%。城市居民人均住房使用面积21.96平方米,比上年增加0.11平方米;农村居民人均住房面积29.85平方米,增加1.53平方米。家庭耐用消费品拥有量继续增加。年末,全市平均每百户城市居民家庭拥有:家用轿车13辆,家用空调83台,组合音响27套,移动电话163部,家用电脑56台,热水淋浴器85台。全市平均每百户农村居民家庭拥有:彩电101台,摩托车77辆,洗衣机13台,热水淋浴器33台,移动电话104部,影碟机21台,家用电脑7台。

社会保障体系逐步完善。2008年,全市参加城镇基本养老保险人数21.08万人,比上年增长12.8%;工伤保险人数12.73万人,增长11.3%;基本医疗保险人数20.56万人,增长17.6%;生育保险人数12.73万人,增长11.5%。全年发放失业保险金人数7.7万人,保险金额达3832万元。农民养老保障制度进一步完善。年末全市农民养老保险参保人数8.5万人,全年申领农民养老保险金总额187.04万元。共有55.2万农民参加农村合作医疗,参合率达98%。年末居民医疗保险参保人数41.12万人。

社会福利事业进一步发展。2008年末,全市社会福利院2个;敬老院34个,敬老院供养老人304人。城镇最低生活保障线每人每月260元;农村最低生活保障线每人每月140元。今年4月1日起,再次提高了农村五保供养标准,由原来每人每月173元提高到220元。23个镇全部建立了社会保障网络,纳入城镇最低生活保障范围的有9166户、22961人,纳入农村最低生活保障范围的有16639户、33021人,城乡低保实现动态管理下的应保尽保。至年末,城市低保对象109018户次,270285人次,发放低保金4070万元,人均补差50元;核准农村低保对象196829户次,390734人次,发放低保金3308万元,人均月补差84元。

注:1.本公报数为初步统计数,最后统计数据以《海口统计年鉴-2009》为准。

2.生产总值、工业总产值绝对数按当年价格计算,增长速度按可比价格计算。

3.城镇在岗职工年平均工资的调查范围尚未包括乡镇企业、私营企业和个体工商户。

4.阅读本公报时,请注意统计指标的时间、口径和计算方法等。

海口统计年鉴

HAIKOU STATISTICAL YEARBOOK

GENERAL SURVEY 综合

1 chapter 1

1—1 行 政 区 划

（2008年底）

指标	单位	全市合计	市辖区			
			秀英区	龙华区	琼山区	美兰区
土地面积	平方公里	2 304.84	511.5	300.6	939.9	552.8
人口密度	人/平方公里	796	656	1 628	460	1 045
镇政府	个	23	6	5	8	4
街道办事处	个	18	2	6	1	9
社区	个	154	16	64	22	52
建制村	个	248	70	54	71	53

1—2 各区所辖镇、街道办事处、建制村(社区)

（2008年底）

单位:个

指标	社区	建制村
秀英区	16	70
长流镇	长流墟	长东、康安、会南、长丰、美德、博新、长南、堂善、长流、棠昌、长北、美李、镇海
西秀镇		博养、长德、龙头、祥堂、荣山、新华、丰盈、拨南、新海、荣山寮
海秀镇	海榆	新村、水头、业里、儒益、周仁、永庄

1-2 续 1

指　　标	社　　区	建 制 村
石山镇	石山	和平、扬佳、道堂、北铺、岭西、施茶、安仁、福安、建新、美岭、道育
永兴镇	永兴墟	永秀、永德、美东、建中、雷虎、建群、罗经、博强
东山镇	镇南、镇北	东星、儒万、永华、东山、东溪、光明、溪头、马坡、东苍、玉下、雅德、建丰、文圹、紫罗、前进、环湖、东升、溪南、射钗、东城、城西
秀英街道办事处	秀华、秀海、秀中、秀新、书场村	向荣
海秀街道办事处	海口港、东方洋、长秀、金鼎、十一支队	
龙华区	64	54
城西镇	仁里南、仁里北、府西、金盘、四季华庭、金沙	高坡、丁村、山高、沙坡、头铺、苍西、苍东、薛村、大样
龙桥镇		挺丰、玉符、道贡、龙桥、龙洪、玉荣、永东、三角园
新坡镇		文山、文丰、新村、雄丰、农丰、新彩、群益、群丰、民丰、新坡、光荣、仁南、仁里
遵谭镇		新谭、群力、咸谅、龙合、咸东、东谭、遵谭
龙泉镇	东占	汉香、扬亭、新江、五一、仁新、雅咏、大叠、椰子头、美仁坡、新联、元平、市井、富伟、永昌、美定、占符、国扬
中山街道办事处	长堤、人和坊、居仁坊、园内里、竹林、得胜沙、富兴、义兴、西湖、西门外、永兴	

1–2 续 2

指　　标	社　　区	建 制 村
中山街道办事处	长堤、人和坊、居仁坊、园内里、竹林、得胜沙、富兴、义兴、西湖、西门外、永兴	
滨海街道办事处	八灶、滨海新村、滨海、盐灶一、盐灶二、盐灶三、龙华中、滨港、泰华	
金贸街道办事处	龙华南、珠江、万绿园、世贸、国贸、玉沙南、玉沙北、金海	
大同街道办事处	友谊、大同里、华海、龙昆上、龙昆下、正义、侨中、彩虹	
海垦街道办事处	华垦、金垦、垦中、海秀、金山、顺发、疏港、金牛岭、秀英村、滨涯、滨濂南、滨濂北、滨秀	
金宇街道办事处	银湖、昌茂、面前坡、坡博东、坡博西、坡巷、金坡、南沙	
琼山区	22	71
府城镇	府城、城东、忠介、云露、文庄、下坎、桂林、高登、大园、北官、铁桥、东门、三峰、甘蔗园	五岳、那央、儒逢、红星、石塔
龙塘镇	龙塘	三桥、龙富、仁三、潭口、龙光、新民、龙新、文道、仁庄、三联
云龙镇	南区	云龙、云阁、云裕、云岭、云蛟、儒林、长泰
红旗镇	土桥	昌文、大山、龙榜、合群、道崇、龙源、龙发、墨桥、红旗、苏寻三
三门坡镇	庆丰	新德、文岭、美城、龙马、谭文、谷桥、乐来、清泉、友爱、文蛟
大坡镇		树德、福昌、中税、大坡、新瑞
甲子镇		甲子、群星、新昌、民兴、红岭、昌西、青云、民昌、琼新、琼星、益新、益民、大同、仙民
旧州镇		旧州、联丰、红卫、联星、池连、光明、岭南、道美、雅秀、文新

1–2 续3

指　　标	社　　区	建 制 村
国兴街道办事处	巴伦、攀丹、米铺、道客	
美兰区	52	53
新埠街道办事处	新埠、新东、三联、土尾	
灵山镇	灵山	东头、东湖、新琼、林昌、新管、新市、锦丰、福玉、东营、仲恺、爱群、灵山、群山、晋文、桥东、大林、红丰、大昌、新岛、东平、美庄、东和
演丰镇	演丰	演海、边海、北港、演东、美兰、演中、苏民、山尾、演南、昌城、群庄、塔市、演西
三江镇	三江	三江、茄南、道学、茄芮、苏寻三、上云、眼镜塘、江源
大致坡镇	民乐、椰林	昌福、金堆、大东、永群、栽群、咸来、崇德、美桐、大榕、美良
海府街道办事处	东湖、白坡里、龙峰、龙舌坡、大英、南宝	
蓝天街道办事处	龙岐、万华、下洋、塔光	
博爱街道办事处	新风里、振龙、龙文、三亚、联桂坊、红坎坡、南联	
海甸街道办事处	新安、沿江、金甸、海达、白沙门、福安	
人民路街道办事处	银甸、捕捞、邦墩、拦海、新利、万福	
白龙街道办事处	美舍、振兴、五贤、千家、流水坡	
和平南路街道办事处	文明、群尧、上坡、琼苑、光阳	
白沙街道办事处	锦山里、白沙坊、白龙、岭下	

1—3 海口分月气象概况

（2008 年）

	平均气温（℃）	日照时数（小时）	降水量（毫米）	相对湿度（%）
全　年	24.0	1 910.6	2 325.4	79
一　月	17.2	100.7	47.3	83
二　月	13.7	21.4	35.4	82
三　月	21.2	134.6	20.6	84
四　月	25.7	159.1	57.5	81
五　月	27.2	211.5	120.3	79
六　月	28.2	174.8	239.5	78
七　月	28.7	242.1	163.4	76
八　月	28.4	218.8	313.3	78
九　月	28.1	203.5	426.0	79
十　月	26.3	152.3	793.0	84
十一月	23.3	159.4	25.8	72
十二月	19.8	132.4	83.3	76

1—4 国民经济主要指标

指　　标	单位	1987年	2000年	2006年	2007年	2008年
一、人口						
年末常住人口	万人	85.57	150.83	176.68	179.45	183.5
年末户籍人口	万人	84.03	126.19	150.86	152.94	155.82
二、年底社会从业人员	万人	16.82	36.29	88.17	90.59	96.2
#职工人数	万人	11.83	18.14	26.09	27.14	28.88
三、地区生产总值(不含农垦)	亿元	11.82	175.23	347.85	393.69	443.18
四、工业总产值(当年价)	亿元	7.06	115.87	302.45	345.41	328.65
五、农业总产值(当年价)	亿元			37.98	43.22	52.14
六、运输邮电						
社会货物周转量	亿吨公里	2.84	274.27	443.16	530.97	555.74
社会旅客周转量	亿人公里	8.01	81.46	172	215.64	229.3
港口货物吞吐量	万吨	267	1 367	3 019	3 618	3 813.2
邮电计费业务总量	亿元	0.12	18.35	40.57	58.03	78.57
七、社会固定资产投资总额	亿元	4.82	77.18	158.23	181.83	221.43
基本建设	亿元	2.86	53.79	104.81	118.87	143.5
房地产开发	亿元		9.22	50.47	59.97	74.95
其他	亿元	0.54	7.03	2.95	2.99	2.98
八、国内商业						
社会消费品零售总额	亿元	7.89	75.32	161.35	189.38	234.75
九、外经外贸						
1.新签协议合同	宗	12	146	91	107	54
#外商协议合同	宗	12	146	91	107	54

注:以上第五项农业总产值叁年数据为农业普查后的衔接数,2005年及以前年份的数据尚未进行调整,故未列出。

1-4　续 1

指　　标	单 位	1987 年	2000 年	2006 年	2007 年	2008 年
协议合同总投资	亿美元	0.15	1.37	9.98	20.81	5.86
# 外商合同投资	亿美元	0.15	0.94	3.81	6.94	2.41
实际利用外资	亿美元	0.34	3.57	4.47	5.04	5.60
# 外商直接投资	亿美元	0.31	2.12	4.47	5.04	5.60
2.外贸进出口总值	亿美元	1.86	12.9	28.5	35.2	45.4
进口总值	亿美元	1.49	8	14.7	21.5	29.5
出口总值	亿美元	0.37	4.9	13.8	13.7	15.9
十、旅游						
接待国内外过夜旅游人数	万人次	31.82	324.81	536.52	585.65	637.9
# 入境旅游者	万人次	7.8	13.26	13.11	14.95	15.87
旅游总收入	亿元		26.02	51.23	55.39	60.02
国际旅游收入	万美元	3415	3118	4111	4126	4317
十一、财政						
财政收入	亿元	1.05	23.1	70.08	82.49	100.02
其中:上划中央、省收入	亿元	–0.03	14.37	43.78	51.2	59.01
地方财政收入	亿元	1.08	8.73	26.30	26.05	31.03
地方财政支出	亿元	0.98	15.42	37.72	42.32	46.79
十二、金融(含外币)						
金融机构年末存款余额	亿元	11.12	618.81	924.87	1 088.12	1 359.24
# 城乡居民储蓄年末存款余额	亿元	5.04	205.44	406.96	430.95	528.46
金融机构年末贷款余额	亿元	13.69	425.73	849.80	925.25	1 092.25
十三、职工工资						
在岗职工工资总额	亿元	1.68	20.79	55.79	68.4	78.95

注:1.外贸进出口总值 1987 年为口岸数。 2.地方财政收入和地方财政支出从 2007 年起不含基金口径。

1-4 续2

指　　标	单 位	1987年	2000年	2006年	2007年	2008年
#国有单位	亿元	1.42	14.4	35.01	40.72	42.94
在岗职工平均工资	元	1 449	11 658	21 815	25 722	27 361
#国有单位	元	1 597	12 377	22 896	27 920	28 992
十四、人民生活						
城镇居民人均可支配收入	元	1 112	7 103	10 712	12 289	14 150
城镇居民人均消费支出	元	979	5 424	8 109	10 203	11 138
农民人均纯收入	元	783	3 435	4 154	4 582	5 215
农民人均生活费支出	元	590	2 679	3 137	3 467	3 874
十五、物价指数(以上年为100)						
商品零售价格指数	%	109.5	101	100.58	103.45	105.6
居民消费价格指数	%	109.7	101.5	101.3	104.44	105.8
十六、教育卫生文化						
普通高等学校在校学生数	人	6 223	12 359	61 487	82 850	91 973
中等专业学校在校学生数	人	1 931	18 043	45 599	52 404	58 207
普通中学学校在校学生数	万人	4.68	8.11	12.61	12.93	12.00
小学在校学生数	万人	10.3	16.57	19.7	19.2	18.2
图书出版量	亿册		0.49	0.49	0.56	0.44
杂志出版量	亿册		0.06	0.11	0.11	0.11
报纸出版量	亿印张	0.97	2.74	2.31	2.45	2.67
卫生机构病床数	张	3 946	5 777	7 003	7 103	7 732
卫生技术人员数	人	5 751	8 810	10 572	11 672	12 178
#执业医师(助理医师)	人	1 573	2 722	4 039	4 322	4 538

1—5 海口市国民经济主要指标占全省比重

（2008 年）

指　　标	单　位	全　省	海口市	海口市占全省比重（%）
一、年末常住人口	万人	854.18	183.50	21.5
年末户籍人口	万人	864.73	155.82	18.0
#非农业人口	万人	334.96	94.13	28.1
二、从业人员	万人	408.36	96.20	23.6
三、国内生产总值(当年价)	亿元	1 459.23	443.18	30.4
第一产业	亿元	437.61	31.4	7.2
第二产业	亿元	434.4	113.28	26.1
第三产业	亿元	587.22	298.5	50.8
四、工农业总产值(当年价)				
工业总产值	亿元	1 181.09	328.65	27.8
农业总产值	亿元	664.98	52.14	7.8
五、运输邮电				
社会旅客周转量	亿人公里	388.57	229.3	59.0
港口货物吞吐量	万吨	7 692.00	3 813.2	49.6
电信业务总量	亿元	152.63	78.57	51.5
固定电话数	万户	224.68	112.03	49.9
六、固定资产投资总额	亿元	709.01	221.43	31.2
#房地产开发	亿元	199.45	74.95	37.6
七、社会消费品零售总额	亿元	448.44	234.75	52.3
八、外贸口岸进出口总值	亿美元	105.24	45.4	43.1
进口总值	亿美元	86.61	29.5	34.1
出口总值	亿美元	18.63	15.9	85.3
九、实际利用外资	亿美元	12.83	5.6	43.6

1-5 续

指标	单位	全省	海口市	海口市占全省比重（%）
十、接待国内外过夜旅游人数	万人次	2 060.00	637.9	31.0
#入境旅游者	万人次	97.93	15.87	16.2
十一、地方财政收支				
地方一般预算收入	亿元	144.86	31.03	21.4
地方一般预算支出	亿元	357.97	46.79	13.1
十二、人民生活				
职工工资总额	亿元	166.14	78.95	47.5
职工平均工资	元	21 864	27 361	
城镇居民人均可支配收入	元	12 608	14 150	
农民人均纯收入	元	4 390	5 215	
城乡居民储蓄存款余额	亿元	1 061.12	528.46	
十三、物价				
零售物价指数	%	106.70	105.6	
居民消费价格指数	%	106.90	105.8	
十四、教育卫生				
在校生				
普通高等学校	万人	12.64	9.20	72.8
中等专业学校(含中师\技工学校)	万人	8.23	5.82	70.7
普通中学	万人	61.86	12.00	19.4
小学在校学生	万人	90.64	18.20	20.1
卫生机构数	个	2 220	419	18.9
#医院	个	498	38	7.6
卫生技术人员数	人	33 875	12 178	35.9
#执业医师	人	9 991	4 084	40.9
病床位	张	21 889	7 732	35.3

1—6 人民物质文化生活状况

指 标	单 位	1987年	2000年	2006年	2007年	2008年
就 业						
每一城市就业者负担人口	人	1.81	2.23	2.25	2.23	2.31
每一农村劳动力负担人口	人	1.84	1.51	1.53	1.51	1.48
收 入						
城市居民人均可支配收入	元	1 112	9 740	10 712	12 289	14 150
*基尼系数		0.19	0.35	0.38	0.35	0.34
农民人均纯收入	元	783	3 829	4 154	4 582	5 215
职工平均工资	元	1 449	20 220	21 815	25 722	27 361
消 费						
城市居民人均消费支出	元	979	7 368	8 109	10 203	11 138
#食品支出	元	573	3 248	3 512	3 982	4 623
*恩格尔系数	%	58.6	44.1	43.3	39.0	41.5
农民人均生活费支出	元	590	2 921	3 137	3 467	3 874
储 蓄						
城乡居民储蓄存款年末余额	亿元	5.04	374.05	406.96	430.95	528.46
人均储蓄余额	元	598	21 531	23 034	24 014	2 880
住 房						
城市人均住房面积	平方米	7	21.4	21.78	21.85	21.96
农村人均住房面积	平方米	15.1	26.97	27.63	28.32	29.85
交通、邮电						
每万人拥有公共车辆	标台	3	8.46	13.7	11	11

1-6 续

指　　标	单 位	1987 年	2000 年	2006 年	2007 年	2008 年
每万人拥有出租汽车	辆	8	11.15	11.2	10.9	10.7
每百人拥有固定电话机	部	1	65.1	60.8	64.3	61.1
城建设施水平						
家庭用燃气普及率	%		95	96	97.05	97.15
人均日生活用水量	升	389	252	326.2	347.7	350.36
人均拥有道路面积	平方米	4	12.37	15.37	12.63	12.63
人均公共绿地面积	平方米	2.7	8.3	8.3	8.7	9.52
文化教育卫生						
城市每百户拥有彩色电视机	台	46	123	128	127	119.7
农村每百户拥有彩色电视机	台	6	78	91	102	101
学龄儿童入学率	%	99.5	100	100	100	100
每万人拥有在校大学生	人	74.1	344.4	348	461.7	501.2
每万人拥有在校中专生	人	35.1	260.5	258.1	292	317.2
每万人拥有在校中学生	人	582.5	892.5	713.9	720.6	654.1
每万人拥有在校小学生	人	1 226	1 294.3	1 115	1 070.2	991.9
每万人拥有中(西)医师	人	18.72	18.6	22.8	24.1	24.7
每万人拥有医院床位	张	47	39	39.6	39.6	42.1

1—7　地区生产总值及指数

年　　份	地区生产总　　值	第一产业	第二产业	第三产业	人均地区生产总值(元)
绝对数(万元)					
1987	118 213	15 254	31 968	70 991	
1988	176 861	22 653	49 012	105 197	
1989	264 275	25 782	72 846	165 647	
1990	321 264	26 781	86 590	207 893	3 255
1991	436 544	29 446	111 272	295 826	4 363
1992	928 350	36 098	201 114	691 138	8 855
1993	963 422	53 361	317 313	592 748	8 659
1994	1 025 031	71 716	332 477	620 838	8 797
1995	1 113 036	80 342	314 202	718 492	9 299
1996	1 204 524	94 246	305 100	805 178	9 860
1997	1 295 028	102 789	317 492	874 747	10 376
1998	1 415 338	122 781	353 626	938 932	11 122
1999	1 551 511	138 526	390 097	1 022 888	11 990
2000	1 752 333	154 438	433 323	1 164 571	12 471
2001	1 889 780	158 130	474 413	1 257 237	12 293
2002	2 045 836	171 326	558 298	1 316 212	12 816
2003	2 361 214	185 831	687 323	1 488 059	14 330
2004	2 715 248	215 199	767 000	1 733 049	16 069
2005	3 016 257	230 932	831 372	1 953 952	17 482
2006	3 478 454	236 667	1 021 223	2 220 564	19 854
2007	3 936 858	268 138	1 111 209	2 557 511	22 109
2008	4 431 808	313 969	1 132 816	2 985 023	24 420
指数(以上年为 100)					
1987	115.5	101.3	115.0	120.6	
1988	116.2	102.9	129.3	113.1	
1989	118.1	102.4	113.1	123.9	
1990	120.3	107.4	119.8	122.5	
1991	130.4	105.9	130.1	133.7	
1992	177.4	114.6	160.3	190.2	169.4
1993	105.8	121.2	148.9	92.4	99.7
1994	104.1	110.4	104.1	103.5	99.4
1995	102.8	109.6	93.5	107.0	100.1
1996	105.9	111.0	99.0	108.3	103.7
1997	109.1	110.4	107.9	109.4	106.8
1998	110.8	113.4	112.3	109.9	108.6
1999	111.0	117.9	113.7	109.1	109.1
2000	110.2	109.2	112.3	109.6	101.5
2001	110.3	107.8	115.3	108.8	100.8
2002	111.4	107.2	122.7	107.7	107.3
2003	113.7	106.6	127.3	108.8	110.1
2004	113.5	107.8	114.4	113.8	110.7
2005	112.1	107.2	112.7	112.4	109.9
2006	112.9	109.0	115.2	112.3	111.1
2007	112.7	107.7	111.7	113.6	110.9
2008	110.4	108.6	101.7	114.4	107.9

注:1、人均地区生产总值按常住人口计算。

2、地区生产总值及人均地区生产总值和指数均根据 2004 年第一次经济普查结果进行调整。

1—8 分行业增加值

年 份	地区生产总值	农 业	工 业	建筑业	交通运输邮电仓储业
绝对数(万元)					
1986	98 381	17 842	17 990	9 129	6 221
1987	118 213	15 254	21 830	10 138	9 118
1988	176 861	22 653	33 858	15 154	12 048
1989	264 275	25 782	42 665	30 181	21 199
1990	321 264	26 781	55 885	30 705	29 942
1991	436 544	29 446	63 270	48 002	47 226
1992	928 350	36 098	103 210	97 904	66 317
1993	963 422	53 361	159 371	157 943	98 040
1994	1 025 031	71 716	164 555	167 922	146 136
1995	1 113 036	80 342	170 922	143 280	165 908
1996	1 204 524	94 246	166 085	139 015	198 486
1997	1 295 028	102 789	183 644	133 849	217 518
1998	1 415 338	122 781	209 102	144 523	242 135
1999	1 551 511	138 526	253 260	136 837	275 724
2000	1 752 333	154 438	300 728	132 595	313 182
2001	1 889 780	158 130	332 627	141 786	339 777
2002	2 045 836	171 326	424 435	133 863	368 093
2003	2 361 214	185 831	530 506	156 817	395 474
2004	2 715 248	215 199	575 076	191 924	453 860

年 份	地区生产总值	农 业	工 业	建筑业	交通运输邮电仓储业
绝对数(万元)					
2005	3 016 257	230 932	621 192	210 180	420 545
2006	3 478 454	236 667	798 078	223 145	486 009
2007	3 936 858	268 138	864 055	247 154	556 515
2008	4 431 808	313 969	812 585	320 231	612 876

1-8 续

年　　份	批发零售贸易和餐饮业	金　融保险业	房　地产　业	其他社会服务业
绝对数(万元)				
1986	17 126	15 633	2 919	11 521
1987	24 155	19 009	3 538	15 171
1988	36 705	27 197	6 619	22 628
1989	60 420	37 375	10 088	36 566
1990	74 436	43 423	12 202	47 890
1991	104 174	46 029	29 883	68 515
1992	260 097	61 718	180 782	122 223
1993	143 904	77 847	121 596	151 360
1994	146 689	97 308	40 562	190 142
1995	169 824	94 239	51 853	236 668
1996	193 183	99 861	45 645	268 004
1997	224 413	98 757	45 641	288 418
1998	241 309	91 794	53 295	310 399
1999	271 716	86 607	56 471	332 369
2000	309 054	86 872	60 398	395 064
2001	338 003	84 881	64 247	430 329
2002	372 651	80 573	69 084	425 810
2003	415 905	81 271	78 908	516 501
2004	500 526	86 192	89 824	602 647

年　　份	批发和零售业	住宿和餐饮业	金　融保险业	房　地产　业	营利性服务业	非营利性服　务　业
绝对数(万元)						
2005	492 353	118 881	92 370	100 859	322 611	406 333
2006	571 770	130 451	103 340	107 833	368 880	452 281
2007	665 626	141 966	121 041	126 899	428 064	517 401
2008	813 178	165 069	170 667	148 763	507 289	567 180

HAIKOU STATISTICAL YEARBOOK

POPULATION 人口

2
chapter 2

HAIKOU STATISTICAL YEARBOOK

2—1 历 年 人 口 数

（2008年底数） 单位:人

年 份	总人口（常住人口）	总人口（户籍人口）	按性别		按农业、非农业分	
			男	女	非农业人口	农业人口
1950		387 628	199 888	187 740		
1951		409 038	205 250	203 788		
1952		423 776	210 340	213 436	94 054	329 722
1953		432 388	218 619	213 769	96 856	335 532
1954		442 276	223 032	219 244	107 246	335 030
1955		469 286	233 472	235 814	120 690	348 596
1956		481 470	239 908	241 562	133 918	347 552
1957		473 807	233 724	240 083	129 372	344 435
1958		504 569	242 804	262 765	124 436	380 133
1959		464 148	224 656	239 492	148 825	315 323
1960		457 014	221 455	235 559	145 609	311 405
1961		478 244	234 116	244 128	151 509	326 735
1962		495 434	243 067	252 367	153 589	341 845
1963		507 141	253 874	253 267	167 321	339 820
1964		512 680	257 730	254 950	162 041	350 639
1965		530 173	266 450	263 723	170 559	359 614
1966		538 597	263 378	275 219	170 744	367 853
1967		563 987	282 156	281 831	191 376	372 611
1968		583 759	291 908	291 851	199 179	384 580
1969		604 414	302 094	302 320	218 488	385 926
1970		625 680	311 556	314 124	212 254	413 426
1971		627 788	316 393	311 395	171 213	456 575
1972		642 811	323 793	319 018	172 894	469 917
1973		656 448	330 186	326 262	177 908	478 540
1974		665 155	336 137	329 018	179 056	486 099
1975		673 747	34 152	332 227	182 214	491 533

2-1 续 单位:人

年份	总人口（常住人口）	总人口（户籍人口）	按性别		按农业、非农业分	
			男	女	非农业人口	农业人口
1976		682 815	346 321	336 494	185 563	497 252
1977		693 059	352 204	340 855	191 965	501 094
1978		709 161	361 186	347 975	203 420	505 741
1979		723 823	368 925	354 898	212 969	510 854
1980		742 340	378 713	363 627	229 942	512 398
1981		757 648	387 551	370 097	243 733	513 915
1982		772 287	395 601	376 686	253 715	518 572
1983		783 516	402 245	381 271	260 750	522 766
1984		796 244	407 206	389 038	275 456	520 788
1985		808 903	415 199	393 704	288 520	520 383
1986		821 955	423 751	398 204	298 262	523 693
1987		840 280	433 284	406 996	311 121	529 159
1988		879 060	453 392	425 668	334 154	544 906
1989		910 542	471 817	438 725	354 603	555 939
1990	986 956	935 576	486 101	449 475	373 374	562 202
1991	1 014 342	959 863	499 458	460 405	392 540	567 323
1992	1 082 501	990 132	515 765	474 367	415 255	574 877
1993	1 142 750	1 027 949	534 722	493 227	444 725	583 224
1994	1 187 582	1 070 445	554 862	515 583	475 237	595 208
1995	1 206 193	1 102 460	571 276	531 184	502 576	599 884
1996	1 236 945	1 132 393	587 120	545 273	533 341	599 052
1997	1 259 163	1 155 922	600 041	555 881	560 837	595 085
1998	1 286 024	1 181 723	613 868	567 855	583 241	598 482
1999	1 301 921	1 205 914	624 671	581 243	604 121	601 793
2000	1 508 341	1 261 913	654 455	607 458	638 423	623 490
2001	1 566 200	1 296 199	668 517	627 682	671 899	624 300
2002	1 626 411	1 341 868	692 038	649 830	715 069	626 799
2003	1 669 198	1 391 913	717 932	673 981	760 519	631 394
2004	1 710 338	1 430 688	736 248	694 440	822 506	608 182
2005	1 737 300	1 473 015	754 206	718 809	864 879	608 136
2006	1 766 761	1 508 612	773 466	735 146	897 718	610 894
2007	1 794 543	1 529 352	784 793	744 559	914 807	614 545
2008	1 835 036	1 558 214	799 935	758 279	941 271	616 943

2—2 历年人口出生、死亡、自然增长情况

年份	出生		死亡		自然增长	
	出生人数（人）	出生率（‰）	死亡人数（人）	死亡率（‰）	自然增长人数（人）	自然增长率（‰）
1954	11 541	26.39	4 348	9.94	7 193	16.45
1955	13 540	29.71	5 264	11.55	8 276	18.16
1956	15 277	32.14	4 879	10.26	10 398	21.88
1957	15 479	32.41	4 039	8.46	11 440	23.95
1958	12 772	26.11	3 840	7.85	8 932	18.26
1959	11 076	22.87	7 443	15.37	3 633	7.5
1961	10 379	22.19	5 044	10.79	5 335	11.4
1962	12 098	24.85	2 466	5.07	9 632	19.78
1963	18 590	37.08	3 647	7.28	14 843	29.8
1964	16 574	32.5	3 675	7.21	12 899	25.29
1965	16 989	32.58	3 032	5.81	13 957	26.77
1966	15 426	24.32	3 413	5.38	12 013	18.94
1970	15 957	25.94	2 316	3.77	13 641	22.17
1971	15 121	24.13	2 585	4.12	12 536	20.01
1972	15 949	25.1	3 499	5.51	12 450	19.59
1973	15 490	23.84	3 650	5.62	11 840	18.22
1974	12 980	19.64	4 215	6.38	8 765	13.26
1975	12 064	18.02	4 062	6.07	8 002	11.95
1976	11 272	16.62	4 545	6.7	6 727	9.92
1977	12 267	17.83	4 278	6.22	7 989	11.61
1978	14 249	20.32	3 775	5.38	10 474	14.94
1979	15 604	21.78	3 942	5.5	11 662	16.28
1980	14 374	19.61	4 054	5.53	10 320	14.08

2-2 续

年　　份	出生		死亡		自然增长	
	出生人数（人）	出生率（%）	死亡人数（人）	死亡率（%）	自然增长人数（人）	自然增长率（%）
1981	14 828	19.77	4 070	5.43	10 758	14.34
1982	12 700	16.60	3 745	4.90	8 955	11.70
1983	11 190	14.38	4 002	5.14	7 188	9.24
1984	11 466	14.52	3 496	4.43	7 970	10.09
1985	10 129	12.62	3 618	4.51	6 511	8.11
1986	10 671	13.09	3 778	4.63	6 893	8.46
1987	11 634	14.00	3 898	4.69	7 736	9.31
1988	12 492	14.53	3 925	4.57	8 567	9.96
1989	19 446	21.73	4 324	4.83	15 122	16.90
1990	15 551	16.39	4 333	4.57	11 218	11.82
1991	17 077	17.07	4 306	4.30	12 771	12.77
1992	18 613	17.75	4 467	4.26	14 146	13.49
1993	19 074	17.14	4 874	4.38	14 200	12.76
1994	19 319	16.58	4 679	4.02	14 640	12.56
1995	18 829	15.73	4 742	3.96	14 087	11.77
1996	18 816	15.40	4 994	4.09	13 822	11.31
1997	17 961	14.39	4 436	3.55	13 525	10.84
1998	17 672	13.89	4 621	3.63	13 051	10.26
1999	16 281	12.58	4 616	3.57	11 665	9.01
2000	17 581	12.51	5 296	3.77	12 285	8.74
2001	18 466	12.01	4 794	3.12	13 672	8.89
2002	19 033	11.92	4 837	3.03	14 196	8.89
2003	17 393	10.42	5 525	3.31	11 868	7.11
2004	17 276	10.35	5 358	3.21	11 918	7.14
2005	17 755	10.22	5 386	3.10	12 369	7.12
2006	17 915	10.14	5 530	3.13	12 385	7.01
2007	18 412	10.26	5 671	3.16	12 741	7.10
2008	19 727	10.75	6 423	3.50	13 304	7.25

2—3 分乡镇(农场)户籍总人口

(2008 年底)

乡镇(农场)名　称	总户数(户)	总人口(人)	按性别分		按农业、非农业分	
			男	女	非农业人口	农业人口
总　计	261 085	869 992	435 670	424 322	286 934	583 058
长流镇	12 182	32 979	16 632	16 347	16 129	16 850
西秀镇	11 966	33 002	16 804	16 198	8 330	24 672
海秀镇	3 048	13 308	8 122	5 186	6 343	6 965
石山镇	10 789	38 308	19 934	18 374	4 491	33 817
永兴镇	8 438	29 866	15 583	14 283	4 630	25 236
东山镇	15 067	66 466	34 101	32 365	6 414	60 052
城西镇	9 233	32 437	16 033	16 404	22 224	10 213
龙桥镇	6 222	21 856	11 266	10 590	1 727	20 129
新坡镇	8 020	34 409	17 469	16 940	2 498	31 911
遵谭镇	6 418	24 197	12 708	11 489	1 443	22 754
龙泉镇	11 753	42 272	22 240	20 032	2 245	40 027
府城镇	42 856	139 991	71 310	68 681	119 218	20 773
龙塘镇	10 316	33 722	17 656	16 066	4 426	29 296
云龙镇	5 704	19 868	10 192	9 676	3 857	16 011
红旗镇	6 648	24 450	12 751	11 699	3 046	21 404
三门坡镇	6 451	23 126	12 064	11 062	3 067	20 059
大坡镇	3 521	11 799	6 220	5 579	2 249	9 550
甲子镇	9 826	34 361	18 157	16 204	4 109	30 252
旧州镇	7 323	27 166	4 200	12 966	2 176	24 990
灵山镇	16 571	57 963	28 391	29 572	8 940	49 023
演丰镇	6 998	21 039	10 088	10 951	4 832	16 207
三江镇	4 908	14 850	7 472	7 378	2 940	11 910
大致坡镇	7 148	26 775	13 342	13 433	4 305	22 470
桂林洋农场	5 488	16 880	7 961	8 919	14 823	2 057
三江农场	4 908	14 850	7 472	7 378	2 940	11 910
红明农场	6 465	21 234	10 860	10 374	17 358	3 876
东昌农场	12 818	12 818	6 642	6 176	12 174	644

2—4 分区人口

（2008 年底）

单位：户、人

地　　区	常住人口	户籍人口	总户数	按性别分		按农业、非农业分	
				男	女	非农业人口	农业人口
总　计	1 835 036	1 558 214	474 398	799 935	758 279	941 271	616 943
秀英区	335 657	272 723	80 774	143 214	129 509	94 388	178 335
龙华区	489 313	421 615	128 748	217 554	204 061	296 432	125 183
琼山区	432 527	375 981	117 097	193 954	182 027	196 476	179 505
美兰区	577 539	487 895	147 779	245 213	242 682	353 975	133 920

海口统计年鉴

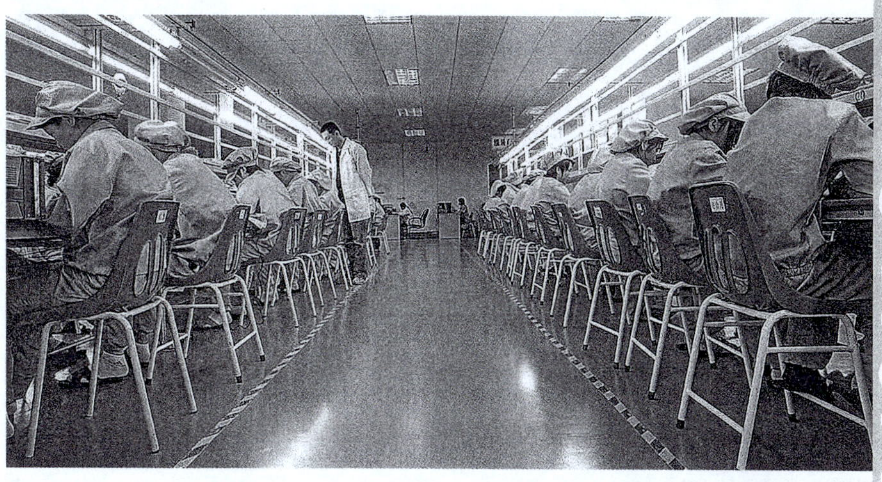

HAIKOU STATISTICAL YEARBOOK

EMPLOYMENT AND WAGES

从业人员和劳动报酬

3

chapter 3

3—1 全市社会从业人员

单位:人

指　　标	1987年	2000年	2006年	2007年	2008年
一、社会从业人员	168 167	362 908	881 732	905 910	961 960
1、职工	118 278	181 421	260 914	271 372	288 770
国有经济单位职工	89 976	118 570	155 135	148 345	147 970
城镇集体经济单位职工	25 323	10 115	12 313	14 031	10 166
其他各种经济类型单位职工	2 979	52 736	93 466	108 996	130 634
2、其他从业人员		1 918	4 792	11 147	2 358
3、城镇私营企业从业人员		62 267	246 939	229 831	243 246
4、城镇个体从业人员	9 711	73 523	57 076	69 152	90 738
5、乡村从业人员	40 178	43 779	312 011	324 408	336 848
二、按三次产业分					
第一产业	29 609	28 633	228 380	229 312	234 647
第二产业	54 231	69 485	166 528	174 907	186 703
第三产业	84 327	264 790	486 824	501 691	540 610

注:1. 1987年职工人数包括离开本单位仍保留劳动关系的人数;2. 2006年以后各项指标按新海口口径计算,其他年份为原海口数;3. 城镇私营、个体从业人员为工商口径(下同)

3—2 分行业社会从业人员

单位:人

指　　标	2007年	2008年
总　　计	905 910	961 960
1、农、林、牧、渔业	229 312	234 647
2、采矿业	1 777	2 728
3、制造业	81 015	89 737
4、电力、燃气及水的生产和供应业	7 134	5 497
5、建筑业	84 981	88 741
6、交通运输、仓储和邮政业	49 844	51 467
7、信息传输、计算机服务和软件业	19 477	18 996
8、批发和零售业	146 993	157 412
9、住宿和餐饮业	38 237	47 185
10、金融业	10 021	11 687
11、房地产业	33 401	37 701
12、租赁和商务服务业	41 398	48 611
13、科学研究、技术服务和地质勘查业	9 226	14 843
14、水利、环境和公共设施管理业	7 680	9 310
15、居民服务和其他服务业	61 283	49 681
16、教育	28 144	32 189
17、卫生、社会保障和社会福利业	13 598	14 232
18、文化、体育和娱乐业	10 918	12 805
19、公共管理和社会组织	31 471	34 491

3—3 各区分行业在岗职工人数

（2008年）

单位：人

指　　标	全　市	秀英区	龙华区	琼山区	美兰区
总　　计	288 770	38 851	123 669	32 870	93 380
1、农、林、牧、渔业	2 135	347	395	667	726
2、采矿业	953	20	694	239	
3、制造业	39 265	13 072	18 328	3 383	4 482
4、电力、燃气及水的生产和供应业	4 360	182	1 469	772	1 937
5、建筑业	39 388	644	14 993	2 170	21 581
6、交通运输、仓储和邮政业	24 506	6 484	8 641	1 670	7 711
7、信息传输、计算机服务和软件业	4 360	4	4 178	6	172
8、批发和零售业	17 886	2 020	10 009	1 081	4 776
9、住宿和餐饮业	12 729	996	6 113	268	5 352
10、金融业	11 043	122	9 315	727	879
11、房地产业	15 810	1 121	8 641	875	5 173
12、租赁和商务服务业	13 130	174	4 314	586	8 056
13、科学研究、技术服务和地质勘查业	8 614	308	4 228	1 308	2 770
14、水利、环境和公共设施管理业	7 667	696	3 917	833	2 221
15、居民服务和其他服务业	1 023	226	528	28	241
16、教育	31 285	3 962	7 961	9 472	9 890
17、卫生、社会保障和社会福利业	13 117	3 439	2 695	3 121	3 862
18、文化、体育和娱乐业	7 229	1 121	3 868	1 156	1 084
19、公共管理和社会组织	34 270	3 913	13 382	4 508	12 467

3—4 各区分行业国有单位在岗职工人数

（2008年）

单位：人

指　　标	全　市	秀英区	龙华区	琼山区	美兰区
总　　计	147 970	15 795	53 862	23 477	54 836
1、农、林、牧、渔业	1 250	256	94	521	379
2、采矿业	239			239	
3、制造业	3 779	1 033	1 033	1 203	510
4、电力、燃气及水的生产和供应业	2 699	45	1 453	772	429
5、建筑业	29 296	372	10 539	2 003	16 382
6、交通运输、仓储和邮政业	9 560	2 620	2 463	79	4 398
7、信息传输、计算机服务和软件业	446	2	435		9
8、批发和零售业	2 915	131	1 739	210	835
9、住宿和餐饮业	2 198	246	874	72	1 006
10、金融业	2 438		2 113	252	73
11、房地产业	1 631	56	935	191	449
12、租赁和商务服务业	2 524	28	1 271	370	855
13、科学研究、技术服务和地质勘查业	5 498	157	2 739	842	1 760
14、水利、环境和公共设施管理业	6 903	596	3 450	771	2 086
15、居民服务和其他服务业	228	61	139	19	9
16、教育	26 932	3 179	6 081	8 663	9 009
17、卫生、社会保障和社会福利业	10 833	3 075	2 112	2 215	3 431
18、文化、体育和娱乐业	4 734	25	3 162	563	984
19、公共管理和社会组织	33 867	3 913	13 230	4 492	12 232

3—5 各区分行业城镇集体单位在岗职工人数

（2008 年）

单位：人

指标	全市	秀英区	龙华区	琼山区	美兰区
总计	10 166	878	2 519	2 075	4 694
1、农、林、牧、渔业	5		5		
2、采矿业	10		10		
3、制造业	783	341	75	36	331
4、电力、燃气及水的生产和供应业	0				
5、建筑业	3 165	10	472	37	2 646
6、交通运输、仓储和邮政业	323	8	158	13	144
7、信息传输、计算机服务和软件业	8		2		6
8、批发和零售业	931	74	141	362	354
9、住宿和餐饮业	595	6	428	28	133
10、金融业	492		172	320	
11、房地产业	613	29	280	44	260
12、租赁和商务服务业	353	55	117	8	173
13、科学研究、技术服务和地质勘查业	566		176	76	314
14、水利、环境和公共设施管理业	4	4			
15、居民服务和其他服务业	31		18		13
16、教育	48	9	39		
17、卫生、社会保障和社会福利业	1 897	342	385	874	296
18、文化、体育和娱乐业	286		19	267	
19、公共管理和社会组织	56		22	10	24

3—6 各区分行业其他各种经济单位在岗职工人数

（2008 年）

单位：人

指标	全市	秀英区	龙华区	琼山区	美兰区
总计	130 634	22 178	67 288	7 318	33 850
1、农、林、牧、渔业	880	91	296	146	347
2、采矿业	704	20	684		
3、制造业	34 703	11 698	17 220	2 144	3 641
4、电力、燃气及水的生产和供应业	1 661	137	16		1 508
5、建筑业	6 927	262	3 982	130	2 553
6、交通运输、仓储和邮政业	14 623	3 856	6 020	1 578	3 169
7、信息传输、计算机服务和软件业	3 906	2	3 741	6	157
8、批发和零售业	14 040	1 815	8 129	509	3 587
9、住宿和餐饮业	9 936	744	4 811	168	4 213
10、金融业	8 113	122	7 030	155	806
11、房地产业	13 566	1 036	7 426	640	4 464
12、租赁和商务服务业	10 253	91	2 926	208	7 028
13、科学研究、技术服务和地质勘查业	2 550	151	1 313	390	696
14、水利、环境和公共设施管理业	760	96	467	62	135
15、居民服务和其他服务业	764	165	371	9	219
16、教育	4 305	774	1 841	809	881
17、卫生、社会保障和社会福利业	387	22	198	32	135
18、文化、体育和娱乐业	2 209	1 096	687	326	100
19、公共管理和社会组织	347		130	6	211

3—7 各区分行业女职工人数

（2008 年）

单位:人

指　　标	全　市	秀英区	龙华区	琼山区	美兰区
总　　计	93 962	15 748	37 350	13 760	27 104
一、按经济类型分					
1、国有经济单位	46 101	5 653	16 125	9 339	14 984
2、城镇集体经济单位	2 788	283	763	968	774
3、其他各种经济类型单位	45 073	9 812	20 462	3 453	11 346
二、按行业分					
1、农、林、牧、渔业	569	69	92	242	166
2、采矿业	320	3	260	57	
3、制造业	15 326	6 997	5 251	1 914	1 164
4、电力、燃气及水的生产和供应业	1 676	43	487	365	781
5、建筑业	2 610	56	673	623	1 258
6、交通运输、仓储和邮政业	7 035	1 173	3 115	646	2 101
7、信息传输、计算机服务和软件业	1 141	2	1 088	2	49
8、批发和零售业	5 397	722	2 720	267	1 688
9、住宿和餐饮业	5 108	445	2 719	168	1 776
10、金融业	4 058	61	3 386	254	357
11、房地产业	4 035	269	2 137	250	1 379
12、租赁和商务服务业	5 536	36	1 394	302	3 804
13、科学研究、技术服务和地质勘查业	2 162	95	1 021	362	684
14、水利、环境和公共设施管理业	4 101	363	2 138	539	1 061
15、居民服务和其他服务业	280	116	99	9	56
16、教育	15 543	1 790	4 075	4 509	5 169
17、卫生、社会保障和社会福利业	7 860	2 181	1 692	1 619	2 368
18、文化、体育和娱乐业	2 392	392	1 304	371	325
19、公共管理和社会组织	8 813	935	3 699	1 261	2 918

注:女职工指标指单位从业人员的女性。

3—8 按经济类型分各行业从业人员

（2008年）

单位:人

指　　标	合计	#国有经济单位	集体经济单位	其他各种经济类型单位	城镇私营企业从业人员	城镇个体劳动者	农村劳动者
总　　计	961 960	148 969	10 382	131 777	243 246	90 738	336 848
一、按行业分							
1、农、林、牧、渔业	234 647	1 254	5	915	16 464	389	215 620
2、采矿业	2 728	239	13	708	1 640	128	
3、制造业	89 737	3 813	802	34 901	16 490	3 462	30 269
4、电力、燃气及水的生产和供应业	5 497	2 699		1 666	1 070	62	
5、建筑业	88 741	29 352	3 182	7 096	28 606	133	20 372
6、交通运输、仓储及邮政业	51 467	9 583	327	14 687	4 243	12 736	9 891
7、信息传输、计算机服务和软件业	18 996	446	9	3 953	13 098	402	1 088
8、批发和零售业	157 412	2 967	946	14 132	75 939	44 290	19 138
9、住宿和餐饮业	47 185	2 214	607	9 998	4 727	14 518	15 121
10、金融业	11 687	2 440	499	8 125	623		
11、房地产业	37 701	1 643	623	13 659	21 768	8	
12、租赁和商务服务业	48 611	2 549	362	10 342	34 723	635	
13、科学研究、技术服务和地质勘查业	14 843	5 662	579	2 659	5 903	40	
14、水利、环境和公共设施管理业	9 310	6 903	4	761	1 639	3	
15、居民服务和其他服务业	49 681	244	33	783	10 119	13 153	25 349
16、教育	32 189	27 169	48	4 357	581	34	
17、卫生、社会保障和社会福利业	14 232	10 959	1 998	405	379	491	
18、文化、体育和娱乐业	12 805	4 781	288	2 248	5 234	254	
19、公共管理和社会组织	34 491	34 052	57	382			
二、按三次产业分							
第一产业	234 647	1 254	5	915	16 464	389	215 620
第二产业	186 703	36 103	3 997	44 371	47 806	3 785	50 641
第三产业	540 610	111 612	6 380	86 491	178 976	86 564	70 587

3—9 分行业职工人数

（2008 年）

单位：人

指　　标	在岗职工	离开本单位仍保留劳动关系人数
总　　计	288 770	17 617
一、按企业、事业、机关分		
1、企业	196 897	16 484
2、事业	61 413	626
3、机关	30 460	507
二、按国民经济行业分		
1、农、林、牧、渔业	2 135	366
2、采矿业	953	84
3、制造业	39 265	4 044
4、电力、燃气及水的生产和供应业	4 360	765
5、建筑业	39 388	1 398
6、交通运输、仓储和邮政业	24 506	3 524
7、信息传输、计算机服务和软件业	4 360	380
8、批发和零售业	17 886	3 005
9、住宿和餐饮业	12 729	442
10、金融业	11 043	952
11、房地产业	15 810	852
12、租赁和商务服务业	13 130	455
13、科学研究、技术服务和地质勘查业	8 614	310
14、水利、环境和公共设施管理业	7 667	34
15、居民服务和其他服务业	1 023	3
16、教育	31 285	109
17、卫生、社会保障和社会福利业	13 117	122
18、文化、体育和娱乐业	7 229	246
19、公共管理和社会组织	34 270	526

3—10 分行业国有单位职工人数

（2008年）

单位:人

指标	在岗职工	离开本单位仍保留劳动关系人数
总计	147 970	9 934
一、按隶属关系分		
1、中央	8 822	473
2、省、自治区、直辖市	71 279	4 767
3、地区	37 406	2 787
4、县及县以下	28 437	1 878
5、其他	2 026	29
二、按企业、事业、机关分		
1、企业	62 257	8 838
2、事业	55 253	589
3、机关	30 460	507
三、按国民经济行业分		
1、农、林、牧、渔业	1 250	365
2、采矿业	239	57
3、制造业	3 779	1 904
4、电力、燃气及水的生产和供应业	2 699	658
5、建筑业	29 296	1 240
6、交通运输、仓储和邮政业	9 560	2 324
7、信息传输、计算机服务和软件业	446	
8、批发和零售业	2 915	957
9、住宿和餐饮业	2 198	299
10、金融业	2 438	202
11、房地产业	1 631	301
12、租赁和商务服务业	2 524	311
13、科学研究、技术服务和地质勘查业	5 498	309
14、水利、环境和公共设施管理业	6 903	30
15、居民服务和其他服务业	228	2
16、教育	26 932	93
17、卫生、社会保障和社会福利业	10 833	113
18、文化、体育和娱乐业	4 734	245
19、公共管理和社会组织	33 867	524

3—11 分行业城镇集体单位职工人数

（2008 年）　　单位:人

指　　标	在岗职工	离开本单位仍保留劳动关系人数
总　　计	10 166	4 268
一、按企业、事业、机关分		
1、企业	8 118	4 235
2、事业	2 048	33
3、机关		
二、按国民经济行业分		
1、农、林、牧、渔业	5	1
2、采矿业	10	27
3、制造业	783	1 082
4、电力、燃气及水的生产和供应业		
5、建筑业	3 165	101
6、交通运输、仓储和邮政业	323	1 059
7、信息传输、计算机服务和软件业	8	
8、批发和零售业	931	1 515
9、住宿和餐饮业	595	
10、金融业	492	
11、房地产业	613	340
12、租赁和商务服务业	353	134
13、科学研究、技术服务和地质勘查业	566	
14、水利、环境和公共设施管理业	4	
15、居民服务和其他服务业	31	1
16、教育	48	
17、卫生、社会保障和社会福利业	1 897	8
18、文化、体育和娱乐业	286	
19、公共管理和社会组织	56	

3—12 分行业其他各种经济单位职工人数

（2008年）

单位：人

指标	在岗职工	离开本单位仍保留劳动关系人数
总计	130 634	3 415
一、企业、事业分		
1、企业	126 522	3 411
2、事业	4 112	4
二、按国民经济行业分		
1、农、林、牧、渔业	880	
2、采矿业	704	
3、制造业	34 703	1 058
4、电力、燃气及水的生产和供应业	1 661	107
5、建筑业	6 927	57
6、交通运输、仓储和邮政业	14 623	141
7、信息传输、计算机服务和软件业	3 906	380
8、批发和零售业	14 040	533
9、住宿和餐饮业	9 936	143
10、金融业	8 113	750
11、房地产业	13 566	211
12、租赁和商务服务业	10 253	10
13、科学研究、技术服务和地质勘查业	2 550	1
14、水利、环境和公共设施管理业	760	4
15、居民服务和其他服务业	764	
16、教育	4 305	16
17、卫生、社会保障和社会福利业	387	1
18、文化、体育和娱乐业	2 209	1
19、公共管理和社会组织	347	2

3—13 历年在岗职工工资总额和平均工资

年 份	工资总额（万元）	国有经济单位	城镇集体经济单位	其他各种经济类型单位	平均工资（元）	国有经济单位	城镇集体经济单位	其他各种经济类型单位
1952	614				592			
1957	1 646				705			
1962	2 159				684			
1965	2 443	2 443			732	732		
1970	2 465	2 465			707	707		
1971	2 398	2 398			629	629		
1972								
1973	4 033	3 197	836		698	714	607	
1974	4 126	3 254	872		696	719	622	
1975	4 243	3 255	988		696	719	628	
1976	4 415	3 356	1 059		676	698	613	
1977	4 736	3 533	1 203		673	697	612	
1978	5 357	4 092	1 265		685	712	610	
1979	6 069	4 728	1 341		747	789	630	
1980	7 172	5 627	1 545		844	891	709	
1981	7 791	6 248	1 543		855	920	664	
1982	8 795	7 108	1 687		908	989	676	
1983	9 386	7 708	1 678		964	1 047	707	
1984	11 102	8 834	2 252	16	1 128	1 232	845	1 707
1985	13 694	11 058	2 463	173	1 294	1 403	955	1 501
1986	15 221	12 512	2 401	308	1 358	1 482	946	1 377
1987	16 825	14 156	2 233	436	1 449	1 597	904	1 532
1988	22 760	18 956	3 082	722	1 824	1 964	1 270	1 796
1989	33 548	27 997	3 404	2 147	2 406	2 571	1 447	3 063
1990	44 540	37 232	3 782	3 526	2 921	3 119	1 647	3 482
1991	54 216	44 086	4 034	6 096	3 264	3 387	2 017	3 822
1992	95 127	76 996	7 889	10 242	4 450	4 668	3 134	4 328
1993	133 717	100 650	12 225	20 838	5 793	5 790	4 030	7 821
1994	181 740	141 328	12 736	27 676	7 657	7 910	5 014	8 331
1995	205 964	155 828	16 065	34 071	8 205	8 455	5 870	8 656
1996	197 234	145 328	11 303	40 603	8 162	8 352	4 844	9 163
1997	211 968	151 221	11 907	48 840	8 470	8 554	4 986	9 717
1998	185 803	129 480	6 659	49 664	8 525	8 639	3 928	9 731
1999	198 138	136 655	7 268	54 216	10 425	10 659	6 790	10 599
2000	207 888	143 956	7 540	56 392	11 658	12 377	7 407	10 881
2001	233 318	163 739	6 775	62 804	13 323	14 211	7 871	12 243
2002	313 423	217 628	9 314	86 481	13 777	15 165	7 966	11 960
2003	340 392	233 133	10 784	96 475	14 820	16 308	8 405	13 055
2004	424 218	293 311	10 328	120 579	17 613	19 431	9 166	15 333
2005	498 116	343 348	12 278	142 490	20 220	22 118	11 151	17 788
2006	557 936	350 096	15 096	192 744	21 815	22 896	12 516	21 231
2007	683 963	407 226	20 547	256 190	25 722	27 920	14 915	24 107
2008	789 541	429 397	20 206	339 938	27 361	28 992	19 917	26 087

注：不包私营、乡镇企业和个体户（下同）。

3—14 各区分行业在岗职工工资总额和平均工资

（2008 年）

指　　标	全　市	秀英区	龙华区	琼山区	美兰区
一、工资总额(万元)	789 541	105 494	361 441	92 557	230 049
1、农、林、牧、渔业	2 866	381	653	863	969
2、采矿业	2 055	30	1 768	257	0
3、制造业	74 582	23 381	36 591	8 308	6 302
4、电力、燃气及水的生产和供应业	20 061	684	9 218	916	9 243
5、建筑业	74 712	1 158	30 034	6 232	37 288
6、交通运输、仓储和邮政业	96 391	28 677	38 459	6 537	22 718
7、信息传输、计算机服务和软件业	28 775	6	28 307	7	455
8、批发和零售业	36 203	4 073	22 203	1 453	8 474
9、住宿和餐饮业	18 127	1 811	8 551	353	7 412
10、金融业	57 659	965	49 339	2 713	4 642
11、房地产业	28 935	2 179	17 092	1 195	8 469
12、租赁和商务服务业	30 471	300	12 164	896	17 111
13、科学研究、技术服务和地质勘查业	23 122	887	11 393	2 675	8 167
14、水利、环境和公共设施管理业	13 479	1 149	6 803	1 574	3 953
15、居民服务和其他服务业	1 824	584	937	39	264
16、教育	95 517	10 159	23 360	31 677	30 321
17、卫生、社会保障和社会福利业	40 258	11 228	7 598	9 000	12 432
18、文化、体育和娱乐业	19 087	2 879	11 556	2 229	2 423
19、公共管理和社会组织	125 417	14 963	45 415	15 633	49 406
二、平均工资(元)	27 361	27 202	29 425	27 983	24 507
1、农、林、牧、渔业	13 339	10 960	15 674	12 822	13 624
2、采矿业	21 586	15 100	25 663	10 560	0
3、制造业	18 786	17 852	19 839	23 543	13 605
4、电力、燃气及水的生产和供应业	44 838	38 404	62 160	11 093	46 497
5、建筑业	18 585	17 793	20 138	28 022	16 639
6、交通运输、仓储和邮政业	40 041	43 902	47 545	40 152	29 036
7、信息传输、计算机服务和软件业	64 445	15 500	66 090	11 000	26 483
8、批发和零售业	20 447	20 519	22 479	13 371	17 814
9、住宿和餐饮业	14 258	18 392	13 882	12 938	13 995
10、金融业	51 445	78 431	52 200	37 318	51 240
11、房地产业	18 587	19 881	19 934	13 616	16 873
12、租赁和商务服务业	23 133	17 160	28 353	14 093	21 201
13、科学研究、技术服务和地质勘查业	27 250	29 184	27 308	20 951	29 892
14、水利、环境和公共设施管理业	17 705	16 359	17 547	19 241	17 839
15、居民服务和其他服务业	19 031	25 942	17 691	13 750	10 954
16、教育	30 898	25 726	30 026	33 553	31 117
17、卫生、社会保障和社会福利业	31 429	33 277	29 010	29 182	33 313
18、文化、体育和娱乐业	26 557	25 797	30 347	18 924	22 327
19、公共管理和社会组织	36 727	38 191	33 950	34 578	40 060

3—15 各区分行业国有单位在岗职工工资总额和平均工资

（2008 年）

指标	全市	秀英区	龙华区	琼山区	美兰区
一、工资总额(万元)	429 397	46 862	166 529	68 695	147 311
1、农、林、牧、渔业	1 717	222	220	687	588
2、采矿业	256			256	
3、制造业	6 267	1 234	2 403	1 569	1 061
4、电力、燃气及水的生产和供应业	12 253	359	9 159	915	1 820
5、建筑业	55 703	943	23 209	5 943	25 608
6、交通运输、仓储和邮政业	23 969	8 139	4 983	116	10 731
7、信息传输、计算机服务和软件业	2 424	4	2 397	0	23
8、批发和零售业	8 663	222	6 940	260	1 241
9、住宿和餐饮业	2 750	430	990	67	1 263
10、金融业	16 082	0	14 439	1 178	465
11、房地产业	2 832	119	1 781	184	748
12、租赁和商务服务业	7 349	78	3 876	485	2 910
13、科学研究、技术服务和地质勘查业	15 560	444	7 671	1 773	5 672
14、水利、环境和公共设施管理业	12 486	1 065	6 143	1 499	3 779
15、居民服务和其他服务业	751	249	467	23	12
16、教育	86 481	8 001	19 740	30 091	28 649
17、卫生、社会保障和社会福利业	34 831	10 343	6 316	6 707	11 465
18、文化、体育和娱乐业	14 346	47	10 634	1 328	2 337
19、公共管理和社会组织	124 677	14 963	45 161	15 614	48 939
二、平均工资(元)	28 992	29 614	31 278	29 024	26 603
1、农、林、牧、渔业	13 582	8 650	20 952	13 151	15 474
2、采矿业	10 560			10 560	
3、制造业	16 033	11 863	23 147	11 998	20 298
4、电力、燃气及水的生产和供应业	43 853	78 065	62 427	11 093	39 919
5、建筑业	18 483	24 868	22 146	28 780	14 877
6、交通运输、仓储和邮政业	25 734	30 301	24 285	14 633	23 863
7、信息传输、计算机服务和软件业	54 114	19 000	54 847		26 333
8、批发和零售业	29 799	16 234	40 114	12 416	14 933
9、住宿和餐饮业	12 696	17 488	11 629	9 151	12 684
10、金融业	62 477		65 129	45 300	47 918
11、房地产业	17 344	22 981	19 086	9 398	16 546
12、租赁和商务服务业	28 809	28 778	30 028	12 907	33 952
13、科学研究、技术服务和地质勘查业	28 524	28 108	28 191	21 161	32 633
14、水利、环境和公共设施管理业	18 316	17 951	18 175	19 647	18 159
15、居民服务和其他服务业	32 808	40 820	33 414	11 947	13 111
16、教育	32 426	25 169	32 901	34 928	32 277
17、卫生、社会保障和社会福利业	33 043	34 269	30 659	30 612	35 040
18、文化、体育和娱乐业	30 401	18 800	33 997	22 854	23 725
19、公共管理和社会组织	36 957	38 191	34 184	34 660	40 439

3—16 各区分行业城镇集体单位在岗职工工资总额和平均工资

（2008 年）

指　　标	全　市	秀英区	龙华区	琼山区	美兰区
一、工资总额(万元)	20 206	1 580	3 934	4 249	10 443
1、农、林、牧、渔业	7		7		
2、采矿业	7		7		
3、制造业	1 005	510	65	32	398
4、电力、燃气及水的生产和供应业	0				
5、建筑业	7 070	7	826	110	6 127
6、交通运输、仓储和邮政业	415	5	157	20	233
7、信息传输、计算机服务和软件业	12		1		11
8、批发和零售业	1 755	56	146	318	1 235
9、住宿和餐饮业	679	5	481	48	145
10、金融业	771		183	588	
11、房地产业	980	79	391	74	436
12、租赁和商务服务业	536	52	238	20	226
13、科学研究、技术服务和地质勘查业	1 227		319	111	797
14、水利、环境和公共设施管理业	5	5			
15、居民服务和其他服务业	50		24		26
16、教育	74	22	52		
17、卫生、社会保障和社会福利业	4 785	839	962	2 243	741
18、文化、体育和娱乐业	707		35	672	
19、公共管理和社会组织	121		40	13	68
二、平均工资(元)	19 917	18 057	15 693	20 739	22 152
1、农、林、牧、渔业	14 800		14 800		
2、采矿业	7 200		7 200		
3、制造业	12 784	14 968	8 613	8 917	11 907
4、电力、燃气及水的生产和供应业					
5、建筑业	22 353	7 200	17 755	30 556	23 106
6、交通运输、仓储和邮政业	12 879	6 500	9 994	15 000	16 188
7、信息传输、计算机服务和软件业	15 500		8 000		18 000
8、批发和零售业	18 994	7 154	10 014	8 977	35 699
9、住宿和餐饮业	11 277	7 667	11 272	13 444	10 872
10、金融业	15 899		10 610	18 805	
11、房地产业	15 537	26 167	14 079	16 511	15 691
12、租赁和商务服务业	14 723	9 436	19 508	22 111	12 702
13、科学研究、技术服务和地质勘查业	22 755		19 546	16 130	25 948
14、水利、环境和公共设施管理业	12 500	12 500			
15、居民服务和其他服务业	16 032		13 278		19 846
16、教育	15 500	25 222	13 256		
17、卫生、社会保障和社会福利业	25 452	25 111	24 987	26 015	24 806
18、文化、体育和娱乐业	24 804		18 421	25 259	
19、公共管理和社会组织	20 793		16 792	13 100	28 000

3—17 各区分行业其他各种经济单位在岗职工工资总额和平均工资

（2008 年）

指　　标	全　市	秀英区	龙华区	琼山区	美兰区
一、工资总额(万元)	339 938	57 053	190 978	19 612	72 295
1、农、林、牧、渔业	1 142	159	426	176	381
2、采矿业	1 791	30	1 761		
3、制造业	67 310	21 637	34 124	6 706	4 843
4、电力、燃气及水的生产和供应业	7 808	325	60		7 423
5、建筑业	11 939	209	5 999	179	5 552
6、交通运输、仓储和邮政业	72 008	20 533	33 319	6 402	11 754
7、信息传输、计算机服务和软件业	26 338	2	25 908	7	421
8、批发和零售业	25 786	3 795	15 117	876	5 998
9、住宿和餐饮业	14 699	1 377	7 080	238	6 004
10、金融业	40 806	964	34 718	946	4 178
11、房地产业	25 122	1 981	14 919	937	7 285
12、租赁和商务服务业	22 586	171	8 049	391	13 975
13、科学研究、技术服务和地质勘查业	6 335	443	3 403	791	1 698
14、水利、环境和公共设施管理业	988	79	660	75	174
15、居民服务和其他服务业	1 023	335	446	16	226
16、教育	8 962	2 135	3 568	1 587	1 672
17、卫生、社会保障和社会福利业	642	46	320	50	226
18、文化、体育和娱乐业	4 034	2 832	887	230	85
19、公共管理和社会组织	619		214	5	400
二、平均工资(元)	26 087	25 836	28 467	26 651	21 401
1、农、林、牧、渔业	12 982	17 484	13 883	11 682	11 502
2、采矿业	25 625	15 100	25 935		
3、制造业	19 228	18 468	19 690	30 695	12 828
4、电力、燃气及水的生产和供应业	46 477	24 583	37 688		48 455
5、建筑业	17 305	7 962	15 114	14 569	21 815
6、交通运输、仓储和邮政业	49 877	53 499	56 664	41 677	36 927
7、信息传输、计算机服务和软件业	65 697	12 000	67 399	11 000	26 815
8、批发和零售业	18 584	21 440	18 894	16 719	16 754
9、住宿和餐饮业	14 779	18 783	14 503	14 512	14 407
10、金融业	50 075	78 431	49 154	61 468	51 638
11、房地产业	18 885	19 536	20 263	14 710	16 984
12、租赁和商务服务业	22 020	18 355	27 977	15 582	19 863
13、科学研究、技术服务和地质勘查业	25 434	30 349	26 424	21 373	24 722
14、水利、环境和公共设施管理业	12 473	7 514	13 276	13 600	12 919
15、居民服务和其他服务业	13 387	20 409	11 987	17 556	10 338
16、教育	21 357	28 058	20 495	19 208	19 258
17、卫生、社会保障和社会福利业	16 557	21 182	18 391	16 194	14 012
18、文化、体育和娱乐业	18 479	25 957	13 416	6 937	8 560
19、公共管理和社会组织	17 456		15 063	9 000	19 343

3—18 在岗职工工资总额和平均工资的增长速度

单位：%

年份	工资总额（万元）	国有经济单位	城镇集体经济单位	其他各种经济类型单位	平均工资（元）	国有经济单位	城镇集体经济单位	其他各种经济类型单位
“一五”时期		21.8				3.6		
“二五”时期		5.6				-0.6		
“三五”时期		0.2				-1.7		
“四五”时期		5.7				0.3		
“五五”时期	11.1	11.6	9.4		3.8	4.4	1.3	
“六五”时期	13.8	14.4	9.8		8.9	9.4	6.1	
“七五”时期	26.6	27.5	9	82.7	17.7		11.5	18.3
“八五”时期	35.8	33.2	33.5	57.4	22.9	22.1	28.9	20
1979-1996年	22.7	22.3	13.4		15.1	14.9	12.7	
1988-1996年	31	29	17.6	65.5	20.6	19.8	18.2	22.6
1996年比1995年	-4.2	-6.7	-29.6	19.2	0	-1.2	-17.4	5.9
1997年比1996年	7.5	4.1	5.3	20.2	3.8	2.4	2.9	6
1998年比1997年	-12.3	-14.3	-44.1	1.7	6.5	6	-21.2	1.4
1999年比1998年	6.6	5.5	9.1	9.2	22.2	23.3	72.8	8.9
2000年比1999年	4.9	5.3	3.7	4	8.3	16.1	9.1	2.7
2001年比2000年	12.2	13.7	-10.2	11.4	14.3	14.8	6.3	12.5
2002年比2001年	13.6	10.3	-1.1	24.9	8.5	11.6	8.7	1.9
2003年比2002年	8.6	7.1	15.8	11.6	7.6	7.5	5.5	9.2
2004年比2003年	24.6	25.8	-4.2	24.9	18.8	19.2	9.1	17.4
2005年比2004年	17.4	17.1	18.9	18.2	14.8	13.8	21.7	16
2006年比2005年	12	2	23	35.3	7.9	3.5	12.2	19.4
2007年比2006年	22.6	16.3	36.1	32.9	17.9	21.9	19.2	13.5
2008年比2007年	15.4	5.4	-1.7	32.7	6.4	3.8	33.5	8.2

3—19 离退休人员保险福利费用构成情况

（2008 年）

指标	全市	保险福利费用构成(千元)		
		秀英区	龙华区	琼山区
总计	1 126 461	44 623	1 052 794	20 944
一、城镇单位				
（一）企业	605 641	22 056	561 746	21 839
（二）事业	258 737	4 321	249 866	4 550
（三）机关	190 473	17 898	171 425	1 150
二、其他	71 610	348	69 757	1 505

3—20 离退休年末人数

（2008 年）

指标	保险福利费用构成(千元)			
	合计	女性	离休人员	退休人员
总计	74 075	35 867	947	73 128
一、城镇单位				
（一）企业	49 746	25 349	470	49 276
（二）事业	11 324	5 012	82	11 242
（三）机关	6 541	1 556	390	6 151
二、其他	6 464	3 950	5	6 459

3—21 离岗职工人数和离岗职工生活费

（2008年）

指标	合计		国有		集体		其他	
	离岗职工人数（人）	离岗职工生活费（万元）	离岗职工人数（人）	离岗职工生活费（万元）	离岗职工人数（人）	离岗职工生活费（万元）	离岗职工人数（人）	离岗职工生活费（万元）
总计	17 617	12 366	9 934	7 441	4 268	113	3 415	4 812
1、农、林、牧、渔业	366	26	365	25	1	1		
2、采矿业	84	3	57		27	3		
3、制造业	4 044	2 180	1 904	836	1 082	46	1 058	1 298
4、电力、燃气及水的生产和供应业	765	271	658	157			107	114
5、建筑业	1 398	191	1 240	148	101	1	57	42
6、交通运输、仓储和邮政业	3 524	3 071	2 324	2 815	1 059	31	141	225
7、信息传输、计算机服务和软件业	380	732					380	732
8、批发和零售业	3 005	594	957	346	1 515	19	533	229
9、住宿和餐饮业	442	72	299	42			143	30
10、金融业	952	2 435	202	455			750	1 980
11、房地产业	852	329	301	162	340	10	211	157
12、租赁和商务服务业	455	86	311	81	134		10	5
13、科学研究、技术服务和地质勘查业	310	51	309	51			1	
14、水利、环境和公共设施管理业	34	5	30	5			4	
15、居民服务和其他服务业	3	0	2		1			
16、教育	109	70	93	70			16	
17、卫生、社会保障和社会福利业	122	263	113	261	8	2	1	
18、文化、体育和娱乐业	246	423	245	423			1	
19、公共管理和社会组织	526	1 564	524	1 564			2	

3—22 单位从业人员变动情况

（2008 年）

指　　标	合　计	#国有单位	城镇集体单　位	其他各种经济单位
本年增加人数	31 592	14 921	783	15 888
1、从农村招收	3 754	506	271	2 977
2、从城镇招收	5 066	778	224	4 064
3、录用的退伍军人	573	354	3	216
4、录用的大、中专、技工学校毕业生	8 147	2 434	140	5 573
5、调入	4 057	3 245	22	790
# 由外省、自治区、直辖市调入	1 982	1 820	2	160
6、其他	9 995	7 604	123	2 268
本年减少人数	27 111	11 657	1 587	13 867
1、离休、退休、退职	4 596	1 956	352	2 288
2、开除、除名、辞退	1 026	170	4	852
3、终止、解除合同	9 803	2 014	860	6 929
4、离开本单位仍保留劳动关系的职工	1 092	256	284	552
5、死亡	152	107	9	36
6、调出	3 624	2 287	33	1 304
# 调到外省、自治区、直辖市	1 764	1 313	7	444
7、其他	6 818	4 867	45	1 906

HAIKOU STATISTICAL YEARBOOK

AGRICULTER 农业

4
chapter 4

HAIKOU STATISTICAL YEARBOOK

4—1 农村基本情况

指 标	单 位	1987 年	2000 年	2005 年	2007 年	2008 年
农村乡镇	个	32	34	23	23	23
村民委员会	个	252	279	250	249	248
自然村	个		2 226	2 214	2 204	2 204
村民小组	个		2 810	2 747	2 754	2 754
乡村户数	户	113 401	142 801	153 092	153 810	154 482
#农业户	户	109 701	126 795	129 546	132 474	134 041
乡村人口	人	506 917	631 855	646 648	670 867	678 979
#农业人口	人	488 934	564 587	575 025	598 741	604 404
乡村实有劳动力合计	人	204 696	275 704	311 913	324 408	336 848
按性别分						
男劳动力	人		139 767	155 626	155 348	167 408
女劳动力	人		135 937	156 287	169 060	169 440
按行业分						
农林牧渔业劳动力	人	160 537	190 597	206 444	210 712	215 620
工业劳动力	人	9 498	14 397	21 455	25 238	30 269
建筑业劳动力	人	12 742	15 668	16 989	18 714	20 372
交通运输和邮电劳动力	人	4 337	9 592	9 651	11 493	9 891
商业、饮食业劳动力	人	4 211	12 685	26 218	27 692	34 259
其他劳动力	人	13 184	32 765	31 156	30 559	26 437

注:2006 年农村基本情况指标请在农业普查资料中查询(下同)

4—2 分区农村基层基本情况

(2008 年)

指 标	单 位	全 市	秀英区	龙华区	琼山区	美兰区
农村乡镇	个	23	5	4	6	8
村民委员会	个	248	54	53	70	71
自然村	个	2 204	311	747	328	818
村民小组	个	2 754	343	824	579	1 008
乡村户数	户	154 482	28 828	32 717	52 587	40 350
#农业户	户	134 041	27 672	26 639	41 522	38 208
乡村人口	人	678 979	133 604	138 640	225 616	181 119
#农业人口	人	604 404	128 085	115 474	190 836	170 009
乡村实有劳动力合计	人	336 848	66 516	66 363	106 802	97 167
按性别分						
男劳动力	人	167 408	33 243	33 405	52 935	47 825
女劳动力	人	169 440	33 273	32 958	53 867	49 342
按行业分						
农林牧渔业劳动力	人	215 620	39 472	39 436	67 108	69 604
工业劳动力	人	30 269	5 644	2 865	14 059	7 701
建筑业劳动力	人	20 372	5 715	7 214	3 287	4 156
交通运输和邮电劳动力	人	9 891	1 605	2 515	3 053	2 718
商业、饮食业劳动力	人	34 259	6 157	7 746	13 690	6 666
其他劳动力	人	26 437	7 923	6 587	5 605	6 322

4—3 耕地面积

单位:公顷

指　　标	1987年	2000年	2005年	2007年	2008年
年末耕地面积	56 884	50 614	48 348	47 911	47 518
水　田	19 549	18 262	16 271	15 747	16 018
旱　田	8 428	6 640	4 456	6 536	6 515
旱　地	28 907	25 712	27 622	25 628	24 986
年内增加的耕地面积		153	1 254	528	578
年内减少的耕地面积		98	1 123	590	638
# 国家基地占用			112	54	213

4—4 分区耕地面积

（2008年）

单位:公顷

指　　标	全　市	秀英区	龙华区	琼山区	美兰区
年末耕地面积	47 518	6 839	10 694	9 599	20 386
水　田	16 018	1 777	4 434	2 757	7 050
旱　田	6 515	1 165	1 170	2 061	2 119
旱　地	24 986	3 897	5 089	4 781	11 219
年内增加的耕地面积	578	41	119	213	205
年内减少的耕地面积	638	91	143	5	399
# 国家基地占用	213	63	123		27

4—5 主要农业机械拥有量

指　　标	单 位	1987 年	2000 年	2005 年	2007 年	2008 年
农业机械总动力	万瓦特	11 801	24 530	23 248	36 085	38 982
其中:主要机械与动力						
大中型拖拉机	台	222	89	199	270	335
	万瓦特	740	387	979	1 188	1 671
小型拖拉机	台	1 224	4 166	3 316	3 028	3 167
	万瓦特	3 833	3 927	3 369	3 088	3 830
农用排灌柴油机	台	649	2 235	6 082	7 990	9 211
	万瓦特	979	1 499	3 823	3 307	3 759
农用排灌电动机	台	491	309	1 184	547	684
	万瓦特	797	309	706	8 376	8 408
农用水泵	台	644	1 512	5 956	6 853	8 082
农用运输车	辆		3 762	5 077	4 206	3 718
	万瓦特		4 006	8 629	6 867	6 686
渔用机动船	艘	857	1 342	1 470	1 496	1 635
	万瓦特	845	1 398	1 048	1 071	1 181

4—6 农业用电、化肥、水利情况

指　　标	单 位	1987 年	2000 年	2005 年	2007 年	2008 年
一、农村电气化情况						
农村用电量	万千瓦时	1 317	3 323	6 567	8 026	9 261
二、农用化肥施用量						
实物量	吨	34 170	62 392	73 335	77 504	81 341
氮 肥	吨	16 763	22 878	22 442	21 095	23 837
磷 肥	吨	11 744	19 733	22 002	22 091	20 891
钾 肥	吨	3 255	7 936	10 500	13 394	12 516
复合肥	吨	2 408	11 845	18 391	20 924	24 097
折纯量	吨	11 951	30 399	28 456	27 468	30 885
氮 肥	吨	7 710	18 140	10 545	8 658	10 072
磷 肥	吨	1 409	2 368	3 109	2 651	2 507
钾 肥	吨	1 628	3 968	5 603	6 697	6 258
复合肥	吨	1 204	5 923	9 199	10 462	12 048
三、农药施用量	吨	422	399	498	1 190	893
四、农田水利情况						
有效灌溉面积	公顷	14 807	17 853	15 894	15 824	16 817
#机电灌溉面积	公顷	1 637	3 044	4 440	4 405	5 008
旱涝保收面积	公顷	6 874	7 207	6 493	7 649	8 287

4—7 农林牧渔业总产值

单位:万元

年　份	总　计	农　业	林　业	牧　业	渔　业	农林牧渔业服务业
2006	379 829	182 344	23 828	115 983	37 892	19 782
2007	432 221	189 051	27 766	150 719	42 397	22 288
2008	521 392	224 978	31 799	188 793	49 222	26 600

注:以上叁年数据为农业普查后的衔接数,2005 年及以前年份的数据尚未进行调整,故未列出。

4—8 农林牧渔业总产值构成

单位:%

年　份	总　计	农　业	林　业	牧　业	渔　业	农林牧渔业服务业
2006	100	48	6.3	30.5	10.0	5.2
2007	100	43.7	6.4	34.9	9.8	5.2
2008	100	43.1	6.1	36.2	9.4	5.1

注:以上叁年数据为农业普查后的衔接数,2005 年及以前年份的数据尚未进行调整,故未列出。

4—9 农林牧渔业总产出、中间消耗及增加值

单位:万元

指标	2006年	2007年	2008年
农林牧渔业总产出	379 829	432 221	521 392
农业	182 344	189 051	224 978
林业	23 828	27 766	31 799
牧业	115 983	150 719	188 793
渔业	37 892	42 397	49 222
农林牧渔业服务业	19 782	22 288	26 600
农林牧渔业中间消耗	143 162	164 083	198 522
1.物质消耗	121 115	138 791	167 921
农业	58 915	61 071	73 889
林业	7 334	8 536	10 327
牧业	38 749	50 094	60 551
渔业	7 658	8 581	10 382
农林牧渔业服务业	9 331	10 509	12 772
2.对非物质部门的劳动支出	22 047	25 292	30 601
农业	5 826	5 991	7 064
林业	851	994	1 202
牧业	10 300	13 602	16 457
渔业	2 552	2 850	3 448
农林牧渔业服务业	1 647	1 855	2 430
农林牧渔业增加值	236 667	268 138	322 870
农业	117 603	121 989	145 179
林业	15 643	18 236	20 885
牧业	66 935	87 023	109 009
渔业	27 682	30 966	35 952
农林牧渔业服务业	8 804	9 924	11 845

4—10 分区农林牧渔业总产值及增加值

(2008年)

单位:万元

指标	农林牧渔业总产值	中间消耗	农业增加值
全市	521 392	198 522	322 870
龙华区	66 883	25 482	41 401
美兰区	141 782	53 973	87 809
秀英区	142 975	54 422	88 553
琼山区	169 752	64 645	105 107

4—11 主要农作物播种面积及农产品产量

指 标	2006年	2007年	2008年
播种面积(公顷)	65 897	76 275	78 404
一、粮食作物	30 110	39 153	40 361
(一)按品种分			
稻 谷	24 240	29 864	30 109
早 稻	10 456	13 033	12 912
晚 稻	13 634	16 693	17 138
山兰坡稻	151	139	58
旱 粮	773	577	564
薯 类	5 097	8 712	9 688
(二)按季节分			
春 收	1 733	2 818	3 006
夏 收	12 412	16 015	16 433
秋(冬)收	15 964	20 319	20 922
二、经济作物	5 785	7 120	7 852
糖 蔗	1 898	2 951	3 148
果 蔗	192	233	264
花 生	1 941	2 037	2 620
芝 麻	1 754	1 899	1 820
三、其他作物	21 635	21 445	23 037
蔬 菜	20 593	20 846	22 261
瓜 类	1 042	599	776
农产品产量(吨)			
一、粮食作物	138 640	156 040	150 277
(一)按品种分			
稻 谷	119 282	124 995	121 044
早 稻	56 591	59 292	59 105
晚 稻	62 316	65 366	61 773
山兰坡稻	375	337	166
旱 粮	2 138	1 860	1 604
薯 类	17 220	29 185	27 629
(二)按季节分			
春 收	5 729	8 759	8 745
夏 收	63 263	69 382	68 979
秋(冬)收	69 648	77 899	72 553
二、经济作物			
糖 蔗	156 505	137 543	158 198
果 蔗	12 034	10 309	11 978
花 生	3 330	2 798	3 562
芝 麻	1 487	1 619	1 651
三、其他作物			
蔬 菜	380 234	400 723	422 457
瓜 类	33 840	16 681	21 441

4—12 年分区主要农作物播种面积及农产品产量

（2008 年）

指 标	全 市	秀英区	龙华区	琼山区	美兰区
播种面积(公顷)	78 404	20 086	12 452	30 817	15 049
一、粮食作物	40 361	7 765	5 666	17 609	9 321
(一)按品种分					
稻 谷	30 109	6 132	4 018	12 715	7 244
早 稻	12 912	2 523	1 365	5 821	3 203
晚 稻	17 138	3 554	2 654	6 890	4 040
山兰坡稻	58	55		3	
旱 粮	564	256	90	146	72
薯 类	9 688	1 377	1 558	4 748	2 005
(二)按季节分					
春 收	3 006	476	576	1 332	622
夏 收	16 433	3 107	1 955	7 505	3 866
秋(冬)收	20 922	4 183	3 134	8 771	4 834
二、经济作物	7 852	2 487	1 694	3 198	473
糖 蔗	3 148	1 544	667	919	18
果 蔗	264	129	25	73	37
花 生	2 620	355	428	1 478	359
芝 麻	1 820	459	574	728	59
三、其他作物	23 037	8 117	3 746	7 410	3 764
蔬 菜	22 261	7 936	3 561	7 195	3 569
瓜 类	776	181	185	215	195
农产品产量(吨)					
一、粮食作物	150 277	31 158	22 326	66 686	30 107
(一)按品种分					
稻 谷	121 044	25 357	18 292	53 901	23 494
早 稻	59 105	12 076	8 391	25 874	12 764
晚 稻	61 773	13 126	9 901	28 016	10 730
山兰坡稻	166	155		11	
旱 粮	1 604	774	321	268	241
薯 类	27 629	5 077	3 713	12 517	6 372
(二)按季节分					
春 收	8 745	1 808	1 321	3 488	2 128
夏 收	68 979	14 100	9 774	30 281	14 824
秋(冬)收	72 553	15 250	11 231	32 917	13 155
二、经济作物					
糖 蔗	158 198	74 844	38 466	44 125	763
果 蔗	11 978	6 071	1 118	3 562	1 227
花 生	3 562	539	557	1 932	534
芝 麻	1 651	474	462	651	64
三、其他作物					
蔬 菜	422 457	137 622	82 384	136 560	65 851
瓜 类	21 441	5 474	6 363	5 328	4 276

4—13 主要农产品单位面积产量

单位:千克/公顷

指 标	2006年	2007年	2008年
一、粮食作物	4 605	3 990	3 720
稻 谷	4 920	4 185	4 020
旱 粮	2 766	3 226	2 844
薯 类	3 375	3 345	2 580
二、经济作物			
糖 蔗	82 455	46 620	50 250
果 蔗	62 790	44 280	45 258
花 生	1 710	1 380	1 365
芝 麻	855	855	900
三、其他作物			
蔬 菜	18 465	19 230	18 975
瓜 类	32 460	27 870	27 630

4—14 水果面积和产量

指 标	年末面积(公顷)		#当年新种面积		#收获面积		总产量(吨)	
	2007年	2008年	2007年	2008年	2007年	2008年	2007年	2008年
水果合计	20 070	19 754	1 598	990	10 930	11 971	210 147	227 013
菠 萝	1 935	2 040	559	350	1 080	1 273	25 255	29 465
荔 枝	5 200	4 947	48	9	1 931	2 114	10 857	11 880
柑桔橙	627	638	3		397	489	3 953	5 614
香 蕉	6 325	6 147	849	612	4 747	5 051	140 899	146 245
龙 眼	942	900	12	7	242	285	921	1 111
芒 果	168	179	16		96	135	952	1 511

4—15 分区水果面积和产量

（2008 年）

指 标	水 果				菠 萝			
	年末面积(公顷)	当年新种面积	收获面积	总产量(吨)	年末面积(公顷)	当年新种面积	收获面积	总产量(吨)
全 市	19 754	997	11 971	227 013	2 040	350	1 273	29 465
秀英区	5 313	30	1 750	27 094	49		49	1 094
龙华区	1 666	108	728	10 389	54		44	920
琼山区	10 137	563	7 308	144 570	1 637	259	955	22 891
美兰区	2 638	296	2 185	44 960	300	91	225	4 560

指 标	荔 枝				柑 桔 橙			
	年末面积(公顷)	当年新种面积	收获面积	总产量(吨)	年末面积(公顷)	当年新种面积	收获面积	总产量(吨)
全 市	4 947	9	2 114	11 880	635		489	5 614
秀英区	2 276		548	2 749	329		250	2 518
龙华区	572		31	1 069	49		41	440
琼山区	1 722	8	1 238	6 900	230		177	2 306
美兰区	377	1	297	1 162	27		21	350

4-15 续 （2008 年）

指 标	香蕉			
	年末面积(公顷)	当年新种面积	收获面积	总产量(吨)
全 市	6 147	612	5 050	146 245
秀英区	408	15	398	12 520
龙华区	232	105	185	4 680
琼山区	4 223	296	3 262	93 200
美兰区	1 284	196	1 205	35 845

指 标	龙眼				芒果			
	年末面积(公顷)	当年新种面积	收获面积	总产量(吨)	年末面积(公顷)	当年新种面积	收获面积	总产量(吨)
全 市	900	7	285	1 111	179		135	1 511
秀英区	316	3	40	366	22		17	202
龙华区	167		39	200	27		21	180
琼山区	274		127	390	87		75	956
美兰区	143	4	79	158	43		22	173

4—16 热带作物面积和产量

指　标	年末面积(公顷)		#当年新种面积		#收获面积		总产量(吨、椰子:百个)	
	2007年	2008年	2007年	2008年	2007年	2008年	2007年	2008年
合　计	14 741	15 840	622	432	9 961	10 944		
橡　胶	9 426	10 725	536	316	7 258	7 984	7 594	8 250
椰　子	2 301	2 160	2	7	1 170	1 269	122 604	126 963
咖　啡	41				33		11	
槟　榔	1 035	1 189	48	66	334	393	1 235	1 396
胡　椒	1 937	1 767	37	44	1 165	1 299	1 931	2 110

4—17 分区主要热带作物面积和产量

（2008 年）

指 标	橡 胶				椰 子				咖 啡			
	年末面积(公顷)	当年新种面积	收获面积	总产量(吨)	年末面积(公顷)	当年新种面积	收获面积	总产量(吨)	年末面积(公顷)	当年新种面积	收获面积	总产量(吨)
全 市	10 725	316	7 984	8 250	2 160	7	1 269	126 963				
秀英区	110	5	64	168	172		169	23 376				
龙华区	11		10	8	181		93	6 045				
琼山区	8 790	212	6 875	6 872	1 097	6	675	65 640				
美兰区	1 814	99	1 035	1 202	710	1	332	31 902				

指 标	槟 榔				胡 椒			
	年末面积(公顷)	当年新种面积	收获面积	总产量(吨)	年末面积(公顷)	当年新种面积	收获面积	总产量(吨)
全 市	1 189	66	393	1 396	1767	44	1 299	2 110
秀英区	37	13	5	38	19		18	36
龙华区	67		26	121				
琼山区	975	48	285	1 029	1 658	43	1 216	1 984
美兰区	110	5	77	208	90	1	65	90

4—18 牲畜头数及禽畜产品产量

指　　标	单位	2006 年	2007 年	2008 年
一、牛年末存栏头数	头	65 621	57 493	80 258
黄　牛	头	29 045	28 666	31 757
水　牛	头	36 268	28 278	47 688
奶　牛	头	308	549	813
二、生猪年末存栏头数	头	435 786	405 395	569 029
#能繁殖母猪	头	42 917	58 663	70 064
生猪全年饲养量	头	1 007 610	1 024 357	1 293 109
肉猪出栏头数	头	571 824	618 962	724 080
三、山羊年末存栏头数	头	56 110	49 834	74 788
山羊出栏头数	只	107 622	104 952	108 275
四、家禽出栏量	万只	751	820	8 763 794
五、肉类产量	吨	68 592	74 026	84 141
猪肉产量	吨	48 965	53 105	61 813
牛肉产量	吨	1 538	1 547	1 821
羊肉产量	吨	1 555	1 486	1 486
禽肉产量	吨	14 224	15 545	16 466
六、牛奶产量	吨	778	630	2 290
七、禽蛋产量	吨	5 438	5 066	7 901

4—19 分区牲畜头数及禽畜产品产量

（2008年）

指 标	单 位	全 市	秀英区	龙华区	琼山区	美兰区
一、牛年末存栏头数	头	80 258	20 133	12 123	35 210	12 792
黄 牛	头	31 757	10 637	9 031	7 205	6 884
水 牛	头	47 688	8 993	3 092	28 005	7 598
奶 牛	头	813	503			310
二、生猪年末存栏头数	头	569 029	118 747	166 641	142 893	200 748
#能繁殖母猪	头	70 064	16 564	7 485	17 130	28 885
生猪全年饲养量	头	1 293 109	262 969	225 941	298 205	505 994
肉猪出栏头数	头	724 080	144 222	119 300	155 312	305 246
三、山羊年末存栏头数	头	74 788	21 754	20 809	24 614	7 611
山羊出栏头数	只	108 275	33 502	33 233	34 450	7 090
四、家禽出栏量	万只	8 763 794	2 625 404	759 464	2 113 451	3 265 475
五、肉类产量	吨	84 141	18 547	12 532	20 253	32 809
猪肉产量	吨	61 813	12 302	10 176	13 298	26 037
牛肉产量	吨	1 821	484	186	877	274
羊肉产量	吨	1 486	459	455	475	97
禽肉产量	吨	16 466	4 988	1 420	3 852	6 106
六、牛奶产量	吨	2 290	6 727			563
七、禽蛋产量	吨	7 901	1 785	1 002	1 288	3 826

4—20 造 林 面 积

单位:公顷

指　　标	2000年	2004年	2006年	2007年	2008年
当年造林面积	382	2 379	2 300	2 333	968
年末实有育苗面积	143	53	54	57	13
当年幼林抚育面积		723	1 153	1 200	576
当年迹地更新面积	934	76	387	400	923

4—21 水产品产量及养殖面积

指　　标	单位	2006年	2007年	2008年
一、水产品产量	吨	43 099	47 372	52 731
海水产品	吨	29 796	31 879	34 906
# 养殖	吨	10 723	13 187	15 150
淡水产品	吨	13 303	15 493	19 756
# 养殖	吨	12 320	14 547	16 950
二、水产养殖面积	公顷	2 196	2 233	4 894
海水养殖面积	公顷	934	938	1 809
淡水养殖面积	公顷	1 262	1 295	3 085

INDUSTRY 工业

5 chapter 5

HAIKOU STATISTICAL YEARBOOK

5—1 主要年份工业总产值

（当年价）

单位:万元

年　份	全部工业总产值	规模以上工业总产值	按轻重工业分		按经济类型分		
			轻工业	重工业	国有	集体	其他
1987	70 628	67 288	50 723	16 565	53 649	6 072	7 567
1988	118 564	113 707	84 397	29 310	92 805	7 592	13 310
1989	158 628	151 336	110 926	40 410	121 652	9 180	20 504
1990	183 395	175 114	135 336	39 778	143 589	7 623	23 902
1991	263 108	252 043	190 510	61 533	191 401	7 492	53 150
1992	388 559	370 073	266 878	103 195	276 995	14 553	78 525
1993	651 132	605 696	387 317	218 195	399 615	23 281	182 800
1994	717 883	659 041	418 252	240 789	423 461	39 121	196 459
1995	722 824	658 792	413 959	244 833	364 900	25 408	268 484
1996	779 856	708 144	536 267	171 877	352 119	34 714	321 311
1997	861 286	787 494	549 287	238 207	349 950	16 845	420 699
1998	912 015	809 772	609 334	200 438	211 435	5 457	592 880
1999	989 953	849 426	640 091	209 335	180 187	2 248	666 991
2000	1 158 723	1 013 036	753 786	259 250	194 402	2 399	816 235
2001	1 349 173	1 156 037	797 056	358 981	301 339	2 884	851 814
2002	1 613 956	1 408 352	855 959	552 393	495 190	13 752	899 410
2003	2 205 678	2 025 643	950 340	1 075 303	877 054	9 676	1 138 913
2004	2 477 049	2 315 777	977 637	1 338 140	198 652	713	2 116 412
2005	2 672 253	2 507 203	1 057 951	1 449 252	276 708		2 230 495
2006	3 024 526	2 838 869	1 109 139	1 729 730	239 964	872	2 598 033
2007	3 454 073	3 243 297	1 193 013	2 050 284	229 426	1 320	3 012 551
2008	3 286 487	3 054 099	1 397 655	1 656 444	257 032	994	2 796 073

注:1、规模以上工业总产值 1997 年以前为乡及乡以上工业企业,1998 年 –2006 年为全部国有和年销售收入 500 万及以上非国有工业企业,从 2007 年起为年主营业务收入 500 万元及以上工业法人企业。

2、从 2004 年起工业总产值按电力全价计算。

5—2 主要工业产品产量

指　标	计量单位	2008 年	2007 年	2006 年	2000 年	1987 年
配混合饲料	吨	605 159	664 847	567 523	296 413	–
成品糖	吨	5 883	7 304	3 901	21 998	39 334
水产加工品	吨	30 939	28 440	23 534	2 925	–
方便主食品	吨	0	0	581	1 961	–
罐头	吨	153 589	165 996	136 725	156 689	2 967
饮料酒	吨	181 446	175 575	167 931	11 218	8 532
啤酒	吨	153 745	152 089	140 546	42 799	1 915
软饮料	吨	311 828	293 095	275 724	200 509	2 400
卷烟	箱	154 324	143 000	131 029	114 532	26 182
纸制品	吨	9 407	9 475	8 216	1 635	1 179
硫酸(折 100%)	吨	1 096	5 122	10 049	11 330	14 378
农用氮、磷、钾化学肥料总计	吨	332	1 560	3 649	11 744	5 194
香精	吨	0	0	38.46	–	–
炸药	吨	6 933	5 067	3 905	3 832	–
肥皂	吨	0	0	508	2 165	7 357.79
合成洗涤剂	吨	0	0	1 432	796	227
合成纤维聚合物	吨	220 965	273 748	237 877	68 021	–
化妆品	千元	217 073	183 213	102 887	10 066	–
中成药	吨	397.86	386.92	721.02	517.6	469
其他中成药	吨	33.86	386.92	358	174	–

注:1987 年 –2004 年产量包括全部工业,从 2005 年起表中资料指规模以上工业指标;饮料酒、啤酒 2004–2007 年计量单位为千升。

5—2 续

指 标	计量单位	2008 年	2007 年	2006 年	2000 年	1987 年
涤纶纤维	吨	46 734	58 736	55 859	28 429	–
塑料制品总计	吨	19 120	16 863	15 638	11 815	907.43
#塑料薄膜	吨	10 032	10 286	8 904	3 739	–
泡沫塑料	吨	1 571	1 301	1 220	91	–
塑料包装箱及容器	吨	2 304	2 416	2 209	2 120	–
水泥电杆	根	21 812	13 695	2 374	6 699	–
砖	万块	0	0	4 046	10 319	10 151
小型拖拉机	台	4 150	7 570	7 924	2 317	3 000
汽车	辆	85 086	122 562	83 636	3 059	–
#公路客车	辆	2 315	8 029	15 726	1 310	–
轿车	辆	82 771	114 533	67 910	1 749	–
变压器	万千伏安	591.4	570.5	466.7	138.00	5.61
高压开关板	面	905	623	747	382	–
低压开关板	面	362	628	753	683	–
电线	公里	8 332	11 018	15 275	11 729	–
钢芯铝绞线	吨	596	540	925	2 445	344
电力电缆	公里	1 736	2 244	1 952	–	–
发电量	万千瓦时	2 485	2 340	2 087	1 418	8 263
售电量	万千瓦时	313 367	290 015	265 604	127 232	–
自来水	万立方米	10 986	10 477	10 453	8 722	–

注:1、自来水指标为销售量。

2、水泥电杆 2006 年以前计量单位为吨,从 2007 年起计量单位为根。

5—3 规模以上工业产销主要指标

（2008 年）

单位:万元

指　　标	规模以上工业合计	秀英区	龙华区	琼山区	美兰区
企业单位数(个)	211	71	84	21	35
工业总产值(当年价)	3 054 099	829 274	1 829 022	180 514	215 289
工业销售产值(当年价)	3 094 465	799 383	1 914 804	174 393	205 886
#出口交货值	259 005	113 523	93 438	10 083	41 961
工业增加值(当年价)	754 256	174 811	433 860	89 481	56 104

HAIKOU STATISTICAL YEARBOOK

海口统计年鉴

HAIKOU STATISTICAL YEARBOOK

INVESTMENT IN FIXED ASSETS AND CONSTRUCTION

固定资产投资和建筑业

6

chapter 6

6—1 历年全社会固定资产投资总额

单位:万元

年　份	固定资产投资总额	基本建设	更新改造	房地产开发	其它投资	城乡集体	城乡私人
1953	232	232					
1954	145	145					
1955	227	227					
1956	176	176					
1957	161	161					
1958	694	694					
1959	1 218	1 218					
1960	1 094	1 094					
1961	1 766	1 766					
1962	481	481					
1963	675	675					
1964	1 045	1 045					
1965	952	952					
1966	577	577					
1967	394	394					
1968	548	548					
1969	371	371					
1970	717	717					
1971	516	516					
1972	945	945					
1973	877	877					
1974	2 270	2 270					
1975	3 074	2 985			89	89	
1976	2 514	1 676	705		133	133	
1977	2 747	2 290	457				
1978	2 941	2 467	393		81	81	
1979	2 874	2 514	299		61	48	13
1980	4 227	3 809	261		157	82	75
1981	4 897	4 017	307		573	181	392
1982	6 328	4 831	750		747	297	450
1983	9 309	5 820	2 673		816	297	519
1984	26 766	16 491	6 332		3 943	1 618	2 325
1985	54 722	40 669	7 102		6 951	2 690	4 261
1986	51 437	41 134	8 215		2 088	742	1 346
1987	48 161	28 578	14 212		5 371	1 241	4 130
1988	71 021	48 893	11 047		11 081	4 303	6 778
1989	173 545	114 444	9 426	35 300	14 375	3 406	10 969
1990	214 333	143 616	19 537	39 150	12 030	3 872	8 158
1991	289 101	158 429	17 273	101 315	12 084	6 583	5 501
1992	605 209	275 196	28 600	281 488	19 925	10 755	9 170
1993	1 022 628	490 088	62 718	424 786	45 036	26 853	18 183
1994	1 073 429	588 633	43 498	393 576	47 722	18 401	29 321
1995	756 074	421 427	35 856	264 084	34 707	9 017	25 690
1996	785 194	602 175	40 069	106 480	36 470	15 466	21 004
1997	753 978	627 810	47 830	50 666	27 672	8 725	21 004
1998	850 100	670 447	40 934	83 727	54 992	15 241	18 947
1999	819 212	661 937	50 484	46 125	60 666	23 779	39 751
2000	772 015	537 919	71 292	92 238	70 566	14 923	36 887
2001	852 411	562 822	97 316	137 076	55 197	17 920	55 390
2002	935 748	680 702	62 945	150 541	41 560	5 558	37 277
2003	1 033 979	613 828	61 687	277 007	81 457	16 372	29 128
2004	1 234 875	603 271	94 319	445 390	91 895	10 600	36 550
2005	1 371 664	845 172		463 789	62 703	7 543	57 966
2006	1 582 308	1 048 087		504 730	29 491	6 722	55 160
2007	1 818 297	1 188 717		599 709	29 871	8 027	22 769
2008	2 214 327	1 435 007		749 513	29 807	5 953	21 844

注:2005 年起固定资产投资不设“基本建设”和“更新改造”,只统称“城镇投资”。　取消城乡集体指标,设为“农村投资”。
2006 年城乡私人投资取消城镇私人投资,仅指农村私人投资.

6—2 全社会固定资产投资基本情况

指　　标	1987年	2000年	2006年	2007年	2008年
一、投资总额(万元)	48 161	772 015	1 582 308	1 818 297	2 214 327
1、按报表种类分					
基本建设	28 578	537 919	1 048 087	1 188 717	1 435 007
更新改造	14 212	71 292			
房地产开发		92 238	504 730	599 709	749 513
其他投资合计	5 371	70 566	29 491	29 871	29 807
农村投资	680	6 340	6 722	8 027	5 953
城镇私人	467	28 577			
农村私人	3 663	27 046	22 769	21 844	23 854
2、按构成分					
建筑安装工程	30 395	420 014	749 897	890 837	1 317 299
设备、工器具购置	9 728	273 795	604 225	641 870	523 639
其它费用	8 038	78 206	228 186	285 590	373 389
二、房屋建筑面积(平方米)					
房屋施工面积	1 356 140	4 669 170	9 840 925	9 547 710	9 018 536
#住宅	663 682	2 813 675	6 246 769	6 255 510	6 080 247
房屋竣工面积	873 915	1 657 981	1 627 636	1 958 387	1 714 177
#住宅	523 420	1 348 565	973 197	1 504 002	1 331 056
三、商品销售及空置					
商品房销售额(万元)		81 329	394 588	599 306	783 838
商品房销售面积(平方米)		405 732	1 416 425	1 704 645	1 706 047
商品房空置面积(平方米)		558 795	652 718	361 545	160 603
四、新增固定资产(万元)	42 078	498 811	927 082	879 679	1 013 699
基本建设	22 671	307 041	742 140	624 457	653 971
更新改造	14 313	57 555			
房地产开发		67 408	155 825	227 684	331 860
其他投资合计	5 094	66 807	29 127	27 538	27 868
#其他投资	309	5 715			
农村投资	655	5 469	6 358	5 694	4 014
城镇私人	467	28 577			
农村私人	3 663	27 046	22 769	21 844	23 854

6—3 历年固定资产投资财务拨款数

单位:万元

指　　标	1987年	2000年	2006年	2007年	2008年
本年资金来源合计	56 221	1 045 560	1 947 688	2 457 027	3 024 872
上年末结余资金	8 167	132 636	208 064	331 754	337 958
本年资金来源小计	48 054	912 924	1 739 624	2 125 273	2 686 914
国家预算内资金	7 421	47 444	28 653	14 599	56 045
国内贷款	15 937	167 172	235 021	349 097	632 307
债　　券		18 223			
利用外资	257	240 450	632 882	5 527	42 972
自筹资金	19 712	289 977	487 808	1 226 730	1 291 058
#中央各部门自筹	4 227	2 922			
省自筹	1 447	7 187			
市自筹	5 647	12 231			
县自筹	340	2 173			
企事业单位自有资金	8 051	265 464	288 895	697 736	636 508
#发行股票		40 033			
其它资金来源	4 727	149 658	355 260	529 320	664 532
#集资		64 484			

6—4 固定资产投资财务拨款数

(2008年)

单位:万元

指　　标	合　计	城镇投资	房地产开发	其他投资合计	农村投资	城镇私人	农村私人
本年资金来源合计	3 024 872	1 639 048	1 355 697	30 127	6 273		23 854
上年末结余资金	337 958	78 168	259 790				
本年资金来源小计	2 686 914	1 560 880	1 095 907	30 127	6 273		23 854
国家预算内资金	56 045	55 679		366	366		
国内贷款	632 307	480 783	151 324	200	200		
债　　券							
利用外资	42 972	1 600	41 372				
自筹资金	1 291 058	997 578	287 902	5 578	5 578		
#中央各部门自筹							
省自筹							
市自筹							
县自筹							
企事业单位自有资金	636 508	475 582	160 546	380	380		
#发行股票							
其它资金来源	664 532	25 240	615 309	23 983	129		
#集资							

6—5 秀英区固定资产投资财务拨款数

(2008 年)　　单位:万元

指　　标	合　计	城镇投资	房地产开发	其他投资合计	农村投资	城镇私人	农村私人
本年资金来源合计	468 246	371 150	90 134	6 962			6 962
上年末结余资金	50 029	19 296	30 733				
本年资金来源小计	418 217	351 854	59 401	6 962			6 962
国家预算内资金	20 693	20 693					
国内贷款	81 026	73 626	7 400				
债　　券							
利用外资							
自筹资金	262 043	254 455	7 588				
#中央各部门自筹							
省自筹							
市自筹							
县自筹							
企事业单位自有资金	47 173	46 647	526				
#发行股票							
其它资金来源	54 455	3 080	44 413	6 962			6 962
#集资							

6—6 龙华区固定资产投资财务拨款数

(2008 年)　　单位:万元

指　　标	合　计	城镇投资	房地产开发	其他投资合计	农村投资	城镇私人	农村私人
本年资金来源合计	1 285 565	422 267	857 911	5 387	400		4 987
上年末结余资金	163 228	15 218	148 010				
本年资金来源小计	1 122 337	407 049	709 901	5 387	400		4 987
国家预算内资金	10 843	10 843					
国内贷款	208 972	121 637	87 335				
债　　券							
利用外资	3 365	1 600	1 765				
自筹资金	472 882	267 523	204 959	400	400		
#中央各部门自筹							
省自筹							
市自筹							
县自筹							
企事业单位自有资金	168 463	68 827	99 636				
#发行股票							
其它资金来源	426 275	5 446	415 842	4 987			4 987
#集资							

6—7 琼山区固定资产投资财务拨款数

(2008 年)

单位:万元

指 标	合 计	城镇投资	房地产开发	其他投资合计	农村投资	城镇私人	农村私人
本年资金来源合计	389 897	304 404	74 669	10 824	5 873		4 951
上年末结余资金	19 193	6 716	12 477				
本年资金来源小计	370 704	297 688	62 192	10 824	5 873		4 951
国家预算内资金	13 058	12 692		366	366		
国内贷款	174 542	168 002	6 340	200	200		
债 券							
利用外资							
自筹资金	129 254	112 910	11 166	5 178	5 178		
#中央各部门自筹							
省自筹							
市自筹							
县自筹							
企事业单位自有资金	18 939	13 000	5 559	380	380		
#发行股票							
其它资金来源	53 850	4 084	44 686	5 080	129		4 951
#集资							

6—8 美兰区固定资产投资财务拨款数

(2008 年)

单位:万元

指 标	合 计	城镇投资	房地产开发	其他投资合计	农村投资	城镇私人	农村私人
本年资金来源合计	881 164	541 227	332 983	6 954			6 954
上年末结余资金	105 508	36 938	68 570				
本年资金来源小计	775 656	504 289	264 413	6 954			6 954
国家预算内资金	11 451	11 451					
国内贷款	167 767	117 518	50 249				
债 券							
利用外资	39 607		39 607				
自筹资金	426 879	362 690	64 189				
#中央各部门自筹							
省自筹							
市自筹							
县自筹							
企事业单位自有资金	401 933	347 108	54 825				
#发行股票							
其它资金来源	129 952	12 630	110 368	6 954			6 954
#集资							

6—9　固定资产投资基本情况

(2008 年)　　单位:万元

指　　标	总　计	城镇投资	房地产开发	其他投资合计	农村投资	城镇私人	农村私人
一、投资总额(万元)	2 214 327	1 435 007	749 513	29 807	5 953		23 854
按构成分							
建筑工程	1 192 936	684 525	484 691	23 720	3 900		19 820
安装工程	124 363	45 253	78 680	430	430		
设备、工器具购置	523 639	502 131	17 464	4 044	10		1 034
其他费用	373 389	203 098	168 678	1 613	1 613		
二、房屋建筑面积(平方米)							
施工房屋面积	9 018 536	1 906 797	6 667 414	444 325	9 560		434 765
#住　宅	6 080 247	536 310	5 127 963	415 974	5 164		410 810
竣工房屋面积	1 714 177	138 007	1 136 665	439 505	4 740		434 765
#住　宅	1 331 056	39 114	877 732	414 210	3 400		410 810
竣工房屋价值	336 234	31 566	284 408	20 260	440		19 820
#住　宅	255 387	6 253	229 910	19 224	360		18 864

6—10　秀英区固定资产投资基本情况

(2008 年)　　单位:万元

指　　标	总　计	城镇投资	房地产开发	其他投资合计	农村投资	城镇私人	农村私人
一、投资总额(万元)	216 249	191 718	17 569	6 962			6 962
按构成分							
建筑工程	129 234	110 297	13 716	5 221			5 221
安装工程	3 314	965	2 349				
设备、工器具购置	16 276	14 505	30	1 741			1 741
其他费用	67 425	65 951	1 474				
二、房屋建筑面积(平方米)							
施工房屋面积	922 582	411 149	398 169	113 264			113 264
#住　宅	506 979	57 690	341 545	107 744			107 744
竣工房屋面积	150 533	500	36 769	113 264			113 264
#住　宅	142 011		34 267	107 744			107 744
竣工房屋价值	16 171		10 950	5 221			5 221
#住　宅	14 468		9 450	5 018			5 018

6—11 龙华区固定资产投资基本情况

(2008年)

单位:万元

指标	总计	城镇投资	房地产开发	其他投资合计	农村投资	城镇私人	农村私人
一、投资总额(万元)	877 910	372 433	500 090	5 387	400		4 987
按构成分							
建筑工程	472 971	104 878	364 111	3 982			3 982
安装工程	81 543	37 192	43 951	400	400		
设备、工器具购置	159 565	143 783	14 777	1 005			1 005
其他费用	163 831	86 580	77 251				
二、房屋建筑面积(平方米)							
施工房屋面积	5 349 727	602 871	4 656 846	90 010			90 010
#住　宅	3 705 756	133 903	3 483 363	88 490			88 490
竣工房屋面积	962 873	46 354	826 509	90 010			90 010
#住　宅	699 153	28 114	582 549	88 490			88 490
竣工房屋价值	218 853	8 680	206 191	3 982			3 982
#住　宅	163 878	3 853	156 145	3 880			3 880

6—12　琼山区固定资产投资基本情况

(2008年)

单位:万元

指标	总计	城镇投资	房地产开发	其他投资合计	农村投资	城镇私人	农村私人
一、投资总额(万元)	237 328	186 028	40 796	10 504	5 553		4 951
按构成分							
建筑工程	199 646	159 941	31 265	8 440	3 900		4 540
安装工程	4 981	565	4 386	30	30		
设备、工器具购置	988	6	561	421	10		411
其他费用	31 713	25 516	4 584	1 613	1 613		
二、房屋建筑面积(平方米)							
施工房屋面积	823 144	195 420	502 447	125 277	9 560		115 717
#住　宅	620 818	70 570	435 806	114 442	5 164		109 278
竣工房屋面积	209 110	3 622	85 031	120 457	4 740		115 717
#住　宅	190 287		77 609	112 678	3 400		109 278
竣工房屋价值	32 624	7 734	19 910	4 980	440		4 540
#住　宅	23 059		18 360	4 699	360		4 339

6—13 美兰区固定资产投资基本情况

(2008 年)　　单位:万元

指　　标	总　计	城镇投资	房地产开发	其他投资合计	农村投资	城镇私人	农村私人
一、投资总额(万元)	882 840	684 828	191 058	6 954			6 954
按构成分							
建筑工程	391 085	309 409	75 599	6 077			6 077
安装工程	34 525	6 531	27 994				
设备、工器具购置	346 810	343 837	2 096	877			877
其他费用	110 420	25 051	85 369				
二、房屋建筑面积(平方米)							
施工房屋面积	1 923 083	697 357	1 109 952	115 774			115 774
#住　宅	1 246 694	274 147	867 249	105 298			105 298
竣工房屋面积	391 661	87 531	188 356	115 774			115 774
#住　宅	299 605	11 000	183 307	105 298			105 298
竣工房屋价值	68 586	15 152	47 357	6 077			6 077
#住　宅	53 982	2 400	45 955	5 627			5 627

6—14 按各个口径分组的固定资产投资

(2008 年)　　单位:万元

指标	总计	城镇投资	房地产开发	其他投资合计	农村投资	城镇私人	农村私人
总计	2 214 327	1 435 007	749 513	29 807	5 953		23 854
(一)按经济类型分							
内资	1 975 791	1 326 883	619 101	29 807	5 953		23 854
国有	306 262	283 547	17 192	5 523	5 523		
集体	2 310	1 792	518				
股份合作	32 890		32 630	260	260		
国有联营	1 758	875	883				
国有与集体联营							
国有独资公司	212 835	179 763	33 072				
其他有限责任公司	552 760	275 792	276 798	170	170		
股份有限公司	464 915	438 221	26 694				
私营个体	367 691	146 893	196 944	23 854			23 854
其他	34 370		34 370				
港澳台商投资	87 518	8 032	79 486				
港澳台合资经营	12 075		12 075				
港澳台独资	74 934	7 523	67 411				
港澳台股份有限	509	509					
外商投资	151 018	100 092	50 926				
外商合资经营	22 255	9 602	12 653				
外商合作经营							
外商独资	110 712	88 690	22 022				
外商股份有限	18 051	1 800	16 251				
个体经营							
(二)按隶属关系分							
中央	77 733	69 260	8 473				
省	714 757	411 819	302 938				
市	468 710	316 530	151 780	400	400		
县	45 717	3 015	37 579	5 123	5 123		
其他	907 410	634 383	248 743	24 284	430		23 854
(三)按建设性质分							
新建	1 581 079	806 796	749 513	24 770	4 950		19 820
扩建	70 776	70 776					
改建	165 747	164 744		1 003	1 003		
单纯建造生活设施	23 017	23 017					
迁建	3 080	3 080					
单纯购置	370 628	366 594		4 034			4 034

6—15 秀英区按各个口径分组的固定资产投资

(2008 年)　　单位:万元

指　　标	总　计	城镇投资	房地产开　发	其他投资合计	农村投资	城镇私人	农村私人
总　　计	216 249	191 718	17 569	6 962			6 962
(一)按经济类型分							
内资	199 642	177 411	15 269	6 962			6 962
国有	90 227	87 040	3 187				
集体							
股份合作							
国有联营							
国有与集体联营							
国有独资公司	20 861	20 861					
其他有限责任公司	29 446	20 245	9 201				
股份有限公司	2 472	2 472					
私营个体	56 636	46 793	2 881	6 962			6 962
其他							
港澳台商投资	2 641	341	2 300				
港澳台合资经营							
港澳台独资	2 641	341	2 300				
港澳台股份有限							
外商投资	13 966	13 966					
外商合资经营							
外商合作经营							
外商独资	13 966	13 966					
外商股份有限							
个体经营							
(二)按隶属关系分							
中央	5 783	5 783					
省(自治区,直辖市)	69 910	66 989	2 921				
市(州、盟,省直辖市)	55 460	49 951	5 509				
县							
其他	85 096	68 995	9 139	6 962			6 962
(三)按建设性质分							
新建	182 515	159 725	17 569	5 221			5 221
扩建	1 815	1 815					
改建	17 373	17 373					
单纯建造生活设施							
迁建	3 080	3 080					
单纯购置	11 466	9 725		1 741			1 741

6—16 龙华区按各个口径分组的固定资产投资

(2008 年)　　单位:万元

指　　标	总　计	城镇投资	房地产开发	其他投资合计	农村投资	城镇私人	农村私人
总　　计	877 910	372 433	500 090	5 387	400		4 987
(一)按经济类型分							
内资	725 206	281 151	438 668	5 387	400		4 987
国有	114 924	107 051	7 473	400	400		
集体							
股份合作	19 984		19 984				
国有联营	1 758	875	883				
国有与集体联营							
国有独资公司	111 223	80 202	31 021				
其他有限责任公司	200 428	12 173	188 255				
股份有限公司	106 568	80 750	25 818				
私营个体	138 817	100	133 730	4 987			4 987
其他	31 504		31 504				
港澳台商投资	35 129	7 691	27 438				
港澳台合资经营	5 503		5 503				
港澳台独资	29 117	7 182	21 935				
港澳台股份有限	509	509					
外商投资	117 575	83 591	33 984				
外商合资经营	9 602	9 602					
外商合作经营							
外商独资	96 011	73 989	22 022				
外商股份有限	11 962		11 962				
个体经营							
(二)按隶属关系分							
中央	55 389	55 389					
省(自治区,直辖市)	309 436	70 312	239 124				
市(州、盟,省直辖市)	202 090	128 423	73 267	400	400		
县	3 255		3 255				
其他	307 740	118 309	184 444	4 987			4 987
(三)按建设性质分							
新建	721 479	217 407	500 090	3 982			3 982
扩建	29 599	29 599					
改建	106 462	106 062		400	400		
单纯建造生活设施	663	663					
迁建							
单纯购置	19 707	18 702		1 005			1 005

6—17 琼山区按各个口径分组的固定资产投资

(2008年)　　　　单位:万元

指　　标	总　计	城镇投资	房地产开　发	其他投资合计	农村投资	城镇私人	农村私人
总　　计	237 328	186 028	40 796	10 504	5 553		4 951
(一)按经济类型分							
内资	235 528	184 228	40 796	10 504	5 553		4 951
国有	32 125	27 002		5 123	5 123		
集体	1 442	1 442					
股份合作	8 878		8 618	260	260		
国有联营							
国有与集体联营							
国有独资公司	7 246	7 246					
其他有限责任公司	150 377	135 538	14 669	170	170		
股份有限公司	13 876	13 000	876				
私营个体	21 574		16 623	4 951			4 951
其他	10		10				
港澳台商投资							
港澳台合资经营							
港澳台独资							
港澳台股份有限							
外商投资	1 800	1 800					
外商合资经营							
外商合作经营							
外商独资							
外商股份有限	1 800	1 800					
个体经营							
(二)按隶属关系分							
中央	3 251	3 251					
省(自治区,直辖市)	167 840	158 751	9 089				
市(州、盟,省直辖市)	25 085	21 011	4 074				
县	17 632	3 015	9 494	5 123	5 123		
其他	23 520		18 139	5 381	430		4 951
(三)按建设性质分							
新建	221 946	171 660	40 796	9 490	4 950		4 540
扩建	566	566					
改建	14 405	13 802		603	603		
单纯建造生活设施							
迁建							
单纯购置	411			411			411

6—18 美兰区按各个口径分组的固定资产投资

(2008 年)　　单位:万元

指　　标	总　计	城镇投资	房地产开发	其他投资合计	农村投资	城镇私人	农村私人
总　　计	882 840	684 828	19 1058	6 954			6 954
(一)按经济类型分							
内资	815415	684 093	12 4368	6 954			6 954
国有	68 986	62 454	6 532				
集体	868	350	518				
股份合作	4 028		4 028				
国有联营							
国有与集体联营							
国有独资公司	73 505	71 454	2 051				
其他有限责任公司	172 509	107 836	64 673				
股份有限公司	341 999	341 999					
私营个体	150 664	100 000	43 710	6 954			6 954
其他	2856		2 856				
港澳台商投资	49 748		49 748				
港澳台合资经营	6 572		6 572				
港澳台独资	43 176		43 176				
港澳台股份有限							
外商投资	17 677	735	16 942				
外商合资经营	12 653		12 653				
外商合作经营							
外商独资	735	735					
外商股份有限	4 289		4 289				
个体经营							
(二)按隶属关系分							
中央	13 310	4 837	8 473				
省(自治区,直辖市)	167 571	115 767	51 804				
市(州、盟,省直辖市)	286 075	217 145	68 930				
县	24 830		24 830				
其他	391 054	347 079	37 021	6 954			6 954
(三)按建设性质分							
新建	455 139	258 004	191 058	6 077			6 077
扩建	38 796	38 796					
改建	27 507	27 507					
单纯建造生活设施	22 354	22 354					
迁建							
单纯购置	339 044	338 167		877			877

6—19 历年国民经济各行业固定资产投资额

指　　标	2004 年	2005 年	2006 年	2007 年	2008 年
总　　计	1 234 875	1 371 664	1 582 308	1 818 297	2 214 327
农、林、牧、渔业	28 664	25 082	243 77	29 750	24 901
采矿业			1 679	7 299	2 676
制造业	121 965	114 811	102 763	28 128	36 165
电力、煤气及水的供应业	11 796	35 713	15 739	20 917	20 490
建筑业	4 283	5 651	2 186	0	
交通运输运输、仓储和邮政业	240 250	259 959	404 002	648 405	639 118
信息传输、计算机服务和软件业	110 245	123 556	136 417	123 645	158 195
批发和零售业	13 934	17 987	6 920	2 403	5 728
住宿和餐饮业	22 161	39 538	11 482	3 831	9 719
金融业	6 838	19 984	13 622	13 898	29 879
房地产业	460 646	471 699	506 666	606 585	867 931
租赁和商业服务业	232	1 425	129	10 240	10 347
科学研究、技术服务和地质勘查业	1 380	3 501	5 838	3 467	3 640
水利、环境和公共设施管理业	72 029	100 303	183 023	158 819	158 093
居民服务和其他服务业					
教育	45 131	43 245	84 497	54 505	38 383
卫生、社会保障和社会福利业	17 153	29 362	31 279	43 557	24 077
文化、体育和娱乐业	8 029	16 744	9 028	28 854	171 596
公共管理和社会组织国家机构	37 642	29 420	42 661	33 994	13 389
其他	32 497	33 684			

6—20 国民经济各行业固定资产投资

(2008年)

单位:万元

指　　标	总　计	城镇投资	房地产开发	其他投资合计	农村投资	城镇私人	农村私人
总　　计	2 214 327	1 435 007	749 513	29 807	5 953		23 854
一、农、林、牧、渔业	24 901	170		24 731	877		23 854
农业	23 854			23 854			23 854
水果、坚果、饮料和香料作物的种植							
林业	170	170					
林木的培育和种植							
畜牧业	340			340	340		
渔业							
农林牧渔服务业	537			537	537		
二、采矿业	2 676	2 676					
石油和天然气开采业	2 676	2 676					
三、制造业	36 165	36 165					
农副食品加工业	100	100					
水产品加工							
食品制造业	2 557	2 557					
饮料制造业	1 372	1 372					
酒的制造							
软饮料制造							
纺织业	612	612					
棉、化纤纺织及印染精加工							
针织品、编织品及其制品制造							
纺织服装、鞋、帽制造业							
木材加工及木、竹、藤、棕、草制品业							
锯材、木片加工							
印刷业和记录媒介的复制	74	74					
印刷							
文教体育用品制造业							
化学原料及化学制品制造业	672	672					
肥料制造							
合成材料制造							
日用化学产品制造							
医药制造业	12 302	12 302					
橡胶制品业							
塑料制品业							
有色金属冶炼及压延加工业							
有色金属压延加工							

6-20 续1 (2008年) 单位:万元

指　　标	总　计	城镇投资	房地产开发	其他投资合计	农村投资	城镇私人	农村私人
金属制品业	9 477	9 477					
结构性金属制品制造							
集装箱及金属包装容器制造							
通用设备制造业							
金属加工机械制造							
泵、阀门、压缩机及类似机械的							
专用设备制造业	350	350					
印刷、制药、日化生产专用设备							
电子和电工机械专用设备制造							
环保、社会公共安全及其他制造							
交通运输设备制造业	8 114	8 114					
汽车制造							
摩托车制造							
自行车制造							
电气机械及器材制造业	213	213					
输配电及控制设备制造							
通信设备、计算机及其他电子设备	322	322					
通讯设备制造							
广播电视设备制造							
电子器件制造							
家用视听设备制造							
仪器仪表及文化、办公用机械制造							
通用仪器仪表制造							
四、电力、燃气及水的生产和供应业	20 490	19 652		838	838		
电力、热力的生产和供应业	19 812	18 974		838	838		
电力生产							
燃气生产和供应业							
水的生产和供应业	678	678					
五、建筑业							
房屋和土木工程建筑业							
土木工程建筑							
其他建筑业							
六、交通运输、仓储及邮政业	639 118	639 118					
铁路运输业	235 538	235 538					
道路运输业	13 000	13 000					
城市公共交通业	372	372					
水上运输业	42 909	42 909					
水上旅客运输							
水上货物运输							
水上运输辅助活动							

6-20 续2　　(2008年)　　单位:万元

指　　标	总　计	城镇投资	房地产开发	其他投资合计	农村投资	城镇私人	农村私人
航空运输业	342 918	342 918					
航空客货运输							
航空运输辅助活动							
装卸搬运和其他运输服务业							
仓储业							
邮政业	4 381	4 381					
七、信息传输、计算机服务和软件业	158 195	158 195					
电信和其他信息传输服务业	158 195	158 195					
电信							
软件业							
公共软件服务							
八、批发和零售业	5 728	4 954		774	774		
批发业	4 382	3 778		604	604		
食品、饮料、烟草制品批发							
纺织、服装及日用品批发							
文化、体育用品及器材批发							
矿产品、建材及化工产品批发							
零售业	1 346	1 176		170	170		
纺织、服装及日用品专门零售							
汽车、摩托车、燃料及零配件							
九、住宿和餐饮业	9 719	9 719					
住宿业	9 719	9 719					
餐饮业							
十、金融业	29 879	29 879					
银行业	29 879	29 879					
保险业							
十一、房地产业	867 931	118 418	749 513				
房地产业	867 931	118 418	749 513				
十二、租赁和商务服务业	10 347	10 347					
商务服务业	10 347	10 347					
其他商务服务							
十三、科学研究、技术服务和地质勘察业	3 640	3 640					
研究与试验发展	431	431					
专业技术服务业	3 000	3 000					
地质勘查业	209	209					

6-20 续3 (2008年) 单位:万元

指标	总计	城镇投资	房地产开发	其他投资合计	农村投资	城镇私人	农村私人
十四、水利、环境和公共设施管理业	158 093	158 093					
水利管理业	1 442	1 442					
环境管理业	5 322	5 322					
自然保护							
环境治理							
公共设施管理业	151 329	151 329					
旅游景区管理							
十五、居民服务和其他服务业							
居民服务业							
十六、教育	38 383	38 383					
教育	38 383	38 383					
中等教育							
高等教育							
其他教育							
初等教育							
十七、卫生、社会保障和社会福利业	24 077	24 077					
卫生	24 077	24 077					
医院							
社会福利业							
提供住宿的社会福利							
十八、文化、体育和娱乐业	171 596	168 677		2 919	2 919		
新闻出版业							
出版业							
广播、电视、电影和音像业	3 604	3 204		400	400		
电影							
文化艺术业	6 321	5 302		1 019	1 019		
娱乐业	161 671	160 171		1 500	1 500		
十九、公共管理和社会组织国家机构	13 389	12 844		545	545		
国家机构	13 389	12 844		545	545		
国家行政机构							
人民法院和人民检察院							
群众团体、社会团体和宗教组织							

6—21 秀英区国民经济各行业固定资产投资

(2008 年)　　　　单位:万元

指　　标	总　计	城镇投资	房地产开发	其他投资合计	农村投资	城镇私人	农村私人
总　　计	216 249	191 718	17 569	6 962			6 962
一、农、林、牧、渔业	7 082	120		6 962			6 962
农业	6 962			6 962			6 962
水果、坚果、饮料和香料作物的种植							
林业	120	120					
林木的培育和种植							
畜牧业							
渔业							
农林牧渔服务业							
二、采矿业							
石油和天然气开采业							
三、制造业	17 312	17 312					
农副食品加工业	100	100					
水产品加工							
食品制造业	2 252	2 252					
饮料制造业	1 372	1 372					
酒的制造							
软饮料制造							
纺织业	612	612					
棉、化纤纺织及印染精加工							
针织品、编织品及其制品制造							
纺织服装、鞋、帽制造业							
木材加工及木、竹、藤、棕、草制品业							
锯材、木片加工							
印刷业和记录媒介的复制							
印刷							
文教体育用品制造业							
化学原料及化学制品制造业	672	672					
肥料制造							
合成材料制造							
日用化学产品制造							
医药制造业	11 982	11 982					
橡胶制品业							
塑料制品业							
有色金属冶炼及压延加工业							
有色金属压延加工							

6-21 续 1 (2008 年) 单位:万元

指　　标	总　计	城镇投资	房地产开发	其他投资合计	农村投资	城镇私人	农村私人
金属制品业							
结构性金属制品制造							
集装箱及金属包装容器制造							
通用设备制造业							
金属加工机械制造							
泵、阀门、压缩机及类似机械的							
专用设备制造业							
印刷、制药、日化生产专用设备							
电子和电工机械专用设备制造							
环保、社会公共安全及其他制造							
交通运输设备制造业							
汽车制造							
摩托车制造							
自行车制造							
电气机械及器材制造业							
输配电及控制设备制造							
通信设备、计算机及其他电子设备	322	322					
通讯设备制造							
广播电视设备制造							
电子器件制造							
家用视听设备制造							
仪器仪表及文化、办公用机械制造							
通用仪器仪表制造							
四、电力、燃气及水的生产和供应业							
电力、热力的生产和供应业							
电力生产							
燃气生产和供应业							
水的生产和供应业							
五、建筑业							
房屋和土木工程建筑业							
土木工程建筑							
其他建筑业							
六、交通运输、仓储及邮政业	42 706	42 706					
铁路运输业							
道路运输业							
城市公共交通业							
水上运输业	42 706	42 706					
水上旅客运输							
水上货物运输							
水上运输辅助活动							

6-21 续 2 (2008 年) 单位:万元

指 标	总 计	城镇投资	房地产开 发	其他投资合计	农村投资	城镇私人	农村私人
航空运输业							
航空客货运输							
航空运输辅助活动							
装卸搬运和其他运输服务业							
仓储业							
邮政业							
七、信息传输、计算机服务和软件业							
电信和其他信息传输服务业							
电信							
软件业							
公共软件服务							
八、批发和零售业	3 778	3 778					
批发业	3 778	3 778					
食品、饮料、烟草制品批发							
纺织、服装及日用品批发							
文化、体育用品及器材批发							
矿产品、建材及化工产品批发							
零售业							
纺织、服装及日用品专门零售							
汽车、摩托车、燃料及零配件							
九、住宿和餐饮业	341	341					
住宿业	341	341					
餐饮业							
十、金融业							
银行业							
保险业							
十一、房地产业	17 569		17 569				
房地产业	17 569		17 569				
十二、租赁和商务服务业							
商务服务业							
其他商务服务							
十三、科学研究、技术服务和地质勘察业							
研究与试验发展							
专业技术服务业							
地质勘查业							

6-21 续3　　(2008年)　　单位:万元

指　　标	总　计	城镇投资	房地产开发	其他投资合计	农村投资	城镇私人	农村私人
十四、水利、环境和公共设施管理业	35 378	35 378					
水利管理业							
环境管理业							
自然保护							
环境治理							
公共设施管理业	35 378	35 378					
旅游景区管理							
十五、居民服务和其他服务业							
居民服务业							
十六、教育	12 076	12 076					
教育	12 076	12 076					
中等教育							
高等教育							
其他教育							
初等教育							
十七、卫生、社会保障和社会福利业	15 195	15 195					
卫生	15 195	15 195					
医院							
社会福利业							
提供住宿的社会福利							
十八、文化、体育和娱乐业	58 371	58 371					
新闻出版业							
出版业							
广播、电视、电影和音像业							
电影							
文化艺术业							
娱乐业	58 371	58 371					
十九、公共管理和社会组织国家机构	6 441	6 441					
国家机构	6 441	6 441					
国家行政机构							
人民法院和人民检察院							
群众团体、社会团体和宗教组织							

6—22 龙华区国民经济各行业固定资产投资

(2008年)　　单位:万元

指　　标	总　计	城镇投资	房地产开发	其他投资合计	农村投资	城镇私人	农村私人
总　　计	877 910	372 433	500 090	5 387	400		4 987
一、农、林、牧、渔业	4 987			4 987			4 987
农业	4 987			4 987			4 987
水果、坚果、饮料和香料作物的种植							
林业							
林木的培育和种植							
畜牧业							
渔业							
农林牧渔服务业							
二、采矿业	2 676	2 676					
石油和天然气开采业	2 676	2 676					
三、制造业	18 503	18 503					
农副食品加工业							
水产品加工							
食品制造业	305	305					
饮料制造业							
酒的制造							
软饮料制造							
纺织业							
棉、化纤纺织及印染精加工							
针织品、编织品及其制品制造							
纺织服装、鞋、帽制造业							
木材加工及木、竹、藤、棕、草制品业							
锯材、木片加工							
印刷业和记录媒介的复制	74	74					
印刷							
文教体育用品制造业							
化学原料及化学制品制造业							
肥料制造							
合成材料制造							
日用化学产品制造							
医药制造业	320	320					
橡胶制品业							
塑料制品业							
有色金属冶炼及压延加工业							
有色金属压延加工							

6-22 续1 (2008年) 单位:万元

指标	总计	城镇投资	房地产开发	其他投资合计	农村投资	城镇私人	农村私人
金属制品业	9 477	9 477					
结构性金属制品制造							
集装箱及金属包装容器制造							
通用设备制造业							
金属加工机械制造							
泵、阀门、压缩机及类似机械的							
专用设备制造业							
印刷、制药、日化生产专用设备							
电子和电工机械专用设备制造							
环保、社会公共安全及其他制造							
交通运输设备制造业	8 114	8 114					
汽车制造							
摩托车制造							
自行车制造							
电气机械及器材制造业	213	213					
输配电及控制设备制造							
通信设备、计算机及其他电子设备							
通讯设备制造							
广播电视设备制造							
电子器件制造							
家用视听设备制造							
仪器仪表及文化、办公用机械制造							
通用仪器仪表制造							
四、电力、燃气及水的生产和供应业	18 974	18 974					
电力、热力的生产和供应业	18 974	18 974					
电力生产							
燃气生产和供应业							
水的生产和供应业							
五、建筑业							
房屋和土木工程建筑业							
土木工程建筑							
其他建筑业							
六、交通运输、仓储及邮政业	575	575					
铁路运输业							
道路运输业							
城市公共交通业	372	372					
水上运输业	203	203					
水上旅客运输							
水上货物运输							
水上运输辅助活动							

6-22 续 2 (2008年) 单位:万元

指 标	总 计	城镇投资	房地产开发	其他投资合计	农村投资	城镇私人	农村私人
航空运输业							
航空客货运输							
航空运输辅助活动							
装卸搬运和其他运输服务业							
仓储业							
邮政业							
七、信息传输、计算机服务和软件业	158 195	158 195					
电信和其他信息传输服务业	158 195	158 195					
电信							
软件业							
公共软件服务							
八、批发和零售业	1 176	1 176					
批发业							
食品、饮料、烟草制品批发							
纺织、服装及日用品批发							
文化、体育用品及器材批发							
矿产品、建材及化工产品批发							
零售业	1 176	1 176					
纺织、服装及日用品专门零售							
汽车、摩托车、燃料及零配件							
九、住宿和餐饮业	4 337	4 337					
住宿业	4 337	4 337					
餐饮业							
十、金融业	26 371	26 371					
银行业	26 371	26 371					
保险业							
其他金融活动							
十一、房地产业	580 808	80 718	500 090				
房地产业	580 808	80 718	500 090				
十二、租赁和商务服务业	7 196	7 196					
商务服务业	7 196	7 196					
其他商务服务							
十三、科学研究、技术服务和地质勘察业	431	431					
研究与试验发展	431	431					
专业技术服务业							
科技交流与推广服务							

6-22 续3　　(2008年)　　单位:万元

指　　标	总　计	城镇投资	房地产开发	其他投资合计	农村投资	城镇私人	农村私人
十四、水利、环境和公共设施管理业	32 221	32 221					
水利管理业							
环境管理业	3 422	3 422					
自然保护							
环境治理							
公共设施管理业	28 799	28 799					
旅游景区管理							
十五、居民服务和其他服务业							
居民服务业							
十六、教育	15 495	15 495					
教育	15 495	15 495					
中等教育							
高等教育							
其他教育							
初等教育							
十七、卫生、社会保障和社会福利业	1 177	1 177					
卫生	1 177	1 177					
医院							
社会福利业							
提供住宿的社会福利							
十八、文化、体育和娱乐业	3 604	3 204		400	400		
新闻出版业							
出版业							
广播、电视、电影和音像业	3 604	3 204		400	400		
电影							
文化艺术业							
娱乐业							
十九、公共管理和社会组织国家机构	1 184	1 184					
国家机构	1 184	1 184					
国家行政机构							
人民法院和人民检察院							
群众团体、社会团体和宗教组织							

6—23 琼山区国民经济各行业固定资产投资

(2008年)　　单位:万元

指　　标	总　计	城镇投资	房地产开发	其他投资合计	农村投资	城镇私人	农村私人
总　　计	237 328	186 028	40 796	10 504	5 553		4 951
一、农、林、牧、渔业	5 828			5 828	877		4 951
农业	4 951			4 951			4 951
水果、坚果、饮料和香料作物的种植							
林业							
林木的培育和种植							
畜牧业	340			340	340		
渔业							
农林牧渔服务业	537			537	537		
二、采矿业							
石油和天然气开采业							
三、制造业							
农副食品加工业							
水产品加工							
食品制造业							
饮料制造业							
酒的制造							
软饮料制造							
纺织业							
棉、化纤纺织及印染精加工							
针织品、编织品及其制品制造							
纺织服装、鞋、帽制造业							
木材加工及木、竹、藤、棕、草制品业							
锯材、木片加工							
印刷业和记录媒介的复制							
印刷							
文教体育用品制造业							
化学原料及化学制品制造业							
肥料制造							
合成材料制造							
日用化学产品制造							
医药制造业							
橡胶制品业							
塑料制品业							
有色金属冶炼及压延加工业							
有色金属压延加工							

6-23 续 1 (2008 年) 单位:万元

指 标	总 计	城镇投资	房地产开发	其他投资合计	农村投资	城镇私人	农村私人
金属制品业							
结构性金属制品制造							
集装箱及金属包装容器制造							
通用设备制造业							
金属加工机械制造							
泵、阀门、压缩机及类似机械的							
专用设备制造业							
印刷、制药、日化生产专用设备							
电子和电工机械专用设备制造							
环保、社会公共安全及其他制造							
交通运输设备制造业							
汽车制造							
摩托车制造							
自行车制造							
电气机械及器材制造业							
输配电及控制设备制造							
通信设备、计算机及其他电子设备							
通讯设备制造							
广播电视设备制造							
电子器件制造							
家用视听设备制造							
仪器仪表及文化、办公用机械制造							
通用仪器仪表制造							
四、电力、燃气及水的生产和供应业	838			838	838		
电力、热力的生产和供应业	838			838	838		
电力生产							
燃气生产和供应业							
水的生产和供应业							
五、建筑业							
房屋和土木工程建筑业							
土木工程建筑							
其他建筑业							
六、交通运输、仓储及邮政业	148 538	148 538					
铁路运输业	135 538	135 538					
道路运输业	13 000	13 000					
城市公共交通业							
水上运输业							
水上旅客运输							
水上货物运输							
水上运输辅助活动							

6-23 续 2　　(2008 年)　　单位:万元

指　　标	总　计	城镇投资	房地产开发	其他投资合计	农村投资	城镇私人	农村私人
航空运输业							
航空客货运输							
航空运输辅助活动							
装卸搬运和其他运输服务业							
仓储业							
邮政业							
七、信息传输、计算机服务和软件业							
电信和其他信息传输服务业							
电信							
软件业							
公共软件服务							
八、批发和零售业	774			774	774		
批发业	604			604	604		
食品、饮料、烟草制品批发							
纺织、服装及日用品批发							
文化、体育用品及器材批发							
矿产品、建材及化工产品批发							
零售业	170			170	170		
纺织、服装及日用品专门零售							
汽车、摩托车、燃料及零配件							
九、住宿和餐饮业							
住宿业							
餐饮业							
十、金融业							
银行业							
保险业							
十一、房地产业	40 796		40 796				
房地产业	40 796		40 796				
十二、租赁和商务服务业							
商务服务业							
其他商务服务							
十三、科学研究、技术服务和地质勘察业	209	209					
研究与试验发展							
专业技术服务业							
地质勘查业	209	209					

6-23 续3 (2008年) 单位:万元

指 标	总 计	城镇投资	房地产开发	其他投资合计	农村投资	城镇私人	农村私人
十四、水利、环境和公共设施管理业	18 098	18 098					
水利管理业	1 442	1 442					
环境管理业							
自然保护							
环境治理							
公共设施管理业	16 656	16 656					
旅游景区管理							
十五、居民服务和其他服务业							
居民服务业							
十六、教育	5 575	5 575					
教育	5 575	5 575					
中等教育							
高等教育							
其他教育							
初等教育							
十七、卫生、社会保障和社会福利业	2 381	2 381					
卫生	2 381	2 381					
医院							
社会福利业							
提供住宿的社会福利							
十八、文化、体育和娱乐业	9 621	7 102		2 519	2 519		
新闻出版业							
出版业							
广播、电视、电影和音像业							
电影							
文化艺术业	6 321	5 302		1 019	1 019		
娱乐业	3 300	1 800		1 500	1 500		
十九、公共管理和社会组织国家机构	4 670	4 125		545	545		
国家机构	4 670	4 125		545	545		
国家行政机构							
人民法院和人民检察院							
群众团体、社会团体和宗教组织							

6—24 美兰区国民经济各行业固定资产投资

(2008 年)

单位:万元

指标	总计	城镇投资	房地产开发	其他投资合计	农村投资	城镇私人	农村私人
总计	882 840	684 828	191 058	6 954			6 954
一、农、林、牧、渔业	7 004	50		6 954			6 954
农业	6 954			6 954			6 954
水果、坚果、饮料和香料作物的种植							
林业	50	50					
林木的培育和种植							
畜牧业							
渔业							
农林牧渔服务业							
二、采矿业							
石油和天然气开采业							
三、制造业	350	350					
农副食品加工业							
水产品加工							
食品制造业							
饮料制造业							
酒的制造							
软饮料制造							
纺织业							
棉、化纤纺织及印染精加工							
针织品、编织品及其制品制造							
纺织服装、鞋、帽制造业							
木材加工及木、竹、藤、棕、草制品业							
锯材、木片加工							
印刷业和记录媒介的复制							
印刷							
文教体育用品制造业							
化学原料及化学制品制造业							
肥料制造							
合成材料制造							
日用化学产品制造							
医药制造业							
橡胶制品业							
塑料制品业							
有色金属冶炼及压延加工业							
有色金属压延加工							

6-24 续1　　(2008年)　　单位:万元

指　　标	总　计	城镇投资	房地产开　发	其他投资合计	农村投资	城镇私人	农村私人
金属制品业							
结构性金属制品制造							
集装箱及金属包装容器制造							
通用设备制造业							
金属加工机械制造							
泵、阀门、压缩机及类似机械的							
专用设备制造业	350	350					
印刷、制药、日化生产专用设备							
电子和电工机械专用设备制造							
环保、社会公共安全及其他制造							
交通运输设备制造业							
汽车制造							
摩托车制造							
自行车制造							
电气机械及器材制造业							
输配电及控制设备制造							
通信设备、计算机及其他电子设备							
通讯设备制造							
广播电视设备制造							
电子器件制造							
家用视听设备制造							
仪器仪表及文化、办公用机械制造							
通用仪器仪表制造							
四、电力、燃气及水的生产和供应业	678	678					
电力、热力的生产和供应业							
电力生产							
燃气生产和供应业							
水的生产和供应业	678	678					
五、建筑业							
房屋和土木工程建筑业							
土木工程建筑							
其他建筑业							
六、交通运输、仓储及邮政业	447 299	447 299					
铁路运输业	100 000	100 000					
道路运输业							
城市公共交通业							
水上运输业							
水上旅客运输							
水上货物运输							
水上运输辅助活动							

6-24 续2　　　　　　　　　　(2008年)　　　　　　　　　　单位:万元

指　　标	总　计	城镇投资	房地产开发	其他投资合计	农村投资	城镇私人	农村私人
航空运输业	342 918	342 918					
航空客货运输							
航空运输辅助活动							
装卸搬运和其他运输服务业							
仓储业							
邮政业	4 381	4 381					
七、信息传输、计算机服务和软件业							
电信和其他信息传输服务业							
电信							
软件业							
公共软件服务							
八、批发和零售业							
批发业							
食品、饮料、烟草制品批发							
纺织、服装及日用品批发							
文化、体育用品及器材批发							
矿产品、建材及化工产品批发							
零售业							
纺织、服装及日用品专门零售							
汽车、摩托车、燃料及零配件							
九、住宿和餐饮业	5 041	5 041					
住宿业	5 041	5 041					
餐饮业							
十、金融业	3 508	3 508					
银行业	3 508	3 508					
保险业							
其他金融活动	228 758	37 700	191 058				
十一、房地产业	228 758	37 700	191 058				
房地产业	3 151	3 151					
十二、租赁和商务服务业	3 151	3 151					
商务服务业							
其他商务服务	3 000	3 000					
十三、科学研究、技术服务和地质勘察业							
研究与试验发展							
专业技术服务业	3 000	3 000					
科技交流与推广服务							

6-24 续3 (2008年) 单位:万元

指标	总计	城镇投资	房地产开发	其他投资合计	农村投资	城镇私人	农村私人
十四、水利、环境和公共设施管理业	72 396	72 396					
水利管理业							
环境管理业	1 900	1 900					
自然保护							
环境治理							
公共设施管理业	70 496	70 496					
旅游景区管理							
十五、居民服务和其他服务业							
居民服务业							
十六、教育	5 237	5 237					
教育	5 237	5 237					
中等教育							
高等教育							
其他教育							
初等教育							
十七、卫生、社会保障和社会福利业	5 324	5 324					
卫生	5 324	5 324					
医院							
社会福利业							
提供住宿的社会福利							
十八、文化、体育和娱乐业	100 000	100 000					
新闻出版业							
出版业							
广播、电视、电影和音像业							
电影							
文化艺术业							
娱乐业	100 000	100 000					
十九、公共管理和社会组织国家机构	1 094	1 094					
国家机构	1 094	1 094					
国家行政机构							
人民法院和人民检察院							
群众团体、社会团体和宗教组织							

6—25 固定资产投资新增生产能力及效益

(2008 年)

单位:万元

能力名称	单位	数量
飞机购置	架	14
输电线路长度	(公里)	411.66
新建公路	(公里)	68.8
其中:高速公路	(公里)	34.4

6—26 国民经济各行业城镇投资施工和全部建成投产项目个数

指　　标	2007年		2008年	
	施工项目	全部建成项目	施工项目	全部建成项目
总　　计	230	51	201	32
农、林、牧、渔业	13	7	6	1
采矿业	1		1	1
制造业	18	2	16	
电力、煤气及水的生产和供应业	7	1	4	1
建筑业				
交通运输、仓储及邮政业	15	4	12	
信息传输、计算机服务和软件业	16	1	15	4
批发和零售业	6	1	4	
住宿和餐饮业	2	1	4	
金融业	2	1	2	
房地产业	4		10	2
租赁和商业服务业	4		3	
科学研究、技术服务和地质勘察业	5		3	
水利、环境和公共设施管理业	49	12	40	5
居民服务和其他服务业				
教育	42	7	37	4
卫生、社会保障和社会福利业	16	7	9	
文化、体育和娱乐业	12	3	20	12
公共管理和社会组织	18	4	15	2

6—27 按构成分的城镇、农村投资

(2008年)　　单位:万元

指　　标	合　计	建筑工程	安装工程	设备、工器具购置	其他费用
总　　计	1 440 960	688 425	45 683	502 141	204 711
一、按隶属关系分					
中央	69 260	32 519	6 241	26 032	4 468
省	411 819	314 207	13 602	55 343	28 667
地区	316 930	201 453	2 617	4 764	108 096
县	8 138	6 478			1 660
其他	634 813	133 768	23 223	416 002	61 820
二、按建筑性质分					
新建	811 746	566 803	34 543	107 605	102 795
扩建	70 776	25 034	7 502	20 492	17 748
改建	165 747	70 491	3 638	7 450	84 168
单纯建造生活设施	23 017	23 017			
迁建	3 080	3 080			
恢复					
单纯购置	366 594			366 594	
三、按建设阶段分					
筹建					
本年正式施工	1 074 366	688 425	45 683	135 547	204 711
本年收尾					
全部停缓建					
单纯购置	366 594			366 594	

6—28 房地产业投资情况

单位:万元

指　　标	1995 年	2000 年	2006 年	2007 年	2008 年
一、投资总额	264 084	92 238	504 730	599 709	749 513
按构成分					
建筑工程	214 148	64 119	305 267	382 620	484 691
安装工程	11 020	7 461	29 106	31 431	78 680
设备、工器具购置	7 664	3 707	6 520	15 525	17 464
其他费用	31 352	16 951	163 837	170 133	168 678
按用途分					
住　宅	129 556	65 626	283 741	396 536	553 579
办公楼	31 984	3 417	9 335	24 871	25 221
商业营业用房	66 172	9 222	49 830	65 378	56 993
其　　他	36 372	13 973	161 824	112 924	113 720
二、本年资金来源合计	373 520	101 643	850 513	1 181 308	1 355 697
上年末结余资金	120 210	7 918	148 477	260 326	259 790
本年资金来源小计	253 310	93 725	702 036	920 982	1 095 907
国家预算内资金					
国内贷款	69 087	8 300	69 650	128 655	151 324
债　　券		500			
利用外资	41 828	648	196 248	2 930	41 372
#外商直接投资	36 948	161	186 672	2 923	41 372
自筹资金	66 458	40 564	137 203	308 569	287 902
#自有资金	16 813	29 028	96 770	150 214	160 546
其他资金来源	75 937	43 713	298 935	480 828	615 309
#集资	6 694				
定金及预收款	42 667	43 101	218 398	365 785	333 605
三、本年各项应付款合计	53 601	12 386	66 136	128 622	252 705
#工程款	25 000	8 149	41 030	72 333	68 380
设备、器材款	2 257	441			
四、本年新增固定资产	50 628	67 408	155 825	227 684	331 860

6—29 按构成分的房地产投资

(2008 年) 单位:万元

指　　标	合　计	建筑工程	安装工程	设备、工器具购置	其他费用
总　　计	749 513	484 691	78 680	17 464	168 678
一、按注册类型分					
内资	617 121	413 207	75 361	15 004	113 549
国　有	17 631	17 297	230	104	
集　体	518	82	157		279
股份合作	32 630	25 798	970	411	5 451
国有联营	833				833
集体联营					
国有独资公司	33 072	12 960	5 910	543	13 659
其他有限责任公司	287 613	173 700	50 028	12 904	50 981
股份有限公司	26 694	14 579	2 265	30	9 820
私营独资					
私营有限责任公司	206 250	159 735	14 233	644	31 638
私营股份有限公司	302	249			53
其他内资	11 578	8 807	1 568	368	835
港澳台投资	81 466	30 095	1 492	2 278	47 601
港澳台合资经营	10 503	7 397	288	2 173	645
港澳台合作经营	3 872				3 872
港澳台独资	67 091	22 698	1 204	105	43 084
外商投资	50 926	41 389	1 827	182	7 528
外商合资经营	12 653	11 523	733		397
外商独资	22 022	17 802	132	182	3 906
外商股份有限	16 251	12 064	962		3 225
二、按隶属关系分	749 513	484 691	78 680	17 464	168 678
中央	8 473	8 089		60	324
省	149 090	107 383	7 533	571	33 603
地区	98 260	62 317	17 491	3 565	14 887
县	10 429	8 194		411	1 824
其他	483 261	298 708	53 656	12 857	118 040
三、资质等级分	749 513	484 691	77 680	18 464	168 678
二级	38 551	36 109	842	119	1 481
三级	59 157	43 987	4 206	1 882	9 082
四级	62 292	36 533	22 361	658	2 740
暂定	471 704	335 348	39 172	9 572	87 612
其他	117 809	32 714	11 099	6 233	67 763

6—30 按用途分的房地产投资

(2008 年)　　单位:万元

指　　标	总　计	住　宅	办公楼	商业营业用房	其　他
总　　计	749 513	553 579	25 221	56 993	113 720
一、按注册类型分					
内资	617 121	480 785	22 021	54 433	59 882
国　有	17 631	12 961		3 487	1 183
集　体	518	289		229	
股份合作	32 630	31 962		437	231
国有联营	883	783		50	50
集体联营					
国有独资公司	33 072	21 867	11 021		184
其他有限责任公司	288 613	208 083	9 940	35 662	34 928
股份有限公司	26 694	21 707			4 987
私营	500	500			
私营有限责任公司	204 700	170 757	1 060	14 566	18 317
私营股份有限公司	302	302			
其他内资	11 578	11 574		2	2
港澳台投资	81 466	22 778	3 050	2 210	53 428
港澳台合资经营	10 503	8 427	1 036	900	140
港澳台合作经营	3 872				3 872
港澳台独资	67 091	14 351	2 014	1 310	49 416
外商投资	50 926	50 016	150	350	410
外商合资经营	12 653	12 253	150	150	100
外商独资	22 022	21 812		200	10
外商股份有限	16 251	15 951			300
二、按隶属关系分	749 513	553 579	25 221	56 993	113 720
中央	8 473	7 689		300	484
省	149 090	120 505	11 674	6 055	10 856
地区	99 260	88 032	558	6 097	4 573
县	10 429	10 429			
其他	482 261	326 924	12 989	44 541	97 807
三、按资质等级分	749 513	553 579	25 221	56 993	113 720
二级	38 551	31 616	150	851	5 934
三级	59 157	52 759	100	1 449	4 849
四级	62 292	59 775		1 927	590
暂定	472 704	370 529	23 377	37 281	41 517
其他	116 809	38 900	1 594	15 485	60 830

6—31 房地产施工、销售情况

指　　标	2000年	2005年	2006年	2007年	2008年
一、房屋施工面积(平方米)	1 323 888	6 941 026	7 109 175	6 867 505	6 667 414
住宅	1 165 115	5 544 305	5 558 253	5 409 960	5 127 963
#别墅、高档公寓	428 493	429 180	1 359 258	1 497 351	1 732 022
经济适用房	183 917	453 062	184 237	235 403	107 919
办公楼	41 593	151 740	220 564	213 075	358 706
商业营业用房	97 133	1 001 453	1 001 069	875 564	782 872
其他	20 047	243 528	329 289	368 906	397 873
二、本年新开工面积(平方米)	286 674	2 027 448	1 600 359	2 000 258	1 962 395
住宅	266 424	1 476 357	1 335 318	1 705 123	1 488 173
#别墅、高档公寓	69 507	201 204	347 594	546 275	649 711
经济适用房	15 222	61 229	0	30 000	
办公楼	4 170	14 691	62 735	51 428	216 929
商业营业用房	12 680	468 742	135 184	159 466	139 190
其他	3 400	67 658	67 122	84 241	118 103
三.竣工房屋面积(平方米)	336 548	1 103 235	802 208	1 300 193	1 136 665
住宅	312 808	969 068	544 908	1 117 754	877 732
#别墅、高档公寓	88 130		6 793	257 594	274 476
经济适用房	44 869	142 112	19 675	153 461	
办公楼	10 783	15 635	18 957	36 244	29 507
商业营业用房	5 920	92 842	196 010	101 841	124 208
其他	7 037	25 690	42 333	44 354	105 218
四.商品房实际销售面积(平方米)	405 732	1 925 290	1 416 425	1 704 645	1 706 047
住宅	381 423	1 790 879	1 334 760	1 623 940	1 627 359
#别墅、高档公寓	75 000	232 026	208 122	302 810	437 406
经济适用房	38 505	168 920	39 051	55 885	3 248
办公楼	12 932	19 210	8 851	34 240	13 431
商业营业用房	10 129	111 337	69 592	44 738	60 598
其他	1 248	3 864	3 222	1 727	4 659
五.商品房实际销售额(万元)	81 329	510 232	394 588	599 306	783 838
住宅	75 584	452 880	356 819	552 569	731 710
#别墅、高档公寓	32 241	86 064	73 382	152 162	277 744
经济适用房	5 002	33 770	7 976	12 472	844
办公楼	3 983	5 225	2 830	16 483	7 832
商业营业用房	1 613	51 105	32 960	29 664	42 588
其他	149	1 022	1 979	590	1 708
六、商品房空置面积(平方米)	558 797	582 675	652 718	361 545	160 603
住宅	428 134	325 916	373 283	215 067	92 331
#别墅、高档公寓	25 101	25 585	18 071	34 600	35 850
经济适用房		62 506	26 680	2 832	13 429
办公楼	69 106	70 224	17 438	40 944	8 187
商业营业用房	37 689	153 770	212 266	71 661	37 915
其他	23 868	32 765	49 731	33 873	22 170

6—32 建筑施工企业生产情况

指　　标	单位	1995年	2000年	2006年	2007年	2008年
建筑业总产值	万元	90 464	236 012	543 358	627 678	766 057
#建筑产值	万元	80 394	211 542	481 320	549 023	660 579
安装产值	万元	8 157	24 280	50 245	67 664	95 035
其他产值	万元	1 913	190	11 790	10 990	10 443
竣工产值	万元	50 941	123 606	397 266	332 801	395 989
施工面积	平方米	2 355 146	2 545 127	6 459 817	7 016 820	7 107 201
#新开工面积	平方米	823 423	1 123 498	3 125 738	3 975 285	3 445 900
实行投标承包面积	平方米	1 065 768	2 156 628	4 506 865	4 824 646	6 222 604
竣工面积	平方米	533 753	953 949	2 238 675	1 842 255	2 062 909
年末自有机械设备净值	万元	187 423	205 338	25 425	19 706	27 701
年末自有机械设备总台数	台	3 462	8 219	11 881	10 400	11 543
年末自有机械设备总功率	千瓦	87 300	188 768	351 905	234 955	218 378
计算劳动生产率的平均人数	人	34 403	35 547	57 629	59 771	61 072

注:2003年不含外省驻琼企业。

6—33 建筑施工企业生产情况

指　　标	单位	1995 年	2000 年	2006 年	2007 年	2008 年
一、实收资本	万元	29 681	97 668	154 273	165 550	154 876
二、年末资产负债						
流动资产	万元	125 298	324 022	372 880	342 182	471 646
#存货	万元	46 694	73 643	46 725	36 790	79 455
固定资产合计	万元	35 171	81 411	143 975	64 532	61 688
固定资产原价	万元	40 834	116 468	158 853	80 880	79 899
#生产经营用	万元	23 196	89 321	114 328	59 190	60 735
累计折旧	万元	68 408	35 057	22 401	20 705	22 895
#本年折旧	万元	698	4 986	4 205	2 687	3 824
资产总计	万元	167 753	437 020	545 430	425 961	560 270
流动负债	万元	131 801	265 208	191 745	204 694	320 279
长期负债	万元	10 543	15 794	109 849	31 085	2 538
负债合计	万元	142 344	281 002	301 594	235 780	322 817
所有者权益	万元	25 409	156 018	243 836	190 181	237 453
三、损益及分配						
工程结算收入	万元	80 496	211 174	480 785	580 797	837 508
工程结算成本	万元	70 355	187 664	432 554	518 367	745 915
工程结算税金及附加	万元	5 000	7 481	28 031	18 713	27 890
工程结算利润	万元	5 141	16 029	32 851	31 869	50 075
其他业务利润	万元	690	997	848	438	640
管理费用	万元	4 972	14 140	16 159	16 771	19 643
利润总额	万元	-90	1 817	13 976	15 090	30 447
#应交所得税	万元	113	717	2 388	3 516	3 528
四、工资福利费						
本年应付工资总额	万元	15 243	21 354	53 059	64 975	107 003
本年应付福利总额	万元	1 256	1 289	6 012	3 799	3 644

6—34 按经济类型分的

(2008

指　　标	单位	合　计	国有企业	集体企业
建筑业总产值	万元	766 057	475 238	56 378
#装饰装修产值	万元	20 202	6 323	
在外省完成产值	万元	31 392	18 172	
#建筑工程产值	万元	660 579	459 785	49 944
安装工程产值	万元	95 035	15 116	
其他产值	万元	10 443	337	6 433
竣工产值	万元	395 989		
施工面积	平方米	7 107 201	4 952 848	593 628
#新开工面积	平方米	344 590	2 298 705	207 753
实行投标承包面积	平方米	6 222 604	4 728 445	401 286
#新开工面积	平方米	3 056 088	2 276 795	204 943
竣工面积	平方米	2 062 909		
年末自有机械设备净值	万元	27 701	14 397	3 417
年末自有机械设备总台数	台	11 543	4 758	826
年末自有机械设备总功率	千瓦	218 378	105 839	22 953
计算劳动生产率的平均人数	人	61 072	38 260	3 980

建筑施工企业生产情况

年)

联营企业	有限责任	股份公司	私营企业	外商企业
6 910	119 309	8 517	98 300	119
	10 391	1 492	1 995	
	2 451		8 917	
	74 352	7 012	69 484	
	42 817	1 492	27 993	119
6 910	2 144	13	823	
	677 914	64 383	818 428	
	492 637	60 476	386 329	
	457 460	41 576	593 837	
	347 662	41 576	185 112	
	5 971	131	2 837	
	1 765	36	4 132	
	51 905	921	36 200	
53	8 599	813	8 956	60

6—35 按行业分的

(2008

指　　标	单位	合　计	房屋和土木工程	#房屋工程
建筑业总产值	万元	766 057	622 837	584 325
#装饰装修产值	万元	20 202	6 323	6 323
在外省完成产值	万元	31 392	21 358	20 378
#建筑工程产值	万元	660 579	601 636	574 366
安装工程产值	万元	95 035	12 853	9 549
其他产值	万元	10 443	8 348	409
竣工产值	万元	395 989		
施工面积	平方米	7 107 201	6 791 738	6 791 738
#新开工面积	平方米	3 445 900	3 204 130	3 204 130
实行投标承包面积	平方米	6 222 604	6 028 105	6 028 105
#新开工面积	平方米	3 056 088	2 866 571	2 866 571
竣工面积	平方米	2 062 909		
年末自有机械设备净值	万元	27 701	22 273	17 772
年末自有机械设备总台数	台	11 543	9 407	5 880
年末自有机械设备总功率	千瓦	218 378	187 723	161 735
计算劳动生产率的平均人数	人	61 072	51 343	48 391

建筑施工企业生产情况

年)

土木工程	#铁路道路	水利港口	建筑安装	建筑装饰	其他建筑
38 511			91 190	13 573	38 455
			255	12 223	1 400
980			8 638	1 396	
27 269			26 013	8 368	24 561
3 303			64 829	3 458	13 894
7 938			348	1 746	
			276 101		39 362
			207 052		34 718
			157 762		36 737
			157 424		32 093
4 501			3 060	856	1 511
3 527			1 608	441	87
25 988			16 903	11 544	2 208
2 952			5 865	1 156	2 708

6—36 按经济类型分的

(2008

指　　标	单位	合　计	国有企业	集体企业
一、年末资产负债				
流动资产	万元	471 646	163 439	19 070
长期投资	万元	12 120	2 791	
固定资产合计	万元	61 688	29 002	4 871
固定资产原价	万元	79 899	37 130	6 345
#生产经营用	万元	60 735	22 789	6 258
累计折旧	万元	22 895	9 490	1 553
#本年折旧	万元	3 824	1 606	172
无形及递延资产	万元	12 749	2 636	
其他资产	万元	169	54	
资产总计	万元	560 270	199 144	23 941
流动负债	万元	320 279	144 158	12 905
长期负债	万元	2 538	62	
负债合计	万元	322 817	144 221	12 905
所有者权益	万元	237 453	54 922	11 035
二、损益及分配				
工程结算收入	万元	837 508	547 077	57 640
工程结算成本	万元	745 915	505 778	51 815
工程结算税金及附加	万元	27 890	18 203	1 902
工程结算利润	万元	50 075	14 509	2 960
其他业务收入	万元	979	475	13
其他业务利润	万元	640	193	13
管理费用	万元	19 643	8 721	699
财务费用	万元	15	–217	–5
营业利润	万元	31 056	6 195	2 279
利润总额	万元	30 447	5 876	2 272
三、工资、福利费				
应付工资总额	万元	107 003	67 052	10 688
应付福利总额	万元	3 644	2 224	21

建筑施工企业财务情况

年)

联营企业	有限责任	股份公司	私营企业	外商企业
1 081	140 446	27 275	109 563	2 549
	3 777	1 777	3 705	
617	12 036	1 372	11 813	5
367	17 719	1 866	15 113	10
	17 131	1 318	12 218	
131	59 621	494	4 637	4
17	1 080	97	831	1
	380	43		6 914
	96	2	16	
1 698	157 281	30 586	125 117	12 169
955	84 432	12 553	57 293	1 813
	1 397	1 077		
955	85 829	13 630	57 293	1 813
743	71 451	16 955	67 823	10 355
925	118 452	10 278	95 513	119
756	96 269	8 619	76 745	89
44	3 800	390	3 402	2
101	16 205	1 080	13 796	24
	419		65	
	389		38	
84	5 382	435	3 685	4
	49	–1	159	
17	11 163	646	9 990	19
17	11 155	634	9 781	19
80	14 395	1 593	12 933	78
	179	26	1 167	

6—37 按行业分的

(2008

指　　标	单位	合　计	房屋和土木工程	#房屋工程
一、年末资产负债				
流动资产	万元	471 646	315 454	259 690
长期投资	万元	12 120	6 379	6 137
固定资产合计	万元	61 688	38 324	25 092
固定资产原价	万元	79 899	51 084	34 966
#生产经营用	万元	60 735	41 973	29 559
累计折旧	万元	22 895	14 221	10 128
#本年折旧	万元	3 824	2 017	1 678
无形及递延资产	万元	12 749	12 628	12 258
其他资产	万元	169	75	72
资产总计	万元	560 270	374 137	303 367
流动负债	万元	320 279	228 248	181 447
长期负债	万元	2 538	1 319	1 127
负债合计	万元	322 817	229 568	182 574
所有者权益	万元	237 453	144 568	120 793
二、损益及分配				
工程结算收入	万元	837 508	691 322	660 730
工程结算成本	万元	745 915	625 422	599 907
工程结算税金及附加	万元	27 890	23 013	21 900
工程结算利润	万元	50 075	31 952	28 668
其他业务收入	万元	979	265	146
其他业务利润	万元	640	166	56
管理费用	万元	19 643	10 503	8494
财务费用	万元	15	−183	−190
营业利润	万元	31 056	21 799	20 420
利润总额	万元	30 447	21 398	20 056
三、工资、福利费				
应付工资总额	万元	107 003	95 960	93 509
应付福利总额	万元	3 644	3 338	3 269

建筑施工企业财务情况

年)

土木工程	#铁路道路	水利港口	建筑安装	建筑装饰	其他建筑
55 764			91 420	31 359	33 412
242			1 786	3 480	474
13 232			14 888	6 153	2 321
16 117			18 401	7 084	3 329
12 413			10 613	5 279	2 868
4 092			5 406	2 011	1 256
339			1 219	237	350
370			76		43
3			93		
70 769			108 332	41 548	36 252
46 801			49 355	25 090	17 584
192				41	1 176
46 994			49 355	25 132	18 760
23 775			58 977	16 416	17 491
30 591			94 125	12 777	39 283
25 514			77 668	10 133	32 692
1 113			2 921	693	1 262
3 284			11 721	1 771	4 630
118			703		10
110			463		10
2 009			6 712	883	1 543
6			166	25	6
1 379			5 304	861	3 090
1 341			5 112	847	3 089
2 451			6 079	1 446	3 517
69			185	67	53

6—38 全社会住宅建设投资和竣工住宅建筑面积

指　　标	1987 年	2000 年	2006 年	2007 年	2008 年
一、住宅投资(万元)	11 644	162 865	314 960	445 641	628 169
国有经济单位	7 386	56 342	25 561	55 700	89 787
集体经济单位	224	11 535	18 263	12 503	639
城乡个人	4 034	36 786	12 705	19 682	18 863
其他经济单位		58 202	258 431	357 756	518 880
二、竣工住宅建筑面积(万平方米)	52.34	134.85	97.32	150.36	133.10
国有经济单位	19.21	61.12	24.07	14.8	6.88
集体经济单位	1.78	4.85	5.1	9.2	5.35
城乡个人	31.35	43.57	27.12	31.89	43.47
其他经济单位		25.31	41.03	94.47	77.4

6—39 城市基础设施投资情况

单位:万元

指　　标	1987 年	2000 年	2006 年	2007 年	2008 年
总　计	74 260	62 464	189 077	187 133	200 395
供　水	9 323	969	970	1 650	678
煤　气	7 528	13 674	303	833	969
排　水	1 732	427			3 237
道　路	53 711	8 269	136 919	102 416	103 235
桥　梁	1 002	9 114	19 222	8 980	10 493
公　交		1 461			665
绿　化	256	1 315	297	149	4 441
环　卫		9 243	7 207	3 735	3 422
污　水		7 057	1 333	6 338	1 900
防　洪		8 945	5 252	6 482	2 130
其　他	708	1 990	17 574	56 190	69 225

注:2005、2006 年度排水、污水投资合并为污水投资。

HAIKOU STATISTICAL YEARBOOK

交通运输和邮电通讯

TRANSPORTATION,POST AND TELECOMMUNICATION

7

chapter 7

7—1 海口市民用车辆拥有量

（2008年）

指标	代码	总计			总计中			报废
			营运	非营运	进口	个人	新注册	
甲	乙	1	2	3	4	5	6	7
合计	01	287 966	24 389	263 577	14 937	233 890	29 019	1 503
一、汽车	02	152 788	24 294	128 494	14 116	104 777	26 673	1 485
载客汽车	03	122 738	6 308	116 430	13 383	85 976	22 477	454
#大型	04	4 637	3 171	1 466	400	404	508	31
中型	05	3 311	500	2 811	520	1 020	223	72
小型	06	112 048	2 626	109 422	12 431	82 324	21 649	349
微型	07	2 742	11	2 731	32	2 228	97	2
#轿车	08	86 147	2 313	83 834	7 474	67 794	17 369	220
载货汽车	09	25 131	14 675	10 456	536	15 691	3 626	1 018
#重型	10	1 740	1 211	529	31	607	157	137
中型	11	1 855	1 352	503	0	1 099	173	127
轻型	12	20 248	10 967	9 281	505	12 957	3 239	564
微型	13	1 288	1 145	143	0	1 028	57	190
#普通载货	14	13 186	5 448	7 738	501	7 966	1 667	682
其他汽车	15	4 919	3 311	1 608	197	3 110	570	13
#三轮汽车	16	2 211	2 160	51	0	2 204	102	0
低速货车	17	538	411	127	0	521	147	0
二、电车	18							
无轨	19							
轻便	20							
三、摩托车	21	135 086	39	135 047	818	129 086	2 320	11
普通	22	133 914	39	133 875	817	127 988	2 320	11
轻便	23	1 172	0	1 172	1	1 098	0	0
五、拖拉机	24							
大中型	25							
小型方向盘性	26							
六、挂车	27	92	56	36	3	27	26	7
七、其他类型车	28							

补充资料：机动车驾驶员（29）413326人，其中：汽车驾驶员（30）326398人。

7—2 独立核算港口企业主要设备

(2008 年)

指　　标	单　位	总　计	按经济类型分		
			国有经济	集体经济	其他经济
港口设备					
码头长度	米	3 492	3 492		
#生产用	米	3 238	3 238		
泊位个数	个	41	41		
#生产用	个	40	40		
#万吨级	个	5	5		
仓库总面积	平方米	52 500	52 500		
容量	吨	84 897	84 897		
堆场总面积	平方米	284 128	284 128		
容量	吨	838 020	838 020		

7—3 独立核算水上运输企业运输工具

(2008 年)

指　　标	单　位	总　计	按经济类型分		
			国有经济	集体经济	其他经济
一、机动船	艘	109	23	67	19
载客量	客位	11 344	11 168	176	
净载重量	吨位	747 510	49 329	337 870	360 311
总功率	千瓦	283 080	71 511	110 361	101 208
(一)客船	艘	2	2		
载客量	客位	1 124	1 124		
功率	千瓦	3 257	3 257		
(二)客货船	艘	19	18	1	
载客量	客位	10 220	10 044	176	
净载重量	吨位	23 956	23 064	892	
功率	千瓦	66 176	65 294	882	
(三)货船	艘	88	3	66	19
净载重量	吨位	723 554	26 265	336 978	360 311
功率	千瓦	213 647	2 960	109 479	101 208
(四)拖船	艘				
功率	千瓦				
二、驳船	艘				
载客量	客位				
净载重量	吨位				
三、帆船	艘				
净载重量	吨位				

7—4 旅客、货物运输量

指　　标	1987 年	2000 年	2006 年	2007 年	2008 年
一、旅客运输量(万人)	1 569	8 452	15 835.9	17 440.6	20 765.1
公　路	1 298.5	7 676	14 478	15 811	19 110
水　运	254	304	410.2	462.4	443.2
民用航空	16.5	472	877.4	1 110.1	1 131.5
铁　路			70.3	57.1	80.4
二、旅客周转量(万人公里)	80 158	814 587	1 720 004	2 156 400	2 293 319
公　路	64 224	238 298	404 611	472 554	515 858
水　运	7 257	25 414	17 983	20 588	19 081
民用航空	8 677	550 875	1 279 031	1 638 813	1 721 962
铁　路			18 379	24 445	36 418
三、货物运输量(万吨)	466.1	3 448	5 593.7	6 607.8	7 627.5
公　路	420.6	1 650	1542	1 669	2 368.0
水　运	45.4	1 789	3 342.1	4 231.5	4 671.2
民用航空	0.1	8.5	13.9	15.5	15.1
铁　路			695.7	691.8	573.2
四、货物周转量(万吨公里)	28 413	2 742 691	4 431 553	5 309 676	5 557 904
公　路	14 996	67 507	102 828	118 717	167 227
水　运	13 350	2 663 556	4 184 580	5 058 489	5 261 629
民用航空	67	11 628	24 948	28 069	29 855
铁　路			119 197	104 401	99 193

7—5 港口旅客、货物吞吐量

指　　标	1987年	2000年	2006年	2007年	2008年
一、旅客吞吐量(万人)	300.7	549.1	652.4	712.01	705.31
海口港	39.3	163.5	491.5	520.33	526.5
新　港	261.4	385.6			
粤海南港			160.9	191.68	178.81
(一)进港量	147.8	252.7	328.4	552.54	322.43
海口港	20.6	73.8	237.7	249.26	244.2
新　港	127.2	178.9			
粤海南港			90.7	96.58	78.23
(二)离　港	152.9	296.4	324	366.17	382.88
海口港	18.7	89.7	253.8	271.07	282.3
新　港	134.2	206.7			
粤海南港			70.2	95.1	100.58
二、货物吞吐量(万吨)	267.4	1 367.4	3 018.8	3 617.99	3 813.23
海口港	198.0	807.6	2 126.6	2 372.57	2 613.8
新　港	69.4	500.3			
海甸港		26.5	37	54.68	43.76
其他各小港		33			
粤海南港			855.2	1 190.74	1 155.67
(一)进港量	173.1	727.8	1 515.3	1 874.34	2 024.13
海口港	133.8	423.6	1 122.5	1 247.07	1 404.1
新　港	39.3	265.2			
海甸港		6.4	35.6	53.3	42.87
其他各小港		32.6			
粤海南港			357.2	573.97	577.16
(二)离　港	94.3	639.6	1 503.5	1 743.65	1 789.1
海口港	64.2	384	1 004.1	1 125.5	1 209.7
新　港	30.1	235.1			
海甸港		20.1	1.4	1.38	0.89
其他各小港		0.4			
粤海南港			498	616.77	578.51

注:新港数据以 2006 年起合并到海口港。

7—6 邮政电信业务情况

指　　标	单　位	1987 年	2000 年	2006 年	2007 年	2008 年
邮电局、所	处	48	117	110	110	110
邮路长度(单程)	公里	2 160	25 771	26 978	34 016	56 627
#航空邮路(单程)	公里		23 040	20 383	27 421	50 307
长途电话电路	路	231	19 451	15 552	18 080	18 080
农村投递路线总长度	公里	358	160	3 051	3 051	3 051
邮电计费业务总量	万元	1 169.5	183 479	405 681	580 252	767 972
函件	万件	665.3	1 425.4			
包裹	万件	25.4	22.6			
汇票	万张	30.0	76.7			
特快专递	万件	94.5	34.2			
邮政储蓄平均余额	万元					
市内电话用户	户	5 218	214 711	1 074 800	1 153 500	1 120 300
#:住户电话	户			340 100	427 500	477 300
公用电话	户			99 957	127 030	147 900
无线寻呼用户	户					
移动电话用户	户			1 104 318	1 483 490	1 609 676
年末电话机总数	部	9 554	380 437	1 074 800	1 153 500	1 120 300
年末电话交换机总数	门	12 065	493 869	1 287 600	1 287 600	1 170 100

注:函件、包裹、汇票、特快专递等指标根据企业商业秘密的要求,从 2006 年起不再刊订。

海口统计年鉴

HAIKOU STATISTICAL YEARBOOK

DOMESTIC TRADE 国内贸易

8
chapter 8

8—1 历年社会消费品零售总额

单位:万元

年份	社会消费品零售总额	批发零售贸易业	住宿餐饮业	其他
1987	78 888	66 770	7 760	4 358
1988	132 533	104 562	19 852	8 119
1989	153 739	113 346	20 043	20 350
1990	155 215	128 609	20 807	5 799
1991	184 396	149 618	26 491	8 287
1992	288 765	216 897	41 116	30 752
1993	413 801	319 983	56 505	37 313
1994	495 509	381 624	63 686	50 199
1995	553 979	427 013	89 880	37 086
1996	581 290	441 105	93 026	47 159
1997	612 912	457 426	88 282	67 204
1998	631 299	481 670	98 947	50 682
1999	676 753	531 138	106 071	39 544
2000	753 226	600 186	117 315	35 725
2001	834 575	661 646	129 920	43 009
2002	926 378	736 662	141 158	48 558
2003	1 031 059	831 949	146 522	52 588
2004	1 209 432	977 457	173 922	58 053
2005	1 384 452	1 125 673	195 836	62 943
2006	1 613 497	1 334 363	211 489	67 645
2007	1 893 831	1 593 264	227 891	72 676
2008	2 347 452	1 995 760	275 460	76 232

注:2003 年前社会消费品零售总额按 2004 年第一次经济普查口径调整。

8—2 分区社会消费品零售总额

(2008 年)

单位:万元

地区	社会消费品零售总额	批发零售贸易业	住宿餐饮业	其他
总计	2 347 452	1 995 760	275 460	76 232
秀英区	852 511	789 906	51 208	11 397
龙华区	712 940	588 742	97 806	26 392
琼山区	204 119	145 224	42 050	16 845
美兰区	577 882	471 888	84 396	21 598

8—3 限额以上批发零售贸易业商品销售总额和分类销售额

(2008 年)　　单位:万元

指　　标	批发业		零售业	
	销售额	零　售	销售额	零　售
总　　计	2 842 180	115 762	1 381 455	1 104 997
食品、饮料、烟酒类	817 835	4 149	66 825	65 393
(1)食品类	127 876		49 079	48 507
其中:粮油类	119 587		16 212	16 179
肉禽蛋类			19 664	19 664
(2)饮料类	3 511		10 407	9 547
(3)烟酒类	686 448	4 149	7 339	7 339
服装鞋帽、针、纺织品类	30 990	45	60 538	59 032
(1)服装类	25 427		43 895	42 789
(2)鞋帽类	177		11 086	10 806
(3)针、纺织品类	5 386	45	5 557	5 437
化妆品类	3 772		15 506	15 506
金银珠宝类			13 868	13 582
日用品类	21 876		17 562	17 478
其中:洗涤用品类	12 224		7 583	7 583
儿童玩具类	268		955	955
五金、电料类	7 351	52	1 594	1 594
体育、娱乐用品类	117		4 144	4 143
书报杂志类	27 288	4 125	3 017	3 017
电子出版物及音像制品类			1 684	1 684
家用电器和音像器材类	34 445		84 299	83 807
中西药品类	366 251	438	4 907	4 907
其中:西药类	322 864	395	2 388	2 388
中草药及中成药类	25 627	43	2 319	2 319
文化办公用品类	32 498	5 338	25 323	18 186
家俱类	253		3 953	3 953
通讯器材类			15 373	9 404
煤炭及制品类	27 298			
木材及制品类	3 830		210	210
石油及制品类	241 244	98 455	750 304	499 425
化工材料及制品类	323 976	336		
其中:化肥类	54 426			
金属材料类	138 589			
建筑及装潢材料类	10 196			
机电产品及设备类	33 394	2 219	3 512	472
其中:农机类	1 738		30	
汽车类	605 333	605	295 620	290 038
种子饲料类	15 859			
其他类	99 785		13 216	13 166

HAIKOU STATISTICAL YEARBOOK

9 chapter 9

能源和水消费

CONSUMPTION OF ENERGIES AND WATER

9—1 规模以上工业企业主要能源消费量

年份	煤炭（吨）	煤油（吨）	燃料油（吨）	汽油（吨）	柴油（吨）	电力（万千瓦时）
1991	510 184	9		16 829	28 433	23 007
1992	772 645	58		17 593	45 167	23 384
1993	940 552	138		33 625	63 231	35 311
1994	1 048 419	94	22 127	19 508	82 531	40 534
1995	1 181 682	77 445	41 641	18 609	72 570	48 920
1996	905 010	90 750	53 244	76 711	95 034	50 680
1997	827 879	104 284	44 444	24 428	66 262	45 774
1998	1 121 414	103	10 169	2 277	13 202	43 121
1999	46 777	14	12 590	1 994	8 516	28 013
2000	49 951	10	12 676	2 173	7 597	28 163
2001	38 873	216	14 170	1 650	8 012	25 145
2002	37 919	356	14 453	2 430	6 705	31 841
2003	32 216	379	8 318	2 672	6 675	35 233
2004	32 254	72	2 635	1 904	7 029	43 877
2005	27 613	38	1 518	2 008	6 669	49 414
2006	24 982	16	977	2 557	6 830	59 068
2007	27 694	10	921	2 254	5 664	79 764
2008	20 179	5	1 208	1 842	6 443	76 336

注：表中数字为工业生产消费量。

9—2 规模以上工业企业能源购进、消费及库存

（2008 年）

能源名称	计量单位	年初库存	购进量		消费量					年末库存
			实物量	金额（千元）	合计	1.工业生产	用于原材料	2.非工业生产	合计中:车辆用油	
原煤	吨	344	20 274	19 215	20 179	20 179				362
煤制品	吨		2	1	2	2				
天然气	万立方米		4 653	140 886	4 654	4 651		2		
液化天然气	吨		42	210	42	42				
汽油	吨	15	4 508	38 272	4 442	1 842		2 602	3 715	93
煤油	吨		18	177	18	5		13		
柴油	吨	349	7 503	46 042	7 485	6 433		1 052	2 671	421
燃料油	吨	335	1 155	5 208	1 208	1 208				297
液化石油气	吨		205	1 137	205	201		4		
其他石油制品	吨	1	21	271	20	20				1
热力	百万千焦		38 652	3 967	38 652	38 652				
电力	万千瓦时		78 472	459 614	78 469	76 336		2 133		
其他燃料	吨标准煤	11	549	461	539	523		16		
能源合计	吨标准煤				194 251	186 195		8 056		

注:1.制度规定 2005 年后电国折标系数按每万千瓦时 1.229 吨标准煤计算。

2.从 2007 年起制度规定调整其它能源氢气折标系数和剔除蔗渣消费量后,能源消费总量与历史资料缺乏可比性。

9—3 规模以上工业

(2008

行业分类	原煤（吨）	煤制品（吨）	天然气(万立方米)	汽油（吨）	煤油（吨）
合　计	20 179	2	4 654	4 442	18
采矿业				10	
有色金属矿采选业				10	
制造业	20 179	2	4 654	3 269	18
农副食品加工业			269	124	
食品制造业	12 549		187	72	
饮料制造业	2 777		568	447	
烟草制品业			239	27	
纺织业				34	
纺织服装、鞋、帽制造业					
木材加工及木、竹、藤、棕、草制品业				10	
家具制造业					
造纸及纸制品业	307		1	30	
印刷业和记录媒介的复制				129	1
化学原料及化学制品制造业	967		1 931	147	
医药制造业	634		229	536	
化学纤维制造业				24	
塑料制品业	2 356		142	47	
非金属矿物制品业	589		246	18	
有色金属冶炼及压延加工业				15	
金属制品业			406	63	4
通用设备制造业					
专用设备制造业				64	
交通运输设备制造业		2	357	1 308	13
电气机械及器材制造业			22	136	
通信设备、计算机及其他电子设备制造业			56	38	
仪器仪表及文化、办公用机械制造业					
工艺品及其他制造业					
电力、燃气及水的生产和供应业				1 163	
电力、热力的生产和供应业				900	
燃气生产和供应业				140	
水的生产和供应业				123	

注:表中资料含工业生产和非工业生产消费量

行业能源消费量

年)

柴 油 （吨）	燃料油 （吨）	液化石油气 （吨）	热 力 (百万千焦)	其他石油制品 （吨）	电 力 (万千瓦时)	其他燃料 (吨标准煤)
7 485	1 208	205	38 652	20	78 469	539
		42			173	
		42			173	
7 065	1 208	163	38 652	20	51 501	539
432	693				4 751	326
730	322	43			1 773	213
1 278					5 562	
190					626	
221					715	
2					44	
					78	
77					495	
37					995	
286	192		33 300		4 980	
2 191			5 352		4 497	
					7 379	
163		117			2 058	
638					449	
					140	
36					2 860	
110					104	
420		4		20	6 824	
221					3 626	
33					3 542	
					2	
420					26 795	
324					22 640	
67					173	
29					3 983	

9—4 规 模 以 上 工 业

(2008

行 业 分 类	工业取水总量（万立方米）	1.地表水	
		数量(万立方米)	金额 (万元)
合 计	1 120.23	32.63	27.10
采矿业	2.50	2.50	3.7
制造业	1 037.63	23.61	15.6
农副食品加工业	81.52	1.15	0.9
食品制造业	322.26	11.52	3.8
饮料制造业	172.36		
烟草制品业	7.50		
纺织业	3.66		
纺织服装、鞋、帽制造业	8.40		
木材加工及木、竹、藤、棕、草制品业	0.81		
家具制造业	0.80		
造纸及纸制品业	6.02		
印刷业和记录媒介的复制	10.74		
化学原料及化学制品制造业	58.69	3.84	1.2
医药制造业	124.62	5.91	9.7
化学纤维制造业	4.50		
塑料制品业	6.50		
非金属矿物制品业	18.00	1.20	0.1
有色金属冶炼及压延加工业	3.71		
金属制品业	52.24		
通用设备制造业	1.10		
专用设备制造业	15.83		
交通运输设备制造业	55.74		
电气机械及器材制造业	29.30		
通信设备、计算机及其他电子设备制造业	53.28		
工艺品及其他制造业	0.05		
电力、燃气及水的生产和供应业	80.10	6.52	7.8
电力、热力的生产和供应业	78.67	6.52	7.8
燃气生产和供应业	1.43		
水的生产和供应业			

行 业 水 消 费 量

年）

2.地 下 水		3.自 来 水		4.管 道 水		重复用水量(万立方米)
数量(万立方米)	金额 (万元)	数量(万立方米)	金额 (万元)	数量(万立方米)	金额 (万元)	
544.90	366.6	539.40	1 044.8	3.3	8.5	553.80
544.90	366.6	465.82	921.1	3.3	8.5	553.80
40.84	23.2	39.53	61.9			0.40
281.60	162.5	29.15	55.9			10.00
159.31	112.0	13.05	34.9			
7.50	20.9					
2.10	0.1	1.56	2.5			
		8.40	20.6			
0.23		0.58	1.3			
		0.80	1.6			
2.53	1.6	3.49	9.0			
0.31	0.7	10.43	23.9			
11.50	2.1	43.36	87.4			471.36
10.72	12.0	107.99	221.9			
4.50	8.6					1.35
2.80	5.0	3.70	8.7			0.02
16.62	12.6	0.18	0.5			
		0.41	0.9	3.3	8.5	
2.11	1.4	50.13	82.2			70.67
		1.10	2.7			
1.83	3.0	14.00	23.3			
0.41	1.1	55.33	137.7			
		29.30	59.1			
		53.28	85.2			
		0.05	0.1			
		73.58	123.7			
		72.16	122.7			
		1.43	1.0			

10 chapter 10

对外经济贸易和旅游

FOREIGN ECONOMY AND TRADE AND TOURIS

10—1 对外贸易进出口总额

单位:亿美元

年 份	进出口总额	进 口	出 口
1988	6.7	3.0	3.7
1989	11.0	3.6	7.4
1990	9.4	4.7	4.7
1991	13.5	6.7	6.8
1992	16.9	8.8	8.1
1993	25.7	9.0	16.7
1994	27.0	9.9	17.1
1995	22.7	8.3	14.4
1996	22.9	8.4	14.5
1997	19.5	8.9	10.6
1998	19.1	8.8	10.3
1999	12.2	7.5	4.7
2000	12.9	8.0	4.9
2001	17.6	9.6	8.0
2002	18.7	10.5	8.2
2003	22.8	14.1	8.7
2004	34.0	23.0	11.0
2005	25.9	15.7	10.2
2006	28.5	14.7	13.8
2007	35.2	21.5	13.7
2008	45.4	29.5	15.9

10—2 新签协议合同数

单位:个

年 份	新签协议合同	外商协议合同	中外合资	中外合作	外商独资	外商投资股份制	对外借款	商品信贷
总 计	7 076	7 029	2 128	343	4 557	1	41	6
1983-1987	134	128	44	81	3			6
1988	300	300	126	62	112			
1989	319	314	129	44	141		5	
1990	181	172	65	20	87		9	
1991	375	372	173	18	181		3	
1992	1 404	1 396	426	60	910		8	
1993	2 320	2 320	513	16	1 791			
1994	641	641	187	11	443			
1995	300	300	108	8	184			
1996	209	198	75	3	120		11	
1997	177	177	51	6	120			
1998	125	125	39	5	81			
1999	96	96	63	4	29			
2000	146	146	40		106			
2001	101	101	35	2	64			
2002	156	151	32	2	117		5	
2003	92	92	22	1	68	1		
2004	93	93	27	3	63			
2005	94	94	35	1	58			
2006	91	91	29	3	59			
2007	107	107	29	2	76			
2008	54	54	17	2	35			

10—3 新签协议合同总投资

单位:万美元

年份	新签协议总投资	外商合同外资			
			中外合资	中外合作	外商独资
1983-1987	15 160	12 980	2 990	9 585	405
1988	24 872	24 872	3 818	4 230	16 824
1989	31 010	25 857	7 361	3 108	15 388
1990	13 417	10 095	2 289	675	7 131
1991	52 258	29 308	11 420	15 118	2 770
1992	224 908	160 108	104 777	15 182	40 149
1993	474 639	318 022	52 667	14 497	250 858
1994	149 099	123 175	26 668	9 754	86 753
1995	96 484	68 358	23 064	5 021	40 273
1996	40 175	23 083	13 569	2 641	6 873
1997	22 442	18 621	9 798	4 108	4 715
1998	22 144	10 129	5 203	770	4 156
1999	17 320	12 628	1 709	87	10 832
2000	13 712	9 387	3 594		5 793
2001	11 938	5 575	2 382	868	2 325
2002	17 649	10 104	1 858	2 200	6 046
2003	22 398	13 901	7 291	2 287	18 115
2004	27 399	16 607	3 778	1 552	11 277
2005	45 634	16 768	4 572	374	11 821
2006	99 817	38 079	15 567	5 249	17 263
2007	208 089	69 375	30 554	526	38 295
2008	58 591	24 093	8 369	39	15 685

10—4 实际利用外资

单位:万美元

年份	实际利用外资	外商协议合同	中外合资	中外合作	外商独资	股份制	对外借款	商品信贷
总计								
1983-1987	3 375	3 075	486	2 589				300
1988	2 956	2 956	577	622	1 757			
1989	13 058	7 912	3 236	547	4 129		5 146	
1990	16 366	7 455	3 365	731	3 359		8 911	
1991	19 463	14 884	8 806	2 841	3 237		4 570	9
1992	40 678	36 478	14 789	3 797	17 892		4 200	
1993	94 630	78 778	28 378	1 750	48 650		15 852	
1994	80 309	55 616	9 378	1 017	45 221		24 692	
1995	68 283	49 583	10 385	4 818	34 380		18 700	
1996	56 789	32 868	12 094	685	20 089		23 921	
1997	55 493	31 692	8 851	1 206	21 635		23 801	
1998	55 225	33 893	16 569	938	16 386		21 332	
1999	40 343	16 182	5 782	196	10 204		24 161	
2000	35 719	21 153	4 452	1 937	14 764		14 566	
2001	30 628	22 398	3 879	1 125	17 394		8 230	
2002	66 406	24 426	5 446	1 076	18 115		41 980	
2003	28 293	27 693	7 291	2 287	18 115		600	
2004	36 416	32 016	2 066	4 184	18 654		4 400	
2005	37 888	37 888	2 590	2 527	28 300	4 470		
2006	44 655	44 655	8 006	4 578	31 200			
2007	50 369	50 369	11 543	255	38 571			
2008	56 000	56 000	37 523		18 477			

10—5　分行业实际利用外资情况

单位:万美元

指　　标	2000年	2005年	2006年	2007年	2008年
总　　计	35 719	37 888	44 655	50 369	56 000
农、林、牧、渔、水利业	1 300	2 439	3 960	2 215	376
工业	3 029	6 373	3 751	4 046	3 493
建筑业	4 855				20
交通运输、邮电通信业	21 146	4 771	7 631	15 189	21 139
商饮、物资供销和仓储业	342	3 689		1 872	2 276
房地产管理、公用事业、居民服务业	3 477	20 434	28 524	16 060	11 906
其他行业	1 570	180	789	10 987	16 790

10—6　分国别(地区)外商直接投资情况

单位:万美元

国家(地区)名称	2000年	2005年	2006年	2007年	2008年
总　　计	21 153	37 888	44 655	50 369	56 000
香　　港	5 336	14 187	21 775	26 794	36 559
澳　　门			40	13	
台　　湾	580	840	321	86	282
日　　本	3 369	496	18		42
泰　　国	133		9		2
新 加 坡	1 076	2 007	3 227	77	222
菲 律 宾		643	800		5
马来西亚			6		114
韩　　国		2 538	300	19	
英　　国	365	1 087	2	210	
法　　国	231		4	4	
东萨摩亚					
萨 摩 亚		201			
新 西 兰				100	
意 大 利					
澳大利亚		193			
美　　国	395	644	957	227	1 123
加 拿 大	410	9	15		28
世界银行					
其　　他	9 258	15 043	17 181	22 839	17 623

10—7 按投资方式、国别(地区)、行业划分的新签协议合同和投资额

(2008 年)

指标	新签协议合同(个)	协议总投资额(万美元)	合同外资(万美元)	注册资本(万美元)
总计	54	58 591	24 093	33 036
一、按投资方式				
1.中外合资经营企业	17	27 496	8 369	15 242
2.中外合作经营企业	2	579	39	292
3.外资企业	35	30 516	15 686	17 502
4.外商投资股份制				
二、按国别(地区)分				
1.亚洲	42	31 907	15 899	18 137
#香港	23	31 077	15 321	17 405
澳门				
台湾	10	422	326	421
越南				
马来西亚				
新加坡	3	252	143	555
韩国				
泰国				
2.欧洲	3	599	354	599
#英国				
法国	2	432	187	432
比利时				
3.维尔京群岛	3	8 470	1 485	3 783
4.北美洲	5	7 981	4 571	4 571
#加拿大				
美国	5	7 981	4 571	4 571
5.萨摩亚				
#荷兰				
瑞典				
6.其他	1	9 724	1 784	5 946
三、按国民经济行业分				
1.农林牧渔业	16	5 245	4 540	4 887
2.采掘业	3	69	48	69
#煤炭采选业				
石油和天然气开采业				
3.制造业	9	7 344	2 553	3 789
#食品加工业	1	14	14	14
食品制造业				
饮料制造业				
纺织业				
服装及纤维制品制造业				

10-7 续 (2008年)

指标	新签协议合同（个）	协议总投资额（万美元）	合同外资（万美元）	注册资本（万美元）
家具制造业				
石油荚果能够及炼焦业				
化学原料及化学制品制造业				
医药制造业	2	2 654	540	1 119
塑料制品业				
非金属矿物制品业				
黑色金属冶炼及压延加工业				
普通机械制造业				
交通运输设备制造业				
电气机械及器材制造业	2	90	70	70
电子及通信设备制造业				
4.电力煤气及水的生产和供应	3	13 442	2 563	4 582
5.建筑业	1	14	14	14
6.地质勘察业、水利管理业				
7.交通运输、仓储及邮电通信业	1	293	117	293
# 铁路运输业				
公路运输业				
航空运输业	1	293	117	293
邮电通信业				
8.住宿和餐饮业	2	51	49	49
# 食品、饮料、烟草和家庭用品批发业				
零售业	2	51	49	49
餐饮业				
旅馆业				
9.金融、保险业				
# 金融业				
保险业				
10.房地产业	2	7 362	4 962	4 962
# 房地产开发与经营业	2	7 362	4 962	4 962
11.租赁和商业服务业	8	3 005	1 922	2 314
旅游业				
信息、咨询服务业				
12.卫生、体育和社会福利业	1	29	29	29
13.教育、文化艺术及广播电影电视业	1	9 724	1 784	5 946
# 教育				
文化艺术业				
广播电影电视业				
14.科学研究和综合技术服务业	2	3 011	3 007	3 007
15.其他行业	5	9 002	2 505	3 095

10—8 旅游情况

指　　标	单 位	1987 年	2000 年	2006 年	2007 年	2008 年
接待国内外过夜旅游者	人次	318 155	3 248 096	5 365 229	5 856 460	6 378 988
入境旅游者	人次	77 991	132 604	131 105	149 475	158 715
1.外国人	人次	15 349	31 701	80 124	92 552	99 488
韩国	人次			22 033	24 976	12 072
日本	人次	2 023	8 758	10 167	7 563	4 815
马来西亚	人次			7 054	4 426	17 528
菲律宾	人次	134	4 831	1 363	211	318
新加坡	人次	5 403	5 608	9 549	14 211	13 273
泰国	人次	1 657	1 604	2 778	1 752	1 954
印度尼西亚	人次	167	615	1 002	905	1 054
美国	人次	1 328	2 138	3 832	4 501	4 571
加拿大	人次	324	734	919	1 177	1 168
英国	人次	593	442	694	1 026	1 021
德国	人次	476	398	971	1 569	1 226
法国	人次	365	336	961	1 065	989
意大利	人次	127	150	879	294	273
俄罗斯	人次		86	256	1 247	1 273
澳大利亚	人次	389	403	1 703	1 981	1 755
其他	人次	2 245	5 589	15 963	25 648	36 198
2.香港同胞	人次		53 909	24 974	29 926	30 755
3.澳门同胞	人次		10 804	483	1 383	531
4.台湾同胞	人次		36 163	25 524	25 614	27 941
国内旅游者	人次	240 164	3 115 519	5 234 124	5 706 985	6 220 273
旅游总收入	亿元		26.02	51.23	55.39	60.02
旅游外汇收入	万美元		3 117.8	4 111.36	4 125.86	4 316.63
国际旅行社	家		36	42	42	46
国内旅行社	家		103	106	93	99
人均逗留天数	天 / 人		1.3	1.34	1.3	1.29

10—9 旅游饭店(宾馆)情况

指　　标	单 位	1987年	2000年	2006年	2007年	2008年
饭店(宾馆)	家	10	71	98	103	105
客房总数	间	1 383	10 366	14 905	15 987	15 994
#空调房	间	939	10 320	14 905	15 987	15 994
床位总数	张	3 158	19 554	26 663	28 432	28 522
#空调房床位数	张	1 865	19 478	26 663	28 432	28 522
客房开房率	%	69.4	62.2	57.3	57.8	60.41

10—10 旅游饭店(宾馆)经营状况

指　　标	1988年	1991年	1992年	1993年
营业收入	13 152	18 673	36 202	68 937
营业成本	5 600	5 766	9 059	14 638
费用	5 830	12 880	21 685	41 359
税金	449	745	1 529	3 421
营业外收支差	170	–70	–428	867
利润总额	1 443	–788	3 501	10 386
附:年末职工人数(人)	4 635	7 293	10 192	11 178

指　　标	2000年	2006年	2007年	2008年
营业收入	63 395	81 837	96 460	103 145
营业成本	10 583	29 980	20 786	26 172
营业费用	28 874	39 841	38 220	41 663
营业税金及附加	3 939	5 518	5 731	5 824
经营利润	19 999	25 615	31 722	29 484
管理费用	30 575	41 895	40 329	40 048
财务费用	8 578	3 525	2 978	–381
营业利润	–19 154	–19 805	–11 585	–10 181
利润总额	–19 148	–20 872	–12 667	–11 434
附:年末职工人数(人)	9 563	12 607	13 639	13 038

HAIKOU STATISTICAL YEARBOOK

FINANCE, BANKING AND INSURANCE

财政、金融和保险

11
chapter 11

11—1 历年财政收入和支出

单位:万元

年 份	财政收入	财政支出	年 份	财政收入	财政支出
1952	742	193	1982	3 500	2 823
1953	1 684	464	1983	4 291	4 017
1954	1 706	572	1984	25 146	7 036
1955	1 114	529	1985	15 827	9 383
1956	1 189	624	1986	7 992	11 468
1957	1 441	613	1987	10 488	9 808
1958	1 939	867	1988	19 423	12 303
1959	1 961	638	1989	27 911	19 694
1960	1 518	918	1990	28 897	23 126
1961	1 384	826	1991	40 076	34 626
1962	1 765	815	1992	84 524	68 618
1963	1 670	863	1993	177 576	116 355
1964	1 787	1 001	1994	188 078	121 537
1965	2 272	865	1995	171 809	106 339
1966	2 603	892	1996	168 027	114 045
1970	2 842	1 081	1997	176 786	114 213
1971	2 880	1 159	1998	185 868	123 391
1973	3 219	1 357	1999	199 968	132 715
1974	3 296	1 458	2000	231 027	154 193
1975	4 062	1 604	2001	278 411	183 129
1976	4 116	1 811	2002	325 014	190 234
1977	4 512	1 863	2003	428 832	237 455
1978	3 864	2 550	2004	514 342	286 396
1979	3 608	2 540	2005	608 252	324 721
1980	3 339	2 935	2006	700 778	377 159
1981	3 411	2 634	2007	824 923	423 211
			2008	1 000 186	467 882

注:财政支出包含地方一般预算支出和基金支出两部分,从 2007 年起口径变化不含基金支出。

11—2 财 政 收 入

单位:万元

指　　标	1987年	2000年	2004年	2005年	2006年
财政收入合计	10 488	231 027	514 342	608 256	700 778
上划中央、省收入	-306	143 711	340 018	391 479	437 794
地方财政收入	10 794	87 316	174 324	216 777	262 984
一般预算收入	10 411	87 230	148 953	179 153	211 288
各项税收	11 380	67 839	116 505	141 340	165 868
#增值税	799	4 732	11 854	13 823	14 565
营业税	4 458	16 399	27 890	32 159	39 270
企业所得税	734	3 933	5 757	6 993	9 027
个人所得税		3 366	3 910	4 644	4 912
资源税		39	596	551	567
城市维护建设税	476	9 774	20 438	21 352	21 838
房产税		16 155	18 836	19 620	20 303
印花税		1 588	3 330	3 677	4 437
城镇土地使用税		1 781	2 871	4 571	6 292
土地增值税			7 186	11 297	15 058
车船使用税		1 076	1 230	1 379	1 940
屠宰税		426			
农业税	382	749	225	19	
农业特产税		1 357	35	30	
耕地占用税		522	1 833	1 358	2 611
契税	3	5 942	10 514	11 224	15 425
其他各项收入	-969	19 391	748	46 456	55 043
基金及其他收入	383	86	25 371	37 624	51 696

注:从2007年起因口径变动以11-2续表口径为准。

11-2 续

单位:万元

指　　标	2007 年	2008 年
财政总收入(来源地口径)	824 923	1 000 186
一般预算收入	755 506	900 434
地方一般预算收入	260 480	310 313
各项税收	209 544	263 370
#增值税	22 638	24 746
营业税	70 856	83 547
企业所得税	19 392	31 738
个人所得税	10 416	12 452
资源税	501	508
城市维护建设税	26 772	27 626
房产税	22 540	21 364
印花税	5 730	7 669
城镇土地使用税	6 087	25 739
土地增值税	9 073	9 947
车船使用税	1 940	4 182
耕地占用税	2 703	3 761
契税	10 896	10 092
其他各项收入	50 936	46 942
上划收入	495 026	590 121
上划省收入	175 107	211 341
上划中央收入	319 919	378 780
基金收入(老口径)	69 417	99 752

11—3 财 政 支 出

单位:万元

指 标	1987 年	2000 年	2004 年	2005 年	2006 年
地方财政支出	9 808	149 115	286 396	324 721	377 159
地方一般预算支出	9 808	149 115	248 661	283 927	322 454
基本建设支出	445	25 369	38 501	21 280	18 468
支援农业生产支出	701	1 550	9 591	6 794	9 433
企业挖潜改造支出	1 081	50	0		681
城市维护费	529	12 911	24 167	32 106	35 608
文教卫生事业费	1 414	29 844	53 100	64 057	72 109
其他部门事业费	218	18 364	19 904	23 350	25 270
行政管理费	1 370	16 113	30 691	42 628	44 822
公检法司支出		12 868	18 186	20 760	26 333
政策性补贴支出	1 120	1 261	961	1 220	4 380
其他各类支出	2 930	30 785	53 560	71 732	85 350
基金支出			37 735	40 794	54 705

注:从 2007 年起因口径变动以 11-3 续表口径为准。

11-3 续1

单位:万元

指 标	2007年	2008年
地方一般预算支出	423 211	467 882
一般公共服务	92 445	78 617
国防	1 390	1 100
公共安全	48 088	51 144
教育	83 154	99 391
科学技术	5 078	6 051
文化体育与传媒	6 590	7 380
社会保障和就业	56 774	61 331
医疗卫生	24 530	33 861
环境保护	2 533	5 003
城乡社区事务	46 905	56 145
农林水事务	20 523	27 437
交通运输	5 376	3 396
工业商业金融等事务	16 430	17 882
地震灾后恢复重建支出		528
其他支出	13 395	18 616
基金支出	66 692	130 278

11—4 金融机构存、贷款情况

（2008 年）

单位：万元

指　　标	2007 年	2008 年
年末存款余额	10 561 084	13 225 434
# 企业存款	4 641 010	5 998 020
# 活期存款	3 633 936	4 471 149
定期存款	1 007 074	1 526 871
财政存款	365 950	274 478
机关团体存款	660 619	650 422
储蓄存款	4 193 568	5 179 510
# 活期储蓄	2 026 813	2 350 201
定期储蓄	2 166 755	2 829 309
农业存款	73 424	206 926
其他存款	582 000	817 847
年末贷款余额	7 978 475	9 409 305
# 短期贷款	1 277 903	1 768 921
# 工业贷款	290 848	381 627
商业贷款	212 503	117 398
建筑业贷款	19 840	21 145
农业贷款	93 966	179 782
乡镇企业贷款	39 079	42 048
三资企业贷款	22 750	31 190
私营企业及个体贷款	2 736	2 737
中长期贷款	6 253 264	7 043 973
# 基本建设贷款	3 557 350	3 804 400
技术改造贷款	34 095	60 894
其他中长期贷款	2 661 818	3 178 679

注：本表从 2008 年起含外资银行。

11—5 金融机构现金收入和支出

（2008 年）

单位:万元

指　　标	2007 年	2008 年
现金收入合计	16 429 560	16 815 021
商品销售收入	1 035 116	940 739
服务业收入	533 114	685 903
税款收入	120 552	194 387
城乡个体经营收入	188 688	164 261
储蓄存款收入	13 488 055	13 576 665
汇兑收入	19 741	26 885
居民归还贷款收入	36 683	30 571
有价证券收入	18 461	19 505
其他金融机构收入	7 150	4 552
其他收入	982 000	1 171 555
现金支出合计	15 982 193	16 376 985
工资及对个人其他支出	479 661	403 069
农副产品收购支出	244 767	205 015
工矿产品采购支出	77 655	42 753
行政企事业管理费支出	1 255 125	1 615 683
城乡个体经营支出	299 006	243 154
储蓄存款支出	12 657 247	12 999 998
汇兑支出	24 195	25 172
居民提取贷款支出	16 695	11 975
有价证券支出	12 630	6 712
其他金融机构支出	5 539	3 424
其他支出	909 673	820 030

11—6 国家银行现金收入和支出

单位:万元

指　　标	1987年	2000年	2006年	2007年	2008年
现金收入合计	204 702	8 484 246	12 238 064	13 925 663	14 218 133
商品销售收入	76 813	646 813	962 834	958 255	866 151
服务业收入	13 892	394 204	437 443	516 075	645 986
税款收入	1 255	23 045	66 226	116 247	188 378
城乡个体经营收入	1 094	155 818	178 453	154 734	124 917
储蓄存款收入	91 930	6 583 213	9 773 853	11 444 598	11 366 905
汇兑收入	2 996	68 296	25 933	18 981	25 975
其他收入	11 777	535 042	722 140	697 255	969 378
有价证券收入	257	27 277	9 075	13 593	18 312
其他金融机构收入	4 688	50 538	50 315	5 925	4 113
现金支出合计	181 669	8 318 087	11 921 942	13 510 161	13 550 460
工资及对个人其他支出	42 682	470 010	581 492	466 912	378 439
农副产品收购支出	11 356	96 081	263 150	240 478	201 170
工矿产品采购支出	1 150	26 931	88 329	73 870	40 151
行政企事业管理费支出	15 144	456 636	655 605	979 524	1 331 237
城乡个体经营支出	2 035	124 752	182 582	208 487	125 623
储蓄存款支出	84 157	6 458 466	9 472 141	10 912 140	11 019 685
汇兑支出	1 168	49 865	34 073	23 909	25 081
其他支出	15 118	554 741	632 660	587 986	420 305
有价证券支出	36	24 454	8 242	11 330	5 271
其他金融机构支出	8 823	56 151	2 310	5 525	3 417

11—7 国内保险业务量

单位:万元

指标	保费收入		赔款及给付	
	2007年	2008年	2007年	2008年
总计	159 614.27	206 591.46	40 325.87	59 271.26
财产保险公司	72 150.33	74 687.50	24 062.30	37 744.04
# 企业财产保险	10 813.11	4 527.80	3 764.94	4 529.53
机动车辆保险	36 942.29	43 885.48	16 815.61	24 813.40
工程保险	594.91	4 798.22	874.76	1 019.40
责任保险	1 693.11	1 560.63	363.65	419.98
保证保险	4.14	–44.06	2.30	26.60
船舶保险	2 092.78	2 242.68	225.62	155.92
货运保险	3 365.74	3 554.86	783.96	2 518.96
特殊风险保险	11 742	9 618.98	445.67	3 123.00
其他保险	2 660.60	1 484.28	116.21	266.15
人寿保险公司	87 463.94	131 903.96	16 263.57	21 527.22
寿险	76 352.63	118 428.09	14 204.27	18 705.15
健康保险	6 432.49	8 147.26	1 400.30	2 052.07
人身意外伤害险	4 678.82	5 328.61	659.00	770.00

HAIKOU STATISTICAL YEARBOOK

PRICE

物价 12

chapter 12

12—1 物　价　指　数

单位:%

年　份	以1950年价格为100		年　份	以上年价格为100	
	居民消费价格指数	零售物价指　数		居民消费价格指数	零售物价指　数
1952	98.50	99.20			
1957	104.70	100.30	1979	107.40	107.60
1962	172.40	173.60	1980	106.80	107.20
1965	116.40	112.30	1981	107.00	107.40
1970	110.70	106.40	1982	103.80	103.90
1975	110.90	106.70	1983	102.10	101.90
1978	111.30	107.00	1984	102.70	101.40
1980	127.60	123.40	1985	116.90	117.20
1985	173.70	166.70	1986	103.20	103.00
1987	196.30	188.40	1987	109.50	109.70
1988	259.90	249.60	1988	132.40	132.50
1989	334.80	319.20	1989	128.80	127.90
1990	336.80	317.00	1990	100.60	99.30
1991	343.90	321.80	1991	102.10	101.50
1992	374.20	350.10	1992	108.80	108.80
1993	467.80	440.40	1993	125.00	125.80
1994	585.20	530.20	1994	125.10	120.40
1995	648.40	576.30	1995	110.80	108.70
1996	680.80	593.00	1996	105.00	102.90
1997	689.70	591.20	1997	101.30	99.70
1998	669.00	569.30	1998	97.00	96.30
1999	663.00	557.90	1999	99.10	98.00
2000	672.90	563.50	2000	101.50	101.00
2001	664.80	550.00	2001	98.80	97.60
2002	659.50	544.50	2002	99.20	99.00
2003	658.20	544.00	2003	99.80	99.90
2004	677.90	558.10	2004	103.00	102.60
2005	686.70	560.30	2005	101.30	100.40
2006	695.35	563.55	2006	101.26	100.58
2007	726.22	582.99	2007	104.44	103.45
2008	768.34	615.64	2008	105.80	105.60

12—2 居民消费价格指数

（以上年价格为 100）

单位:%

类别及名称	2006 年	2007 年	2008 年
居民消费价格指数	101.26	104.44	105.80
食品类	102.56	109.89	112.70
#粮 食	101.07	102.23	109.00
油 脂	100.40	125.75	125.60
肉禽及其制品	98.56	124.35	119.10
蛋	96.07	121.64	105.50
水产品	104.19	109.88	115.00
菜	104.93	107.46	116.20
#鲜 菜	104.28	107.84	116.60
烟酒及用品类	100.14	101.25	102.50
衣着类	93.93	95.98	96.80
#服 装	93.66	95.02	96.20
衣着材料	100.00	100.00	100.00
鞋袜帽	93.82	97.75	97.70
家庭设备用品及服务类	100.20	102.29	100.90
医疗保健和个人用品类	97.95	98.96	101.10
交通和通讯类	101.65	99.72	101.10
娱乐教育文化用品及服务类	99.16	99.19	100.30
居住类	106.26	106.03	104.90

12—3 居民消费价格指数

(以 2000 年价格为 100)　　单位:%

类别及名称	2006 年	2007 年	2008 年
居民消费价格指数	103.29	107.88	114.14
食品类	111.48	122.51	138.07
#粮　食	114.92	117.48	128.05
油　脂	100.90	126.88	159.36
肉禽及其制品	120.14	149.39	177.92
蛋	119.13	144.91	152.88
水产品	107.73	118.37	136.13
菜	119.52	128.44	149.25
#鲜　菜	119.71	129.10	150.53
烟酒及用品类	101.54	102.81	105.38
衣着类	83.97	80.59	78.01
#服　装	80.64	76.62	73.71
衣着材料	102.00	102.00	102.00
鞋袜帽	91.19	89.14	87.09
家庭设备用品及服务类	95.69	97.88	98.76
医疗保健和个人用品类	99.32	98.29	99.37
交通和通讯类	90.77	90.52	91.52
娱乐教育文化用品及服务类	97.57	96.78	97.07
居住类	111.57	118.30	124.10

12—4 商品零售价格指数

(以2000年价格为100)

单位:%

类别及名称	2008年
商品零售价格指数	105.60
食品类	112.70
#粮食	109.00
油脂	125.40
肉禽及其制品	119.10
蛋	105.80
水产品	113.60
菜	116.30
#鲜　菜	116.60
饮料、烟酒类	102.70
服装、鞋帽类	96.00
纺织品类	98.20
家用电器及音像器材类	99.90
文化办公用品类	97.90
日用品类	103.90
体育娱乐用品类	101.30
交通通信用品类	95.80
家具类	100.30
化妆品类	100.00
金银珠宝类	115.30
中西药品及医疗保健用品类	99.10
书报杂志及电子出版物类	100.20
燃料类	113.70
建筑材料及五金电料类	112.40

12—5 居民消费分月价格指数

(2008 年,以上年同月价格为 100)　　单位:%

类别及名称	1月	2月	3月	4月	5月	6月
居民消费价格指数	106.00	109.20	107.70	108.40	108.00	106.70
食品类	112.70	120.40	116.40	118.80	116.90	113.80
#粮食	102.60	104.90	106.40	107.00	109.10	110.20
油脂	127.90	132.80	133.70	139.30	139.10	134.90
肉禽及其制品	128.70	134.20	134.60	140.70	135.00	124.60
蛋	108.70	113.40	111.20	111.20	106.10	98.50
水产品	115.00	121.60	108.40	117.50	115.30	112.50
菜	103.80	138.70	120.50	111.30	109.20	109.40
#鲜菜	102.80	144.50	122.10	110.50	106.70	107.60
烟酒及用品类	101.10	101.60	101.90	102.10	102.20	102.80
衣着类	97.80	98.30	98.40	95.80	96.10	96.10
#服装	96.80	98.70	98.80	96.10	96.50	96.10
衣着材料	100.00	100.00	100.00	100.00	100.00	100.00
鞋 袜 帽	99.90	97.30	97.40	94.80	94.80	95.60
家庭设备用品及服务类	99.70	100.90	100.60	99.90	101.80	101.80
医疗保健和个人用品类	100.80	101.60	101.60	101.60	101.70	101.10
#中药材及中成药	104.40	106.30	106.30	107.00	107.00	103.90
西药	99.00	98.30	98.10	97.10	97.50	96.40
医疗保健服务	100.00	100.00	100.00	100.00	100.00	100.00
交通和通讯类	99.90	100.20	99.90	100.00	100.10	100.80
娱乐文教用品及服务类	99.60	97.80	100.00	101.30	101.50	101.10
#文娱用耐用品及服务	99.60	98.90	98.50	98.60	99.50	99.40
教育	101.70	101.70	101.70	101.70	101.70	101.70
文化娱乐	98.10	99.20	101.20	102.60	103.60	100.50
旅游	92.20	74.20	90.00	99.70	97.50	102.50
居住类	108.20	110.60	109.20	108.10	109.10	107.90
#水、电、燃料	106.20	110.70	108.80	107.40	110.00	108.50

12-5 续

单位:%

类别及名称	7月	8月	9月	10月	11月	12月
居民消费价格指数	105.80	104.00	104.60	104.60	103.20	102.20
食品类	111.60	108.20	108.80	110.00	109.20	107.50
#粮食	111.30	111.40	111.70	111.10	112.00	110.50
油脂	128.70	124.20	119.70	118.30	114.30	102.90
肉禽及其制品	111.10	107.50	108.80	107.80	106.90	105.40
蛋	99.80	100.80	103.40	105.40	106.00	104.20
水产品	114.40	116.50	116.40	113.90	116.00	112.70
菜	121.70	109.50	106.70	123.40	118.20	121.80
#鲜菜	122.30	108.40	105.60	125.00	119.00	124.70
烟酒及用品类	103.40	102.30	104.00	102.70	102.70	102.70
衣着类	96.70	97.00	98.60	97.30	94.00	94.80
#服装	96.00	96.40	96.70	94.90	92.90	94.00
衣着材料	100.00	100.00	100.00	100.00	100.00	100.00
鞋 袜 帽	98.00	98.10	102.90	102.90	95.90	95.90
家庭设备用品及服务类	101.70	100.40	101.00	101.10	101.10	100.70
医疗保健和个人用品类	101.20	100.90	100.90	100.90	100.70	100.50
#中药材及中成药	103.90	101.50	101.50	100.80	100.80	100.80
西药	96.70	96.70	96.70	97.50	97.50	97.50
医疗保健服务	100.00	100.00	100.00	100.00	100.00	100.00
交通和通讯类	102.30	102.50	102.50	102.70	101.70	100.70
娱乐文教用品及服务类	100.80	100.40	100.60	99.90	99.90	100.60
#文娱用耐用品及服务	98.80	98.80	98.30	98.30	98.20	98.20
教育	101.70	101.70	100.00	100.00	100.00	100.50
文化娱乐	102.20	100.50	103.30	100.20	100.00	102.70
旅游	95.20	95.20	100.30	101.50	103.10	98.80
居住类	106.40	103.90	105.00	102.60	96.10	93.60
#水、电、燃料	105.80	102.80	105.60	102.90	92.60	92.40

12—6 居民消费分月价格指数

(2008 年,以 2000 年价格为 100)　　单位:%

类别及名称	1月	2月	3月	4月	5月	6月
居民消费价格指数	111.30	116.30	114.10	113.80	113.40	114.00
食品类	129.90	143.90	137.90	137.80	135.80	137.00
# 粮食	119.70	122.10	123.80	125.10	127.60	129.50
油脂	151.00	157.60	157.70	163.30	163.60	163.60
肉禽及其制品	168.10	177.80	176.60	180.00	178.70	178.60
蛋	145.00	153.20	149.20	149.70	147.60	149.10
水产品	128.10	164.60	137.30	135.20	133.10	135.40
菜	123.30	169.20	149.20	141.40	127.90	134.60
# 鲜菜	121.70	176.60	152.10	142.10	124.90	133.20
烟酒及用品类	103.20	102.90	104.30	104.50	104.60	105.20
衣着类	81.20	80.80	80.80	77.90	78.00	77.80
# 服装	76.80	77.10	77.10	74.00	74.10	73.50
衣着材料	102.10	102.10	102.10	102.10	102.10	102.10
鞋 袜 帽	90.70	88.30	88.30	85.90	85.90	86.70
家庭设备用品及服务类	97.40	98.50	98.70	98.20	98.80	100.00
医疗保健和个人用品类	98.50	99.00	99.50	99.60	99.40	99.10
# 中药材及中成药	98.30	100.90	100.90	101.60	102.20	99.20
西药	84.70	84.10	84.10	83.30	83.40	82.50
医疗保健服务	124.90	124.90	124.90	124.90	124.90	124.90
交通和通讯类	90.60	90.60	90.30	90.40	90.40	91.00
娱乐文教用品及服务类	96.00	96.30	96.20	96.20	96.90	96.40
# 文娱用耐用品及服务	65.00	64.50	64.30	64.30	64.30	64.20
教育	112.10	112.10	112.10	112.10	112.10	112.10
文化娱乐	104.70	106.90	106.90	106.90	109.00	107.20
旅游	84.20	82.40	81.50	81.50	83.90	83.90
居住类	125.70	127.00	125.10	125.30	127.00	127.50
# 水、电、燃料	128.20	130.60	127.10	128.00	131.30	131.70

12-6 续 单位:%

类别及名称	7月	8月	9月	10月	11月	12月
居民消费价格指数	114.80	114.40	114.70	115.60	114.60	113.20
食品类	139.20	138.70	139.00	142.00	140.50	137.30
#粮食	130.30	130.90	131.40	131.20	132.30	131.10
油脂	164.40	165.10	162.30	160.80	158.00	150.10
肉禽及其制品	178.40	177.60	177.00	176.00	174.30	173.40
蛋	152.30	159.50	161.50	158.30	157.20	152.90
水产品	137.60	138.70	137.70	139.60	139.70	136.80
菜	149.50	151.90	151.00	182.70	168.40	149.20
#鲜菜	151.20	154.40	153.70	191.50	173.50	150.80
烟酒及用品类	106.10	105.00	106.80	106.40	106.80	106.80
衣着类	77.70	77.70	77.50	77.00	76.80	77.10
#服装	73.40	73.40	72.90	72.10	72.00	72.50
衣着材料	102.10	102.10	102.10	102.10	102.10	102.10
鞋袜帽	86.70	86.80	87.40	87.40	86.90	86.90
家庭设备用品及服务类	100.00	98.60	99.50	99.10	99.60	99.20
医疗保健和个人用品类	99.20	99.30	99.40	99.10	99.30	99.10
#中药材及中成药	99.20	99.20	99.20	99.10	99.10	99.10
西药	82.50	82.50	82.50	82.50	82.50	82.50
医疗保健服务	124.90	124.90	124.90	124.90	124.90	124.90
交通和通讯类	92.20	92.20	92.20	92.20	92.20	91.30
娱乐文教用品及服务类	96.80	96.90	96.70	96.60	96.10	97.10
#文娱用耐用品及服务	63.80	63.80	63.70	63.70	63.60	63.60
教育	112.10	112.10	112.10	112.10	112.10	112.60
文化娱乐	109.00	109.40	108.00	106.90	106.80	110.80
旅游	83.90	83.90	86.30	88.30	83.10	80.70
居住类	126.20	124.20	125.60	125.20	121.00	118.20
#水、电、燃料	128.80	125.20	128.30	127.70	120.00	119.60

12—7　物价指数

(2008年)　　单位:%

年　份	居民消费价格指数	零售物价指数
以1957年价格为100	733.88	613.88
以1965年价格为100	660.15	548.39
以1978年价格为100	690.25	575.58
以1980年价格为100	602.19	390.94
以1985年价格为100	442.41	369.41
以1986年价格为100	428.54	358.31
以1987年价格为100	391.50	327.00
以1988年价格为100	294.83	246.67
以1989年价格为100	229.48	192.73
以1990年价格为100	228.25	194.04
以1991年价格为100	223.56	191.29
以1992年价格为100	205.42	175.70
以1993年价格为100	164.25	139.76
以1994年价格为100	131.36	116.35
以1995年价格为100	118.82	106.91
以1996年价格为100	112.90	103.84
以1997年价格为100	111.32	104.16
以1998年价格为100	114.91	108.11
以1999年价格为100	115.93	110.31
以2000年价格为100	114.14	109.22
以2001年价格为100	115.58	111.97
以2002年价格为100	116.48	113.07
以2003年价格为100	116.70	113.17
以2004年价格为100	113.34	110.31
以2005年价格为100	111.89	109.88
以2006年价格为100	110.50	109.24
以2007年价格为100	105.80	105.60

12—8 2006 年当季房屋销售价格指数

（以上年同期为 100）

单位：%

指　　标	全　年	一季度	二季度	三季度	四季度
房屋销售总计	102.8	101.7	102.7	104.1	102.7
商品房	104.2	103.2	104.3	105.3	103.8
住　宅	104.6	103.7	104.8	105.7	104.4
经济适用房					
普通住宅	104.8	103.9	105.1	105.9	104.4
多层住宅	104.5	104.8	104.2	105.3	101.7
高层住宅	104.8	103.6	105.1	106.0	104.4
高档住宅	103.5	102.4	102.8	104.4	104.5
别　墅	103.9	102.0	103.8	103.4	106.2
高档公寓	103.4	102.4	102.5	104.5	104.1
非住宅	99.9	98.6	100.0	102.0	98.6
办公楼	97.8	100.0	96.9	93.6	100.4
商业娱乐用房	100.0	96.9	100.1	102.2	98.6
二手房	97.8	96.2	96.9	99.7	98.4
住宅	97.5	95.5	96.4	99.5	98.4
非住宅	102.7	102.7			

12—9 2007 年当季房屋销售价格指数

（以上年同期为 100）

单位：%

指　　标	全　年	一季度	二季度	三季度	四季度
房屋销售总计	106.6	103.3	104.1	108.6	110.3
商品房	107.4	104.0	104.4	109.2	111.9
住　宅	107.7	104.0	104.6	109.6	112.5
经济适用房					
普通住宅	107.5	103.6	103.9	110.1	112.5
多层住宅	104.4	101.6			110.0
高层住宅	107.5	103.6	103.9	110.1	112.5
高档住宅	108.6	105.6	107.0	108.4	113.3
别　墅	107.9	105.2	105.3	107.4	113.5
高档公寓	108.8	105.8	107.6	108.7	113.1
非住宅	102.5	102.6	103.4	103.0	101.2
办公楼	107.1	100.4		105.0	111.5
商业娱乐用房	102.7	102.7	103.5	103.1	101.3
二手房	103.4	100.7	102.5	106.0	104.4
住宅	103.8	100.9	103.0	106.7	104.5
非住宅	103.6			103.6	103.6

12—10 2008年当季房屋销售价格指数

（以上年同期为100）　　单位:%

指　　标	全　年	一季度	二季度	三季度	四季度
房屋销售总计	110.4	112.1	112.4	110.8	106.5
商品房	114.8	117.0	117.5	115.5	109.0
住　宅	115.3	117.7	118.3	116.1	109.1
经济适用房					
普通住宅	115.8	116.9	117.6	117.0	111.5
多层住宅	102.2	102.2	102.2	102.2	
高层住宅	115.7	116.8	117.5	116.9	111.5
高档住宅	114.4	119.4	119.5	114.2	104.3
别　墅	107.4	106.0	108.9	110.2	104.4
高档公寓	117.3	123.9	123.7	116.2	105.4
非住宅	103.7	102.9	102.2	103.8	105.7
办公楼	96.5	97.7	102.8	91.7	93.6
商业营业用房	104.2	103.3	102.1	104.6	106.6
二手房	103.4	104.0	104.0	103.2	102.4
住宅	104.2	104.9	104.9	103.9	102.9
非住宅	100.0	100.0	100.0	100.0	100.0

12—11 2006年当季房地产租赁价格指数

（以上年同期为100）　　单位:%

指　　标	全　年	一季度	二季度	三季度	四季度
房屋租赁总计	100.7	102.4	100.3	100.2	99.8
住　宅	103.1	111.0	100.0	100.8	100.4
其中:普通住宅	104.2	115.4	100.0	101.0	100.4
办公楼	99.1	98.8	99.9	98.6	98.9
写字楼	98.3	100.0	100.0	96.2	97.1
普通办公用房	99.4	98.1	99.8	99.9	99.8
商业娱乐用房	99.2	97.2	99.8	99.8	100.0
工业仓储用房	101.4	102.4	102.4	101.5	99.1
工业厂房	100.0	100.0	100.1	99.8	100.0
仓　库	104.6	108.0	107.7	105.7	97.1

12—12 2007年当季房地产租赁价格指数

（以上年同期为100）

单位：%

指　　标	全　年	一季度	二季度	三季度	四季度
房屋租赁总计	100.6	99.8	100.5	101.9	100.0
住　宅	101.6	101.4	101.3	102.6	101.0
其中：普通住宅	101.4	101.2	101.0	102.9	100.6
办公楼	102.9	103.2	103.9	103.6	100.7
写字楼	112.3	109.5	111.6	110.2	118.0
普通办公用房	98.1	100.0	100.0	100.2	92.1
商业娱乐用房	98.4	96.8	98.2	100.5	98.0
工业仓储用房	102.0	101.4	101.5	102.5	102.5
工业厂房	100.0	99.8	100.1	100.0	100.1
仓　库	106.6	105.1	104.9	108.2	108.1

12—13 2008年当季房地产租赁价格指数

（以上年同期为100）

单位：%

指　　标	全　年	一季度	二季度	三季度	四季度
房屋租赁总计	101.4	101.4	101.5	101.3	101.4
住　宅	101.3	100.8	101.2	101.5	101.8
其中：普通住宅	100.7	100.9	100.6	100.7	100.7
办公楼	100.1	100.1	100.1	100.0	100.0
商业营业用房	100.3	100.7	100.6	100.0	100.0

12—14　2006 年当季土地交易价格指数

（以上年同期为 100）　　单位:%

指　　标	全　年	一季度	二季度	三季度	四季度
土地交易总计	115.1	124.0	127.8	101.6	106.9
居住用地	115.4	117.0	134.0	102.5	108.1
高档住宅用地	116.4	116.8	141.0	101.9	106.0
普通住宅用地	115.0	117.3	132.0	102.5	108.2
工业仓储用地	102.0	103.4	102.9	97.3	104.4
商业、旅游、娱乐用地	125.2	151.2	140.9	101.0	107.5
其它用地	111.3	129.6	101.6		102.8

12—15　2007 年当季土地交易价格指数

（以上年同期为 100）　　单位:%

指　　标	全　年	一季度	二季度	三季度	四季度
土地交易总计	118.5	104.1	114.8	121.8	133.3
居住用地	121.4	103.9	119.1	122.9	139.7
高档住宅用地	125.8	102.8	114.9	144.7	140.9
普通住宅用地	121.2	103.9	119.8	121.9	139.1
工业仓储用地	113.5	103.1	105.6	122.8	122.5
商业、旅游、娱乐用地	111.9	106.3	104.5	116.3	120.6
其它用地	106.3	102.0	101.9	120.8	100.4

12—16　2008 年当季土地交易价格指数

（以上年同期为 100）　　单位:%

指　　标	全　年	一季度	二季度	三季度	四季度
土地交易总计	120.9	122.3	126.3	120.3	114.8
居住用地	124.9	124.6	130.8	125.4	118.6
工业仓储用地	113.5	119.6	117.6	110.7	106.1
商业、旅游、娱乐用地	123.2	124.9	129.3	122.7	115.7
其它用地	111.5	112.3	114.5	109.4	109.9

12—17 2004-2008 年工业品出厂价格指数

(以上年为 100)

单位:%

	2004 年	2005 年	2006 年	2007 年	2008 年
全部工业品	94.8	94.6	99.1	100.0	100.8
其中:轻工业	100.1	101.1	99.2	100.8	104.5
以农产品为原料	99.4	101.5	101.8	102.5	106.6
以非农产品为原料	101.1	100.8	96.2	98.7	101.9
重工业	89.6	88.3	98.9	99.3	97.4
其中:生产资料	102.2	104.3	101.0	103.7	101.4
生活资料	91.5	90.5	98.1	97.4	100.3
按工业行业大、中类分					
有色金属矿采选业			87.8	95.7	101.6
农副食品加工业	108.5	99.8	103.4	106.2	115.1
食品制造业	92.6	98.3	106.9	104.4	109.0
饮料制造业	96.5	102.2	100.9	100.5	104.3
烟草制品业	103.8	101.3	100.6	99.9	100.0
纺织业	102.0	97.4	99.4	101.7	102.9
纺织服装、鞋、帽制造业	120.0	100.0	100.0	100.0	100.0
木材加工及木、竹、藤、棕、草制品业	99.7	99.9	99.4	101.2	116.5
家具制造业	100.0	116.4	108.0	110.6	103.7
造纸及纸制品业	100.0	99.5	97.7	99.4	101.9
印刷业和记录媒介的复制	97.7	106.7	97.9	102.7	110.3
化学原料及化学制品制造业	99.9	104.6	104.2	103.9	93.4
医药制造业	93.3	85.8	91.7	93.2	99.9
化学纤维制造业	110.4	108.4	104.3	101.7	98.9
塑料制品业	108.1	98.8	98.2	99.5	102.7
非金属矿物制品业	94.4	108.8	106.5	104.7	113.9
有色金属冶炼及压延加工业	151.9	91.8	128.2	122.3	112.9
金属制品业	103.6	116.4	94.0	102.0	106.7
专用设备制造业	99.7	99.4	102.2	102.2	109.6
交通运输设备制造业	87.6	84.5	97.2	94.6	95.7
电气机械及器材制造业	106.3	111.1	107.2	116.0	107.0
通信设备、计算机及其他电子设备制造业	98.6	99.7	108.4	105.0	97.7
仪器仪表及文化、办公用机械制造业	100.0	100.0	100.0	100.0	
工艺品及其他制造业	94.7	111.7	114.0	111.3	116.8
电力、热力的生产和供应业	100.4	99.4	101.3	102.2	100.0
燃气生产和供应业	95.2	102.1	107.2	121.0	120.2
水的生产和供应业	99.8	100.4	105.1	119.6	100.4

12—18 2008年分月工业品出厂价格指数

(以上年同月价格为100) 单位:%

	1月	2月	3月	4月	5月	6月
全部工业品	100.9	101.9	101.6	101.9	100.0	99.3
其中:轻工业	101.3	103.0	103.0	104.0	103.9	105.5
以农产品为原料	103.5	105.6	105.6	106.5	107.0	107.4
以非农产品为原料	98.6	99.9	99.7	101.0	99.9	103.2
重工业	100.5	100.8	100.4	100.0	96.6	93.7
其中:生产资料	104.4	105.7	104.7	103.7	102.4	101.8
生活资料	98.5	99.2	99.4	100.7	98.3	97.5
按工业行业大、中类分						
有色金属矿采选业	110.7	106.6	103.2	101.3	95.7	103.8
农副食品加工业	111.8	114.6	115.7	115.7	116.8	117.3
食品制造业	104.0	104.6	104.8	115.0	108.2	113.7
饮料制造业	100.6	103.7	102.2	103.2	105.0	104.5
烟草制品业	100.0	100.0	100.0	100.0	100.0	100.0
纺织业	99.2	99.0	103.2	99.3	99.4	100.3
纺织服装、鞋、帽制造业	100.0	100.0	100.0	100.0	100.0	100.0
木材加工及木、竹、藤、棕、草制品业	127.6	127.6	127.5	137.8	133.1	130.7
家具制造业	104.9	104.9	104.9	104.9	104.9	99.9
造纸及纸制品业	100.3	101.8	102.6	103.0	103.1	102.9
印刷业和记录媒介的复制	100.0	99.7	99.9	111.8	99.6	115.7
化学原料及化学制品制造业	103.1	101.3	102.7	101.9	98.7	98.8
医药制造业	95.3	95.6	97.7	101.6	100.4	102.0
化学纤维制造业	101.7	103.3	103.5	101.2	95.5	102.5
塑料制品业	101.0	98.9	98.7	99.0	101.9	103.9
非金属矿物制品业	104.6	107.7	105.7	107.4	107.0	105.1
有色金属冶炼及压延加工业	149.6	153.8	137.3	133.2	118.3	109.4
金属制品业	101.0	107.2	102.9	100.1	102.7	105.0
专用设备制造业	102.5	101.2	102.5	112.1	112.1	112.1
交通运输设备制造业	96.8	97.2	96.7	97.0	93.1	88.9
电气机械及器材制造业	115.4	118.2	112.2	106.1	100.7	99.0
通信设备、计算机及其他电子设备制造业	98.8	98.3	98.1	97.6	97.9	97.9
仪器仪表及文化、办公用机械制造业						
工艺品及其他制造业	131.6	127.7	135.6	119.4	116.6	125.4
电力、热力的生产和供应业	100.0	100.0	100.0	100.0	100.0	100.0
燃气生产和供应业	109.5	108.4	128.0	127.2	125.6	120.7
水的生产和供应业	100.5	100.4	100.4	100.4	100.4	100.4

12-18 续

单位:%

	7 月	8 月	9 月	10 月	11 月	12 月
全部工业品	101.6	101.1	102.8	101.7	98.7	97.9
其中:轻工业	106.2	106.3	106.7	106.5	104.3	103.4
以农产品为原料	108.0	108.5	108.1	108.5	106.7	104.2
以非农产品为原料	104.1	103.6	104.9	104.1	101.4	102.4
重工业	97.5	96.5	99.3	97.3	93.6	93.0
其中:生产资料	104.3	103.0	102.6	99.6	93.2	91.3
生活资料	99.7	99.8	102.9	103.0	102.4	102.5
按工业行业大、中类分						
有色金属矿采选业	102.5	99.5	102.2	102.7	94.6	96.8
农副食品加工业	119.9	121.0	117.3	114.3	110.9	103.5
食品制造业	115.3	109.0	108.9	107.2	108.9	108.4
饮料制造业	104.4	104.9	105.9	106.2	106.2	104.6
烟草制品业	100.0	100.0	100.0	100.0	100.0	100.0
纺织业	100.3	104.8	106.4	107.0	107.4	108.7
纺织服装、鞋、帽制造业	100.0	100.0	100.0	100.0	100.0	100.0
木材加工及木、竹、藤、棕、草制品业	126.1	101.8	99.1	99.2	96.3	90.9
家具制造业	99.9	99.9	104.9	105.0	105.0	105.0
造纸及纸制品业	102.0	102.4	102.4	101.5	100.9	100.2
印刷业和记录媒介的复制	115.8	116.7	115.8	116.0	116.4	116.2
化学原料及化学制品制造业	103.3	100.7	96.7	86.0	64.7	63.1
医药制造业	102.9	101.3	101.3	99.6	99.4	101.6
化学纤维制造业	104.5	103.0	101.4	96.7	84.4	89.7
塑料制品业	106.6	105.6	106.2	106.7	101.6	102.4
非金属矿物制品业	102.9	106.0	135.7	132.7	126.5	125.9
有色金属冶炼及压延加工业	102.0	99.7	95.9	92.2	89.0	74.3
金属制品业	105.3	107.3	112.7	114.2	111.8	109.9
专用设备制造业	112.1	112.1	112.1	112.1	112.1	112.1
交通运输设备制造业	93.0	93.0	98.4	98.1	98.0	97.7
电气机械及器材制造业	104.8	102.4	104.8	105.4	106.9	107.6
通信设备、计算机及其他电子设备制造业	98.0	97.8	98.0	98.0	96.9	94.8
仪器仪表及文化、办公用机械制造业						
工艺品及其他制造业	129.4	115.7	100.3	109.8	94.9	95.4
电力、热力的生产和供应业	100.0	100.0	100.0	100.0	100.0	100.0
燃气生产和供应业	118.8	120.3	120.3	121.4	122.1	120.7
水的生产和供应业	100.4	100.4	100.4	100.4	100.4	100.4

12—19 2004-2008年原材料、燃料、动力价格指数

(以上年为100)　　　　单位:%

	2004年	2005年	2006年	2007年	2008年
全部原材料	105.6	100.8	100.8	105.8	103.7
(一)燃料、动力类	102.7	102.9	104.3	104.1	107.8
(二)黑色金属材料类	112.5	113.7	92.8	104.6	110.0
其中:钢材	112.6	109.9	92.8	104.6	
其它	111.1	160.4	100.0	100.0	110.0
(三)有色金属材料和电线类	120.8	104.0	127.7	108.6	97.5
(四)化工原料类	115.6	105.3	103.2	111.1	98.0
(五)木材及纸浆类	104.5	107.3	103.7	107.3	104.0
(六)建筑材料及非金属矿类	105.9	106.7	87.8	100.4	121.5
(七)其它工业原材料及半成品类	101.2	98.1	99.2	102.5	103.9
(八)农副产品类	115.5	100.7	105.2	111.0	110.9
(九)纺织原料类	105.9	99.7	98.6	94.4	99.3
按行业分(企业法):					
有色金属矿采选业			106.8	101.1	101.8
农副食品加工业	110.0	100.2	101.6	103.3	125.7
食品制造业	106.1	104.3	102.9	101.6	107.4
饮料制造业	101.3	108.8	104.0	102.2	113.7
烟草制品业	115.4	108.6	100.9	116.1	122.6
纺织业	98.3	100.6	96.7	102.8	98.7
纺织服装、鞋、帽制造业	106.2	99.0	100.0	100.0	100.1
木材加工及木、竹、藤、棕、草制品业	95.6	103.2	103.8	106.5	105.5
家具制造业	109.2	112.9	111.5	107.2	102.5
造纸及纸制品业	104.3	107.1	102.6	103.1	109.7
印刷业和记录媒介的复制	106.8	105.2	102.9	103.0	104.0
化学原料及化学制品制造业	104.6	107.4	103.0	103.0	113.3
医药制造业	95.7	97.7	100.4	102.1	103.6
化学纤维制造业	113.9	103.9	98.6	102.6	101.6
塑料制品业	119.9	108.5	105.6	103.9	103.7
非金属矿物制品业	110.8	103.5	95.8	103.5	111.9
有色金属冶炼及压延加工业	106.7	108.1	124.2	120.2	111.8
金属制品业	114.4	102.9	98.8	109.3	116.5
专用设备制造业	107.4	103.3	88.6	112.5	117.2
交通运输设备制造业	103.7	106.2	103.8	100.0	100.0
电气机械及器材制造业	110.5	105.1	107.3	107.5	107.6
通信设备、计算机及其他电子设备制造业	106.6	110.9	104.1	100.2	95.1
仪器仪表及文化、办公用机械制造业	104.0	149.6	100.0	100.0	
工艺品及其他制造业	100.0	100.0	107.7	106.2	109.1
电力、热力的生产和供应业	103.3	113.1	120.9	106.0	102.3
燃气生产和供应业	102.5	108.2	110.4	108.1	112.2
水的生产和供应业	102.7	105.4	103.5	103.7	103.1

12—20 2008年分月原材料、燃料、动力价格指数

(以上年同月价为100)　　单位:%

	1月	2月	3月	4月	5月	6月
全部原材料	105.2	105.5	104.8	104.5	103.4	106.2
(一)燃料、动力类	105.1	107.0	107.9	107.5	108.1	108.0
(二)黑色金属材料类	107.3	106.2	105.9	105.9	108.9	109.3
其中:钢材	107.3	106.2	105.9	105.9	108.9	109.3
其它						
(三)有色金属材料和电线类	104.0	97.3	97.2	100.9	96.8	95.0
(四)化工原料类	108.5	108.8	104.9	102.8	97.2	104.7
(五)木材及纸浆类	104.9	105.9	106.2	105.4	106.1	103.6
(六)建筑材料及非金属矿类	113.0	119.4	120.6	124.7	126.9	127.5
(七)其它工业原材料及半成品类	101.8	102.5	103.0	103.5	103.6	105.7
(八)农副产品类	110.1	110.4	109.9	109.4	111.5	113.0
(九)纺织原料类	98.1	99.3	99.4	99.7	99.9	99.8
按行业分(企业法):						
有色金属矿采选业	80.2	83.7	81.7	103.1	104.0	107.9
农副食品加工业	116.4	123.4	123.1	127.7	128.5	134.4
食品制造业	100.5	103.2	105.5	105.4	107.8	108.1
饮料制造业	105.4	107.0	107.8	108.7	115.7	117.2
烟草制品业	122.2	129.6	123.4	130.2	136.2	120.9
纺织业	107.3	108.6	99.7	100.4	100.2	99.8
纺织服装、鞋、帽制造业	100.0	100.0	100.0	100.0	101.2	100.0
木材加工及木、竹、藤、棕、草制品业	101.3	102.0	102.9	103.2	105.5	105.2
家具制造业	105.0	105.0	105.0	105.0	105.0	100.0
造纸及纸制品业	106.1	106.3	109.7	110.5	111.3	112.7
印刷业和记录媒介的复制	101.8	102.6	103.5	101.5	101.9	103.6
化学原料及化学制品制造业	107.1	110.1	110.6	111.5	112.2	113.2
医药制造业	103.5	103.6	103.5	103.4	103.8	104.3
化学纤维制造业	100.1	100.7	102.7	100.4	106.5	111.8
塑料制品业	103.2	103.6	106.4	105.2	103.6	105.3
非金属矿物制品业	108.3	110.7	109.7	110.8	111.7	112.6
有色金属冶炼及压延加工业	115.2	115.2	112.5	115.8	111.1	115.7
金属制品业	125.7	119.2	120.3	119.1	117.0	117.4
专用设备制造业	114.9	109.4	114.7	116.0	117.9	122.5
交通运输设备制造业	98.8	98.9	99.2	100.0	100.9	100.5
电气机械及器材制造业	106.8	108.0	109.4	109.9	108.5	109.3
通信设备、计算机及其他电子设备制造业	97.5	97.8	96.3	95.7	95.4	93.7
仪器仪表及文化、办公用机械制造业						
工艺品及其他制造业	115.8	110.8	113.0	115.3	111.0	111.5
电力、热力的生产和供应业	103.3	99.8	97.5	98.0	95.0	98.1
燃气生产和供应业	109.3	109.6	123.9	116.9	119.2	121.4
水的生产和供应业	102.2	102.2	102.2	102.2	102.2	102.2

12-18 续

单位:%

	7 月	8 月	9 月	10 月	11 月	12 月
全部原材料	105.9	106.0	104.3	102.9	99.2	96.6
(一)燃料、动力类	107.6	108.3	107.9	108.5	108.5	108.5
(二)黑色金属材料类	111.3	115.0	117.5	116.5	110.1	106.2
其中:钢材	111.3	115.0	117.5	116.5	110.1	106.2
其它						
(三)有色金属材料和电线类	101.4	103.6	101.4	95.0	97.5	79.7
(四)化工原料类	100.1	97.0	92.5	91.9	83.6	84.3
(五)木材及纸浆类	104.4	104.3	106.1	100.8	100.5	99.8
(六)建筑材料及非金属矿类	129.2	129.6	127.1	127.9	108.1	104.1
(七)其它工业原材料及半成品类	106.6	107.4	106.0	104.0	102.8	100.1
(八)农副产品类	116.4	117.8	116.2	114.2	107.6	94.6
(九)纺织原料类	99.7	99.6	99.1	99.0	99.2	99.0
按行业分(企业法):						
有色金属矿采选业	115.3	113.9	113.6	107.2	110.8	99.9
农副食品加工业	134.4	136.4	133.1	126.3	117.5	106.5
食品制造业	108.9	108.9	111.8	112.5	108.3	107.5
饮料制造业	117.0	117.3	119.7	118.8	115.1	115.0
烟草制品业	116.6	114.2	118.4	120.0	119.2	120.5
纺织业	99.2	97.5	97.1	95.2	89.1	90.9
纺织服装、鞋、帽制造业	100.0	100.0	100.0	100.0	100.0	100.0
木材加工及木、竹、藤、棕、草制品业	108.3	107.5	107.2	107.4	108.3	107.9
家具制造业	100.0	100.0	105.0	100.0	100.0	100.0
造纸及纸制品业	112.1	112.8	112.5	110.5	107.5	105.0
印刷业和记录媒介的复制	103.8	104.6	107.5	106.4	106.5	104.7
化学原料及化学制品制造业	113.4	116.3	116.0	121.8	116.7	110.0
医药制造业	104.6	104.0	104.5	103.6	102.8	101.0
化学纤维制造业	112.1	108.6	104.2	99.2	85.8	87.4
塑料制品业	107.0	106.6	108.7	101.9	97.5	95.1
非金属矿物制品业	112.1	115.4	115.9	115.3	112.0	109.7
有色金属冶炼及压延加工业	118.2	120.9	120.6	109.0	105.4	82.4
金属制品业	117.8	116.3	115.3	114.4	108.4	106.8
专用设备制造业	122.5	123.7	123.1	119.2	115.8	106.4
交通运输设备制造业	100.1	100.7	101.0	101.0	99.7	99.3
电气机械及器材制造业	111.2	111.9	110.3	108.4	101.4	96.4
通信设备、计算机及其他电子设备制造业	95.0	95.1	95.0	94.3	93.8	91.2
仪器仪表及文化、办公用机械制造业						
工艺品及其他制造业	113.7	108.2	105.4	106.9	102.2	95.5
电力、热力的生产和供应业	98.9	112.4	109.0	108.7	101.3	106.2
燃气生产和供应业	119.8	115.8	105.2	108.8	103.3	93.1
水的生产和供应业	102.2	104.3	104.3	104.3	104.3	104.3

13 chapter 13

科技、教育、卫生、文化和体育

SCIENCE AND TECHNOLOGY, EDUCATION,PUBLIC HEALTH CULTURE AND SPORTS

13—1 市属国有单位各类专业技术人员年龄状况

（2008 年）　　　　单位：人

指　　标	合 计	35 岁及以下	36 岁—45 岁	46 岁—54 岁	55 岁以上
合　　计	21 796	9 839	7 186	3 631	1 140
工程技术人员	1 548	435	764	285	64
农业技术人员	501	127	213	98	63
科学研究人员	16	6	4	3	3
卫生技术人员	4 332	2 208	1 190	789	145
教学人员	13 500	6 515	4 211	2 042	732
经济人员	410	59	233	82	36
会计人员	424	147	185	78	14
统计人员	53	8	20	21	4
翻译人员	5	2	2		1
图书、档案、文博人员	207	43	88	68	8
新闻、出版人员	335	147	126	44	18
律师、公证人员	3		3		
播音人员	74	34	20	12	8
工艺美术人员	9	2	3	2	2
体育人员	45	9	24	9	3
艺术人员	154	76	37	33	8
政工人员	180	21	63	65	31
其 他					

13—2 市属国有单位各类专业技术人员学历状况

（2008年）

单位：人

指　　标	合 计	研究生及以上	大学本科	大学专科	中专	高中及以下
合　　计	21 796	153	8 296	8 091	4 468	788
工程技术人员	1 548	32	727	508	181	100
农业技术人员	501	1	92	161	216	31
科学研究人员	16	1	9	5	1	
卫生技术人员	4 332	70	1 077	1 150	1 701	334
教学人员	13 500	28	5 767	5 522	2 117	66
经济人员	410	10	150	167	40	43
会计人员	424	1	117	203	56	47
统计人员	53		8	20	8	17
翻译人员	5		4	1		
图书、档案、文博人员	207	2	68	81	28	28
新闻、出版人员	335	6	185	125	10	9
律师、公证人员	3		3			
播音人员	74		17	31	10	16
工艺美术人员	9		4	2		3
体育人员	45		18	12	5	10
艺术人员	154		15	21	58	60
政工人员	180	2	35	82	37	24
其 他						

13—3 各类学校情况

指　　标	单位	1987年	2003年	2004年	2005年	2006年	2007年	2008年
高等院校								
学校数	所	2	5	10	10	10	10	11
毕业生数	人	989	3 854	8 767	7 993	11 326	16 172	19 183
招生数	人	2 591	12 110	20 837	17 246	22 820	27 846	28 345
在校学生数	人	6 223	30 202	49 370	50 724	61 487	82 850	91 973
教职工数	人	2 106	2 968	4 344	5 238	5 533	7 335	7 858
# 专任教师	人	846	1 700	2 665	3 188	3 537	4 446	4 918
中等专业学校								
学校数	所	8	37	32	32	47	54	59
毕业生数	人	461	7 194	7 590	8 038	8 688	11 274	14 157
招生数	人	709	10 067	13 798	15 457	17 856	20 486	22 558
在校学生数	人	1 931	26 855	32 261	38 373	45 599	52 404	58 207
教职工数	人	601	2 126	1 939	2 515	2 610	2 843	3 047
# 专任教师	人	311	1 251	1 118	1 499	1 512	1 628	1 742
普通中学								
学校数	所	52	94	101	104	109	108	99
毕业生数	人	13 755	28 643	31 692	37 686	37 360	39 103	34 515
招生数	人	14 699	41 645	44 361	44 894	45 636	45 701	42 231
在校学生数	人	46 810	110 473	122 579	130 264	126 133	129 314	120 036
教职工数	人	3 432	8 051	8 505	8 789	8 877	9 233	8 371
# 专任教师	人	2 408	6 226	6 590	6 986	7 059	7 342	6 796

13-3 续

指　　标	单 位	1987 年	2003 年	2004 年	2005 年	2006 年	2007 年	2008 年
职业中学								
学校数	所	8	3	5	2	14	20	25
毕业生数	人	363	557	350	418	506	1 121	2 425
招生数	人	996	531	576	570	1 631	3 358	6 240
在校学生数	人	2 138	1 369	1 398	1 206	3 082	6 623	14 377
教职工数	人	219	288	243	128	439	733	1 171
# 专任教师	人	137	215	189	105	264	470	750
小学								
学校数	所	643	390	391	379	386	370	360
毕业生数	人	16 256	30 759	31 075	29 568	31 830	32 331	33 849
招生数	人	20 665	32 907	30 734	31 722	34 561	33 089	30 963
在校学生数	人	103 003	189 297	189 440	190 647	196 988	192 058	182 011
教职工数	人	5 195	10 368	10 584	10 736	11 377	11 264	11 117
# 专任教师	人	4 370	8 894	9 128	9 130	9 705	9 532	9 538
小学学龄人口入学情况								
校内外学龄人口	人	93 535	209 741	172 783	172 043	181 432	179 163	171 664
在校学龄人口	人	93 095	209 741	172 610	171 895	181 302	179 015	170 494
学龄儿童入学率	%	99.5	100.0	99.9	99.5	100	100	100

注:职业中学中包括技工学校。

13—4 普通高等、中等专业学校一览表

（2008年）　　单位：人

指　　标	毕业生数	招生数	在校学生数	教职工数	专任教师
高等学校					
海南大学	5 965	7 004	28 951	2 506	1 505
海南医学院	1 819	1 657	6 060	738	432
海南师范大学	2 390	3 518	12 860	1 205	796
海南经贸职业技术学院	490	2 822	7 730	461	372
琼台师范高等专科学校	1 266	3 398	7 782	515	401
海南政法职业学院	865	1 332	3 748	223	168
海南广播电视大学	152			99	63
海南万和信息职业技术学院		495	1 083	120	80
海南职业技术学院	2 225	2 503	8 277	543	300
海口经济职业技术学院	4 011	5 039	14 905	1 206	685
海南科技职业学院		577	577	242	116
中等专业学校					
海口华健幼师职业学校	57	58	159	11	6
海口经济职业技术学院	149				
海口旅游职业学校	849	1 507	3 728	223	180
海口市第一职业中学	807	1 095	3 061	180	153
海口市教育研究培训院				96	72
海口市永兴中学					
海口市中医药学校	284	175	513	41	24
海南凤凰中等职业学校					
海南广播电视大学	107	61	255		
海南华南高级职业技术学校		610	1 609	70	44
海南黄冈人综合技术学校					
海南荟艺舞蹈学校	21	35	133	27	12
海南金盘中等职业技术学校		784	1 321	61	38
海南省经济技术学校	359	613	2 078	66	46
海南省星光职业学校		158	240	19	10
海南食品药品技工学校					
海南实验外国语学院	88	128	367	22	14
海南金凤凰服装工程学校	63	81	244	21	10

13-4 续 1　　(2008 年)　　单位:人

指　　标	毕业生数	招生数	在校学生数	教职工数	专任教师
海南经贸职业技术学院	334	133	622		
海南精英涉外翻译学校	81	157	295	30	15
海南立有美术职业技术学校		110	208	26	12
海南旅游经济贸易学校	234	430	874	37	26
海南旅游烹饪技术学校	76	367	816	76	44
海南南方民族艺术学校	25	47	151	32	18
海南欧鼎商业艺术学校	24	330	526	21	12
海南庆龄女子职业学校	102	140	365	38	18
海南涉外高级职业学校	17	156	320	34	25
海南省财税学校	263	482	1 393	44	27
海南省电力学校	292	113	582	59	18
海南省高级体育运动技术学校	70	127	277	200	25
海南省供销学校	46	56	138	29	16
海南省海运学校	8	32	63	18	10
海南省华侨商业学校	703	1 005	2 796	116	65
海南省机电工程学校	1 810	1 795	6 192	81	44
海南省交通学校	195	663	1 353	94	53
海南省旅游学校	360	1 102	2 404	86	55
海南省农垦海口中等专业学校	632	569	1 849	130	69
海南省农垦卫生学校	362	512	1 285	139	73
海南省农业学校	491	2 649	3 939	129	89
海南省商业学校	1 197	1 903	5 214	160	86
海南省卫生学校	1 561	1 999	5 168	134	74
海南省文化艺术学校	152	216	677	107	72

13-4 续 2 （2008 年） 单位：人

指　　标	毕业生数	招生数	在校学生数	教职工数	专任教师
海南省亚安舞蹈艺术学校	32	37	101	13	7
海南万和职业技术学校	72	18	173		
海南药业技术工程学校	322	207	714	38	23
海南省银行学校	258	626	1 745	59	33
海南职业外语旅游学校	61	185	337	29	17
海南医药职业技术学校		128	272	25	10
海南嘉林高尔夫学校		93	236	25	8
海南城市工程技术学校		75	161	28	14
海南警安职业学校		214	252	29	15
海南职业技术学院	594		566		
琼台师范高等专科学校	894	201	1 693		
海南涉外旅游学校			99	23	10
海南商务旅游学校		174	174	25	16
海南高雅典艺术学校		26	26	58	10
海南同文外国语职业学校		36	36	13	8
海南珠江源汽车工程技术学校	80		221	25	16
海南现代工贸职业学校	25	140	186		

13—5 平均每万人口在校学生数和大中小学生构成

指标	1987 年	2003 年	2004 年	2005 年	2006 年	2007 年	2008 年
各级学校在校学生占全市人口(%)	19.2	21.5	27.6	27.9	24.4	25.4	24.6
平均每万人有大学生(人)	74.1	180.9	345.3	344.4	348	461.7	501.2
平均每万人有中专生(人)	35.1	167.9	235.5	260.5	258.1	292	317.2
平均每万人有中学生(人)	582.5	686.5	858.3	892.5	713.9	720.6	654.1
平均每万人有小学生(人)	1 225.8	1 134.1	1 323.8	1 294.3	1 115	1 070.2	991.9
各级学校学生占学生总数(%)							
大学生	3.9	8.4	12.5	12.3	14.3	18.1	20.3
中专生	1.8	7.6	8.5	9.3	10.6	11.5	12.9
中学生	30.4	31.2	31.1	32	29.3	28.3	26.5
小学生	63.9	52.8	47.9	46.4	45.8	42.1	40.2

13—6 各级学校教师负担学生数

单位:人

指标	1987 年	2003 年	2004 年	2005 年	2006 年	2007 年	2008 年
高等学校							
教师人数	846	1 700	2 665	3 188	3 537	4 446	4 918
平均每个教师负担学生数	7.4	17.8	18.5	15.9	17.4	18.6	18.7
中等学校							
教师人数	426	1 251	1 118	1 499	1 512	1 628	1 742
平均每个教师负担学生数	6.9	21.5	28.9	25.6	30.2	32.2	33.4
中　学							
教师人数	2 545	6 226	6 590	7 091	7 059	7 342	6 796
平均每个教师负担学生数	19.2	17.7	18.6	18.5	17.9	17.6	17.66
小　学							
教师人数	4 370	8 894	9 128	9 130	9 705	9 532	9 538
平均每个教师负担学生数	23.6	21.3	20.8	20.9	20.3	20.1	19.1

13—7 幼儿园情况

指　　标	单 位	1987 年	2003 年	2004 年	2005 年	2006 年	2007 年	2008 年
幼儿园数	所	171	281	290	284	339	292	313
在园幼儿数	人	21 143	36 663	35 260	36 725	41 837	39 294	41 220
教职工人数	人	902	3 721	3 652	4 056	4 518	4 347	4 362
教养员	人	506	2 469	2 035	2 268	2 485	2 425	2 390

13—8 卫生事业情况

(2008 年)

指　　标	机构数（个）	床位数（张）	卫生技术人员(人)						
			小　计	执　业 医　师	执业助 理医师	注　册 护　士	药　剂 人　员	检　验 人　员	其　他
总　计	419	773	12 178	408	454	496	677	639	136
医院	38	2	7 592	4	133	1	471	358	3
疗养院	2	586	104	252		322	5	9	883
社区卫生服务中心(站)	48	0	539	3	61	4	17	12	20
卫生院	35	330	1 349	25	160	45	98	58	25
门诊部	36	30	334	178	23	246	18	12	169
诊所、卫生所、医护室	232	105	613	333	39	531	4	4	22
急救中心	2	0	143	134	1	125	3	1	13
采供血机构	1	29	109	304	3	249		23	3
妇幼保健院(所、站)	6		715	62	11	73	36	37	27
专科疾病防治院(所)	9		220	15	9	41	18	24	87
疾病预防控制中心	7		448	194	14	350	7	101	38
卫生监督所(中心)	1	412	12	80		51			64
健康教育所	1	21	0	236		26			12
其他卫生机构	1		0						

13—9 文化艺术、体育、广播电视事业情况

指　　标	单 位	1987年	2003年	2004年	2005年	2006年	2007年	2008年
电影放映单位	个	39		1	9	12	3	4
#电影院(场)	个	9		5	9	9	7	4
电影放映场次	场	16 885	14 511	3 252	10 919	18 928	19 966	11 200
电影观众	万人次	890.81	42.98	56.81	56.58	70	61.15	70
艺术表演团体	个	4	7	2	2	3	36	43
文化事业机构数	个		47	20	6	25	25	26
文化馆	个	2	2	3	2	3	2	3
全国体育比赛获奖牌数	枚	5	17	9	4	9	44	11
金　牌	枚	1	5			7	10	4
银　牌	枚	3	8	5	3	2	12	3
铜　牌	枚	1	4	4	1	0	22	4
公共图书馆	个	2	2	2	2	2	2	2
公共图书馆总藏量	千册		320	350	396	386	350	425
图书出版印数	亿册		0.78	0.85	0.56	0.49	0.56	0.44
杂志出版印数	亿册		0.12	0.11	0.12	0.11	0.11	0.11
报纸出版印数	亿印张	0.97	5.28	5.59	2.56	2.31	2.45	2.67
博物(纪念)馆	个	4	2	1	1	1	1	1
广播电台	座	2	4	1	1	1	1	1
电视台	座	1	3	1	1	1	1	1

13—10 交通、火灾事故

指标	单位	2005年	2006年	2007年	2008年
一、交通事故					
交通事故	次	10 642	510	497	430
死亡人数	人	97	89	91	96
受伤人数	人	3 496	658	592	538
直接经济损失	万元	727.76	156	145	95.3
二、火灾事故					
火灾	次	831	637	398	422
死亡人数	人	9	4	0	2
受伤人数	人	7	0	6	1
经济损失	万元	467.02	115.39	81	119

13—11 婚姻登记情况

单位:对

指标名称	2005年	2006年	2007年	2008年
结婚登记	1 0652	8 342	14 263	16 719
# 内地居民登记结婚	10 343	7 963	14 019	16 264
涉外登记结婚	309	379	244	455
离婚登记	1 484	1 326	2 001	2 122
# 内地居民登记离婚	1 459	1 296	1 978	2 085
涉外登记离婚	25	30	23	37
复婚		64	147	
补办		17	5	4

注:本表2006年为1–9月新数。

14

chapter 14

城市建设、海洋开发和环境保护

URBAN CONSTRUCTION, MARINE EXPLOITATION AND ENVIRONMENTAL PROTECTION

14—1 自来水生产经营状况

指　　标	单 位	2000 年	2005 年	2006 年	2007 年	2008 年
水　厂	个	2	3	3	3	3
自来水生产能力	万吨 / 日	61.2	77	77	77	77
各单位自备水源能力	万吨 / 日	5.7	45	41	35	32
自来水管道长度	公 里	56.3	783.52	797.77	812.79	813.65
供水总量	万 吨	11 841	14 486.1	14 425.1	14 858.2	15 442.44
# 生产用水	万 吨	830	1 141.12	1 220.82	1 344.04	1 200.1
生活用水	万 吨	6 115	7 576.27	7 336.16	7 202.33	7 378.82
生活用自来水普及率	%	100.0	99.1	99.6	99.3	99.4
人均日生活用水量	升 / 人日	294	335.49	326.2	347.7	350.36

注:2002 年以后自来水生产经营状况、公共交通、城市建设、海洋开发和环境保护等指标按新海口口径计算,其他年份为原海口数,下同。人均日生活用水量按市区常住人口口径计算。

14—2 公　共　交　通

指　　标	单 位	2004 年	2005 年	2006 年	2007 年	2008 年
年末营运公共汽车	辆	762	827	860	865	967
年末出租汽车营运车辆	辆	1 929	1 931	1 963	1 963	1 963
公共汽车客运总量	万人次	10 248	18 725	19 000	19 000	213 000
公共汽车营运路线长度	公 里	633	245	245	245	245
每万人拥有公共交通车辆	标 台	7.34	8.46	13.70	11	11

14—3 市 政 设 施

指　　标	单 位	2004年	2005年	2006年	2007年	2008年
年末实有铺装道路长度	公 里	458.6	470.63	500	514	551
年末实有铺装道路面积	万平方米	989.4	1 070.1	1 178	1 212	1 215
年末实有桥梁数	座	70	69	69	72	72
城市排水管道长度	公 里	920.9	923.9	790	943	994
城市路灯盏数	千盏	32.2	38.3	42	42	42

14—4 城 市 环 境 卫 生

指　　标	单 位	2004年	2005年	2006年	2007年	2008年
清扫运输机械数	辆	171	150	144	182	188
#清扫车	辆	5	5	6	14	16
垃圾车	辆	147	139	132	155	158
粪便车	辆	6	2	2	4	4
洒水车	辆	5	4	4	9	10
清除垃圾粪便	万吨	39.3	38	39	35.6	35.6
#垃圾	万吨	33.7	33	33.8	29.6	29.5
粪便	万吨	5.60	5.00	5.20	6.0	6.1
清扫街道面积	万平方米	1 233	1 543	1 420	1 683	1 723
公　厕	座	132	123	138	168	168

14—5 城　市　绿　化

指　　标	单 位	2004 年	2005 年	2006 年	2007 年	2008 年
城市园林绿地总面积	公顷	2 418	2 512	3 244	3 285	3 558
市区绿化覆盖率	%	38.51	27.06	39.5	40.0	40.5
公园数	个	16	17	16	16	17
公园面积	公顷	491	617	491	512	628
人均公共绿地面积	平方米	8.3	8.3	8.3	8.7	9.52

14—6 城市房屋建筑面积和住宅居住面积

指　　标	单 位	2004 年	2005 年	2006 年	2007 年	2008 年
年末实有房屋建筑面积	万平方米	4 115.3	4 316.63	4 478.39	4 738.54	5 014.24
年末实有住宅建筑面积	万平方米	2 632.6	2 797.99	2 906.31	3 106.91	3 309.71
城市居住人口(与居住面积同口径)	万人	82.3	86.5	89.77	91.48	94.13
平均每人使用面积	平方米	32.00	32.37	32.37	33.66	35.16

注:2005 年人均使用面积改为人均住宅建筑面积。

14—7 海 洋 开 发 与 管 理

指　　标	单 位	2004 年	2005 年	2006 年	2007 年	2008 年
管理人数	人	22	22	22	24	27
海洋废弃物倾倒量	万立方米	14.2	16.2	17.04	90	50.2
征收海洋废弃物倾倒费	万 元	0.71	0.81	0.85	4.5	2.51
年度批准海域使用面积	公 顷	95.16	2.6	130.09	31.59	190.36
征收海域使用费	万 元	80.00	31.69	13 833.34	945.67	1 153.26

14—8 重点监测海域环境质量状况

水质等级 / 年份 / 海域位置	2004 年	2005 年	2006 年	2007 年	2008 年
秀英滨海浴场	B	B	B	B	B
假日海滩浴场	B	B	B	B	B

备　　注　A:-- 海滩水　　B:二类海水　　C:三类海水

下标:1、接近该级标准下限值

下标:2、接近该级标准上限值

14—9 工业“三废”排放及处理情况

指　　标	单 位	2004 年	2005 年	2006 年	2007 年	2008 年
废水						
废水排放总量	万 吨	8 761.33	9 324.53	10 068.98	10 239.91	10 805.36
工业废水排放总量	万 吨	688.33	485.53	620.58	556.75	481.14
工业废水处理量	万 吨	441.76	278.07	380.36	408.39	427.98
工业废水排放达标量	万 吨	661.73	468.76	613.22	556.75	427.98
工业废水处理达标量	万 吨	441.76	278.07	380.36	408.39	427.98
废气						
废气排放量	万标立方米	134 010	89 395	105 955	133 979	146 293
燃料燃烧过程中废气排放量	万标立方米	74 993	20 000	31 556	59 007	85 476
# 经过消烟除尘的	万标立方米	74 993	20 000	31 458	59 007	85 476
生产工艺过程中废气排放量	万标立方米	59 017	69 395	74 399	74 972	60 817
# 经过净化处理的	万标立方米	59 017	69 395	74 399	74 972	60 817
二氧化硫排放量	吨	453.91	133.46	174.37	139.59	204.31
烟尘排放量	吨	332.39	96.61	276.32	317.81	236.07
废物						
工业固体废物产生量	万 吨	2.58	3.56	3.23	1.35	2.11
工业固体废物综合利用量	万 吨	2.58	3.45	3.23	1.26	1.99
“三废”综合利用产品产值	万 元	53.8	239.5	1285	987.3	550.6
污染治理						
资金来源合计	万 元	1 135.3	1 921	10 569.9	5 477	491
环保补助资金	万 元	3.5				260
其他	万 元	1 135.3	1 921	10 569.9	5 473.5	231
资金使用合计	万 元	1 135.3	1 921	10 569.9	5 477	491
治理废水	万 元	850	890	3 511.6	459.3	141
治理废气	万 元	150	390	1 047		
治理固体废物	万 元	35.3		497		
治理噪声	万 元	100	50	867.4	9.9	
排污收费和污染赔(罚)款						
排污费交纳单位	个	430	251	236	520	503
排污费征收额	万 元	300	360	503	627	536
排污费支出额	万 元	300				

注:2002 年以后企业事业单位三废治理指标按新海口口径计算,其他年份为原海口数。

HAIKOU STATISTICAL YEARBOOK

PEOPLE'S LIVELIHOOD 人民生活

15
chapter 15

HAIKOU STATISTICAL YEARBOOK

15—1 城市居民家庭抽样调查基本情况

指　　标	单 位	1987 年	2000 年	2006 年	2007 年	2008 年
调查户数	户	100	200	300	300.00	300
平均每户家庭人口	人	4.28	3.55	3.35	3.30	3.16
平均每户就业人口	人	2. 36	1.70	1.49	1.48	1.37
平均每户就业面	%	55.17	47.95	44.48	44.85	43.35
平均每人家庭总收入	元	1 117.80	7 138.05	11 474.82	13 111.86	15 202.98
#可支配收入	元	1 112.00	7 103.49	10 712.23	12 288.96	14 149.50
平均每人借贷收入	元	37.28	1 144.89	2 164.21	3 406.62	3 080.25
#提取储蓄款	元	18.39	819.49	1 683.31	2 962.89	2 919.76
平均每人家庭总支出	元	1 023.84	6 332.88	10 443.28	12 537.57	13 580.56
#消费性支出	元	978.60	5 423.85	8 109.08	10 203.00	11 137.52
平均每人借贷支出	元	136.14	1 321.49	3 497.91	3 663.11	4 372.09
#存入储蓄款	元	102.59	971.97	3 184.98	3 287.38	4 018.80
平均每人居住面积	平方米	7.04	16.42	21.78	21.85	21.96
平均每户净存款	元	372.79	541.36	5 033.88	1 070.82	3 461.98
平均每户年末手存现金	元	424.28	3 658.24	2 288.51	2 532.85	2 996.85

15—2 300户城市居民

（2008

指　　标	单位	总　计	最低收入户	困难户
基本情况				
调查户	户	300	30	15
平均每户家庭人口	人	3.16	4.16	4.13
平均每户就业人口	人	1.37	0.95	1.16
平均每户就业面	%	43.35	22.84	28.09
平均每人家庭总收入	元	15 202.98	4 538.88	4 129.61
#可支配收入	元	14 149.50	4 177.00	3 540.45
平均每人借贷收入	元	3 080.25	660.78	672.73
#提取储蓄款	元	2 919.76	598.76	672.73
平均每人家庭总支出	元	13 580.56	4 357.75	4 050.74
#消费性支出	元	11 137.52	3 876.81	3 291.21
平均每人借贷支出	元	4 372.09	418.60	333.33
#存入储蓄款	元	4 018.80	317.83	257.58
平均每人使用面积	平方米	21.96	11.31	11.19
平均每户净存款	元	3 472.97	−1 168.67	−1 714.57
平均每户年末手存现金	元	3 006.36	2 255.55	2 594.71

家庭基本情况

年)

低收入户	中等偏下户	中等收入户	中等偏上户	高收入户	最高收入户
30	60	60	60	30	30
3.35	3.57	3.10	2.94	2.70	2.12
1.19	1.59	1.36	1.51	1.38	1.24
35.52	44.54	43.87	51.36	51.11	58.49
6 777.75	9 657.17	13 793.02	19 241.34	27 243.37	45 986.79
6 499.51	9 048.04	13 012.24	17 795.10	24 652.25	43 085.76
1 054.42	1 104.96	2 042.59	4 301.10	9 406.79	9 389.98
1 038.82	1 073.35	2 012.09	4 103.60	9 203.70	8 150.68
6 633.00	8 207.54	12 335.89	17 865.68	28 734.09	33 561.90
6 132.66	7 098.94	10 319.34	14 533.31	23 441.02	24 515.83
614.56	1 858.26	2 696.77	6 221.86	8 615.04	21 001.61
614.56	1 724.77	2 665.84	5 602.16	7 437.53	19 683.06
17.75	17.38	21.98	25.67	27.05	41.99
−1 421.27	2 325.57	2 026.63	4 405.77	−4 768.66	24 448.65
2 631.93	2 779.96	2 628.96	3 792.84	3 459.65	3 254.58

15—3 不同收入水平的城市居民

（2008

指　　标	单 位	总平均	最低收入户	
				困 难 户
家庭总收入	元	15 202.98	4 538.88	4 129.61
#工薪收入	元	9 741.60	2 408.00	2 727.96
经营净收入	元	1 551.86	271.49	189.85
财产性收入	元	548.77	474.33	200.00
转移性收入	元	3 360.75	1 385.06	1 011.80
出售财物收入	元	405.94		
借贷收入	元	3 080.25	660.78	672.73
消费支出	元	11 137.52	3 876.81	3 291.21
食品	元	4 622.98	2 337.33	2 146.10
衣着	元	538.30	113.41	92.77
设备用品及服务	元	634.02	116.90	124.65
医疗保健	元	675.57	279.05	168.63
交通与通讯	元	1 739.17	196.93	169.48
娱乐教育文化服务	元	1 194.50	222.16	103.46
居住	元	1 450.75	564.41	443.21
杂项商品与服务	元	282.23	46.61	42.90
消费支出构成	%			
食品	%	41.51	60.29	65.20
衣着	%	4.83	2.93	2.82
设备用品及服务	%	5.69	3.01	3.79
医疗保健	%	6.07	7.20	5.12
交通与通讯	%	15.62	5.08	5.15
娱乐教育文化服务	%	10.73	5.73	3.15
居住	%	13.02	14.56	13.47
杂项商品与服务	%	2.53	1.20	1.30

家庭人均收入和支出

年)

低收入户	中等偏下户	中等收入户	中等偏上户	高收入户	最高收入户
6 777.75	9 657.17	13 793.02	19 241.34	27 243.37	45 986.79
4 012.76	6 226.32	8 471.18	12 937.55	18 688.68	28 718.95
305.10	656.84	1 343.78	2 031.36	2 947.48	6 564.07
354.59	415.31	357.95	560.66	197.19	2 415.04
2 105.29	2 358.70	3 620.10	3 711.77	5 410.02	8 288.72
1.34	3.53	7.07	1 340.13	1 852.02	1.64
1 054.42	1 104.96	2 042.59	4 301.10	9 406.79	9 389.98
6 132.66	7 098.94	10 319.34	14 533.31	23 441.02	24 515.83
3 310.89	3 818.83	4 940.05	5 573.39	6 312.82	8 256.86
245.30	322.23	458.05	839.17	1 085.28	1 291.07
276.23	315.80	475.66	1 016.90	1 332.30	1 830.28
490.74	493.63	920.40	605.46	881.77	1 570.71
387.26	662.87	1 336.65	2 417.42	4 805.71	5 967.23
427.07	606.43	1 169.68	2 000.90	2 624.81	2 363.55
830.95	729.92	810.20	1 689.17	5 918.81	2 181.35
164.21	149.21	208.65	390.89	479.51	1 054.78
53.99	53.79	47.87	38.35	26.93	33.68
4.00	4.54	4.44	5.77	4.63	5.26
4.50	4.45	4.61	7.00	5.68	7.47
8.00	6.95	8.92	4.17	3.76	6.41
6.32	9.34	12.95	16.63	20.50	24.34
6.96	8.54	11.34	13.77	11.20	9.64
13.55	10.28	7.85	11.62	25.25	8.90
2.68	2.11	2.02	2.69	2.05	4.30

15—4 城市居民家庭人均可支配收入和消费性支出

（按收入水平分组）　　单位:元

指　　标	1987年	2000年	2006年	2007年	2008年
人均可支配收入	1 112.00	7 103.49	10 712.23	12 289.00	14 149.50
最低收入户	544.66	2 327.25	2 963.13	3 329.78	4 177.00
#更低收入户	533.36	1 996.90	2 527.17	2 767.48	3 540.45
低收入户	654.98	3 334.77	4 550.93	5 090.48	6 499.51
中等偏下户	781.59	4 387.13	6 899.35	7 516.55	9 048.04
中等收入户	991.42	6 737.66	9 820.34	11 128.60	13 012.24
中等偏上户	1 171.06	9 303.95	14 091.10	16 394.20	17 795.10
高收入户	1 402.10	12 379.74	18 905.96	21 188.57	24 652.25
最高收入户	1 733.72	19 383.08	30 046.56	34 925.67	43 085.76
人均消费性支出	978.60	5 423.85	8 109.08	10 203.00	11 137.52
最低收入户	544.92	2 174.07	2 724.27	3 192.02	3 876.81
#更低收入户	512.64	2 071.65	2 333.60	2 912.27	3 291.21
低收入户	558.48	3 358.92	3 888.42	4 451.91	6 132.66
中等偏下户	699.60	3 836.96	5 595.11	6 455.70	7 098.94
中等收入户	940.08	5 230.65	7 605.70	9 354.59	10 319.34
中等偏上户	1 053.72	7 159.47	11 474.09	14 343.55	14 533.31
高收入户	1 311.84	8 241.37	10 424.32	15 802.40	23 441.02
最高收入户	1 335.36	12 180.58	22 612.81	27 219.69	24 515.83

15—5 不同收入水平的城市居民家庭人均年主要消费品购买量

（2008 年）

指标	单位	总平均	最低收入户	困难户	低收入户	中等偏下户	中等收入户	中等偏上户	高收入户	最高收入户
鲜菜	千克	95.13	67.60	73.45	87.65	88.07	97.68	170.21	115.38	111.53
食用植物油	千克	9.28	6.66	6.20	9.92	8.59	8.36	12.38	9.03	10.55
猪肉	千克	23.79	15.73	14.51	21.68	23.76	26.66	25.87	28.49	23.24
牛羊肉	千克	2.95	1.52	1.09	2.36	2.25	3.63	3.90	4.18	2.92
家禽	千克	15.13	11.39	12.43	15.32	15.83	15.54	16.16	14.74	16.57
鲜蛋	千克	4.53	2.20	1.37	2.70	3.65	4.87	5.87	7.76	6.20
鱼虾	千克	25.10	19.06	18.40	22.04	23.74	29.18	26.08	24.10	30.74
酒	千克	1.65	0.53	0.34	1.44	1.02	1.18	2.77	3.31	2.70
瓜果	千克	47.35	18.02	21.20	30.88	39.51	51.38	62.00	66.80	81.38
糕点	千克	2.84	1.21	1.03	1.25	2.60	2.58	3.02	4.70	7.25
奶品	千克	7.08	1.85	1.84	3.24	4.45	6.86	9.90	14.15	16.30
各式服装	件	5.64	2.16	1.86	3.39	5.16	5.14	7.57	7.75	11.22
鞋类	双	2.03	1.16	1.27	1.21	1.89	2.31	2.11	3.47	2.67
煤炭	千克	1.47	1.40			2.53		2.37		4.00
液化石油气	千克	22.61	21.28	17.50	27.73	22.16	25.87	20.70	14.88	24.50

15—6 不同收入水平的300户城市居民家庭主要耐用消费品购买量

（2008年）

指　标	单位	总　计	最低收入户	困难户	低收入户	中等偏下户	中等收入户	中等偏上户	高收入户	最高收入户
摩托车	辆	2						1		1
助力车	辆	32	2		3	6	8	6	4	3
家用汽车	辆	6					1	1	2	2
洗衣机	台	20			2	3	5	2	4	4
电冰箱	台	18	1	1	2	2	3	3	3	4
彩色电视机	台	23	1		2	3	1	6	5	5
家用电脑	台	18	1		1	2	2	5	2	5
组合音响	套	2						1		1
照相机	台	5					2	2	1	
中高档乐器	件									
微波炉	台	7			2	1	1	2		1
空调器	台	17			1	4	4	3	4	1
沐浴热水器	台	15			1	1	6	3	2	2
普通电话	部	24	3	3	4	4	3	3	2	5
移动电话	部	80	2		1	15	16	19	10	17

15—7 不同收入水平的300户城市居民家庭

年末主要耐用消费品拥有量

（2008年）

指标	单位	总计	最低收入户		低收入户	中等偏下户	中等收入户	中等偏上户	高收入户	最高收入户
				困难户						
摩托车	辆	63	5	2	4	16	12	12	8	6
助力车	辆	128	13	7	16	30	29	22	9	9
家用汽车	辆	39				1	7	15	8	8
洗衣机	台	224	10	4	22	43	46	49	23	31
电冰箱	台	251	18	9	24	46	52	54	26	31
彩色电视机	台	359	33	16	33	67	72	74	37	43
家用电脑	台	169	6	4	7	27	30	48	24	27
组合音响	套	82	5	2	4	15	22	14	10	12
摄像机	台	20	1		1		6	4	4	4
照相机	台	78	2	1	4	6	21	15	13	17
中高档乐器	件	15				2	6	2	3	2
微波炉	台	121	3	2	8	18	24	28	19	21
空调器	台	248	4	2	10	29	46	62	45	52
沐浴热水器	台	254	19	11	25	47	51	52	29	31
普通电话	部	268	26	13	29	49	53	54	27	30
移动电话	部	488	26	16	37	108	104	105	58	50

15—8 城市居民居住情况

（2008 年）

指　　标	调查户数(户)
总　　计	300
一、按使用面积分	
无房户	
4 平方米以下	4
4—8 平方米	24
8—12 平方米	32
12—16 平方米	40
16—20 平方米	46
20—24 平方米	39
24 平方米以上	115
二、按房屋产权分	
租赁公房	29
租赁私房	44
原有私房	49
房改私房	125
商品房	52
其它	1
三、按自来水使用情况分	
无自来水	1
独用自来水	299
公用自来水	
四、按卫生设备拥有情况分	
无卫生设备	6
有浴室厕所	285
有厕所无浴室	2
公用卫生设备	7
五、按燃料使用情况分	
管道煤气	70
液化石油气	225
煤	2
其他	3
六、按电话拥有情况分	
无电话	31
有电话	269
七、按住宅建设式样分	
家庭单栋配套楼房	11
单元式配套住宅	242
一居室	12
二居室	118
三居室	91
四居室及以上	21
普通楼房	26
其他住宅	21

15—9 农村居民家庭人均现金收入情况

单位:元

指　　标	2004年	2005年	2006年	2007年	2008年
总现金收入	4 179	4 502	4 921	5 506	6 304
家庭生产经营收入	2 925	3 175	3 516	3 938	4 396
第一产业收入	2 243	2 481	2 789	3 124	3 531
#农　业	898	1 070	1 167	1 307	1 493
林　业	334	315	384	430	500
牧　业	571	746	868	972	1 118
渔　业	440	350	370	415	420
第二产业收入	122	110	137	153	190
#工　业	20		17	25	40
建筑业	102	110	120	128	150
第三产业收入	560	584	590	661	675
#出售其他产品收入	32	51	30	45	43
第三产业服务性现金收入	528	533	560	616	632
餐饮、批零业	273	173	194	215	231
社会服务业	43	11	20	22	30
交通、运输业	118	81	53	59	60
文教卫生业收入					11
其　他	94	268	293	320	300
工资性收入	673	715	766	850	954
在非企业组织中劳动得到收入	181	173	187	190	209
在本乡地域内劳动得到收入	258	296	301	332	445
外出从业得到收入	234	246	278	328	300
财产性收入	288	304	312	361	475
转移性收入	293	308	327	357	479
非收入现金所得	527	606	344	419	450
非借贷性现金所得	293	235	180	230	238
借贷性现金所得	234	371	164	189	212

15—10 农村居民家庭人均现金支出情况

单位:元

指　　标	2004年	2005年	2006年	2007年	2008年
总现金支出	2 820	3 186	3 454	3 827	4 395
生产费用支出	733	821	904	1 007	1 180
家庭生产经营费用支出	726	813	880	981	1 152
第一产业生产费用支出	719	791	871	954	1 113
#农　业	288	314	361	397	461
林　业	6	25	37	50	62
牧　业	270	296	315	341	410
渔　业	155	156	158	166	180
第二产业生产费用支出	1	20	4	14	28
#工　业	1	1			
建筑业		19	4	14	28
第三产业生产费用支出	6	2	5	13	11
餐饮、批零业				3	2
社会服务业	1				
交通、运输业	1	1	5	8	7
其　他	4	1		2	2
购置生产性固定资产支出	7	8	9	10	15
建、造生产性固定资产雇工支出			15	16	13
税费支出	7				
生活消费支出	1 947	2 207	2 381	2 633	2 988
食品	953	1 009	1 047	1 132	1 308
衣着	68	75	86	99	115
居住	181	203	230	259	320
家庭设备、用品及服务	102	141	158	177	177
交通和通讯	172	231	254	299	290
文化教育、娱乐用品及服务	268	284	308	330	400
医疗保健	128	181	197	221	263
其他商品和服务	75	83	101	116	115
财产性支出	6	7		3	4
转移性支出	127	151	169	184	223
非消费性支出	225	257	280	309	330

15—11 农村居民家庭人均收入情况

单位:元

指　　标	2004年	2005年	2006年	2007年	2008年
人均总收入	4 462	4 920	5 359	5 924	6 765
工资性收入	673	715	766	850	954
在非企业组织劳动得到	181	173	187	190	209
在本地劳动得到	258	296	301	332	445
常住人口外出从业得到	234	246	278	328	300
家庭经营收入	3 208	3 593	3 953	4 356	4 857
第一产业收入	2 526	2 899	3 226	3 542	3 992
第二产业收入	122	110	137	153	190
第三产业收入	560	584	590	661	675
财产性收入	288	304	312	361	475
转移性收入	293	308	328	357	479
人均纯收入	3 572	3 829	4 154	4 582	5 215
工资性收入	673	715	766	850	954
在非企业组织劳动得到	181	173	187	190	209
在本地劳动得到	258	296	301	332	445
常住人口外出从业得到	234	246	278	328	300
家庭经营收入	2 341	2 520	2 766	3 014	3 307
第一产业收入	1 674	1 840	2 073	2 259	2 527
第二产业收入	119	100	128	137	150
第三产业收入	548	580	565	618	630
财产性收入	288	304	312	361	475
转移性收入	270	290	310	357	479
可支配收入	3 468	3 734	4 026	4 368	4 892

15—12 农村居民家庭人均支出情况

单位:元

指　　标	2004 年	2005 年	2006 年	2007 年	2008 年
总支出	3 556	3 960	4 276	4 734	5 488
家庭经营费用支出	780	874	946	1 050	1 356
第一产业支出	773	852	937	1 023	1 321
第二产业支出	1	20	4	14	20
第三产业支出	6	2	5	13	15
购置生产性固定资产支出	7	8	9	10	12
建、造生产性固定资产雇工支出			15	16	16
税费支出	8				
第一产业税	1				
第二产业税					
第三产业税	3				
其他各种收费	4				
生活消费支出	2 626	2 921	3 137	3 467	3 874
食品	1 517	1 538	1 598	1 695	2 016
衣着	68	75	86	99	115
居住	296	388	435	503	604
家庭设备、用品及服务	102	141	158	177	112
医疗保健	128	181	197	214	254
交通通讯	172	231	254	299	242
文教娱乐用品及服务	268	284	308	364	419
其它商品及服务	75	83	101	116	112
财产性支出	6	7		3	4
转移性支出	129	150	169	188	226

15—13 农村家庭平均每百户年末主要耐用消费品拥有量

指标	单位	2004年	2005年	2006年	2007年	2008年
洗衣机	台	27	4	10	12	13
电冰箱	台	24	4	6	8	8
空调机	台	1	0			
热水器	台	32	18	22	30	33
摩托车	辆	74	76	95	94	77
电话机	部	47	44	52	43	41
移动电话机	部	51	47	63	112	104
彩色电视机	台	90	78	91	102	101
黑白电视机	台	9	6	4	2	2
照相机	台	4	3		1	
抽油烟机	台					3
微波炉	台				2	6
汽车	辆					
影碟机	台				22	21
家用计算机	台				5	7

15—14 农村居民人均主要食品消费量

单位:公斤

指标	2004年	2005年	2006年	2007年	2008年
粮食消费量	211.76	211.68	229.47	217.48	236.03
谷物消费量	205.82	205.50	222.91	215.59	231.71
薯类消费量	3.54	1.47	3.59	1.04	2.6
豆类消费量	2.40	4.71	2.97	0.85	1.72
油脂类消费量	7.58	7.24	6.26	5.71	5.83
蔬菜及菜制品类消费量	136.28	120.18	112.18	74.89	159.62
瓜类	1.45	2.77	1.89	0.76	6.11
水果类	18.83	4.92	7.56	7.84	5.73
肉禽及其制品	45.18	35.39	35.59	31.27	29.53
猪肉	15.90	21.60	14.39	13.43	12.18
牛肉	0.66	0.52	0.71	0.85	0.72
羊肉	1.68	1.34	2.54	1.43	0.68
家禽及其他	26.94	11.93	17.95	15.57	15.95
蛋类及蛋制品	2.43	1.96	1.39	0.83	1.46
水产品	18.38	10.65	10.31	10.07	23.59
食糖	1.30	1.40	1.45	1.17	0.57
酒类	3.78	4.17	3.67	2.65	2.32

15—15 农民家庭基本情况

指　　标	单 位	2004 年	2005 年	2006 年	2007 年	2008 年
调查户数	户	160	100	100	100	100
家庭常住人口	人	841	452	437	445	418
平均每户常住人口	人	5.25	4.52	4.37	4.45	4.18
家庭劳动力人数	人	524	278	286	294	283
期末生产性固定资产原值	元 / 人	1 086.81	798.38	1 043	832	1 165.8
农　业	元 / 人	483.59	771.85	857	772	734.8
工　业	元 / 人	27.35				
居住情况						
住房面积	平方米 / 人	26.05	26.97	27.63	28.32	29.85
住房价值	元 / 平方米	390.54	349.98	346.46	384.67	612.57
居住条件						
住房有卫生设备的住户	户	112	46	46	55	68
使用安全饮用水的住户	户	151	54	60	87	99
燃料使用情况						
使用液化气的住户	户	59	17	11	25	39
使用柴草的住户	户	86	77	81	69	60
生活用电数量	度 / 户	296	252	265	264	379.13

海口统计年鉴

HAIKOU STATISTICAL YEARBOOK

16 chapter 16

35个大中城市主要经济指标

MAIN ECONOMIC INDICATORS OF 35 LARGE AND MEDIUM-SIZED CITIES

HAIKOU STATISTICAL YEARBOOK

16—1 35个大中城市主要经济指标

（2008年）

城市名称	土地面积（平方公里）	生产总值（亿元）	#工业增加值（亿元）	社会消费品零售总额（亿元）	进出口总额（亿美元）
重庆市	82 269	5 096.66	2 036.40	2 064.09	95.21
厦门市	1 573	1 560.02	705.36	418.92	453.89
上海市	6 341	13 698.15	5 784.99	4 537.14	3 221.38
北京市	16 411	10 488.00	2 198.50	4 589.00	2 718.50
天津市	11 920	6 354.38	3 533.86	2 000.34	805.39
大连市	12 574	3 858.20	1 771.80	1 182.60	470.41
青岛市	10 654	4 436.18	2 062.00	1 464.77	536.37
深圳市	1 953	7 806.54	3 618.32	2 251.82	2 999.75
长春市	20 571	2 561.90	1 066.70	945.70	87.90
长沙市	11 819	3 000.98	1 311.27	1 273.87	51.68
成都市	12 390	3 900.98	1 479.41	1 621.90	154.10
福州市	11 968	2 284.16	924.79	1 134.37	203.47
广州市	7 434	8 215.82	2 956.57	3 140.13	819.52
贵阳市	8 034	811.05	300.15	343.53	22.52
哈尔滨市	53 068	2 868.20	809.80	1 264.00	36.45
海口市	2 305	443.18	81.26	234.75	36.14
杭州市	16 596	4 781.16	2 140.20	1 558.38	480.65
合肥市	7 047	1 664.84	654.92	588.36	77.08
呼和浩特市	17 224	1 316.37	413.94	533.16	8.97
济南市	8 177	3 017.42	1 140.14	1 356.68	80.27
昆明市	21 011	1 605.39	595.26	700.74	73.08
兰州市	13 086	846.28	318.93	395.04	7.15
南昌市	7 402	1 660.08	681.63	528.89	34.00
南京市	6 582	3 775.00	1 555.00	1 651.82	405.92
南宁市	22 112	1 316.21	350.45	631.68	18.71
沈阳市	12 881	3 860.47	1 757.39	1 505.54	71.29
石家庄	2 393	2 838.37	1 095.81	1 005.2	69.9
太原市	6 988	1 468.09	621.36	619.95	93.86
乌鲁木齐市	14 216	1 020.00	355.00	418.64	52.29
武汉市	8 494	3 960.08	1 515.65	1 850.05	139.77
西安市	10 108	2 190.04	742.65	1 154.30	70.40
西宁市	7 690	422.19	193.75	169.99	6.29
银川市	9 555	514.11	211.46	155.77	12.70
郑州市	7 446	3 004.00	1 484.70	1 206.20	42.80
宁波市	9 817	3 964.10	1 990.50	1 238.02	678.40

16-1 续1

（2008年）

城市名称	外商直接投资（亿美元）	全社会固定资产投资额(亿元)	#房地产开发投资(亿元)	居民人均可支配收入(元)	农民人均纯收入(元)
重庆市	27.37	4 045.25	991.00	14 368	4 126
厦门市	20.42	928.32	323.96	23 948	8 475
上海市	100.84	4 829.46	1 366.87	26 675	11 385
北京市	60.80	3 848.50	1 908.70	24 725	10 747
天津市	74.20	3 404.11	653.72	19 423	9 670
大连市	50.10	2 513.40	495.80	17 500	9 818
青岛市	26.40		373.10	20 464	8 509
深圳市	40.30	1 467.60	440.49	26 729	
长春市	20.40	1 818.80	352.90	15 003	5 292
长沙市	18.01	1 873.33	469.47	18 282	8 002
成都市	22.45	3 012.90	912.50	16 943	6 841
福州市	10.02	1 248.90	309.80	19 009	7 142
广州市	37.74	2 104.56	762.43	25 316	9 828
贵阳市	0.94	601.57	170.10	13 817	4 818
哈尔滨市	5.70	1 341.30	215.80	14 589	5 961
海口市	5.60	219.06	71.25	14 150	5 215
杭州市	33.12	1 961.72	596.63	24 101	10 692
合肥市	12.00	1 838.64	565.47	15 591	5 368
呼和浩特市	7.07		177.07	20 267	7 051
济南市	8.64	1 415.33	274.12	20 802	7 180
昆明市	6.02	1 053.16	259.29	14 482	4 610
兰州市	0.82	431.98	92.51	11 677	3 503
南昌市	14.11	1 098.85	163.30	15 112	5 774
南京市	23.72	2 154.17	508.17	23 123	8 951
南宁市	2.93	693.44	199.30	14 446	4 001
沈阳市	60.01	3 008.65	1 010.91	17 013	8 029
石家庄	4.4	1 727	281.76	15 062	5 469
太原市	3.12	702.63	121.60	15 230	6 355
乌鲁木齐市	1.01	349.66	100.35	12 328	6 116
武汉市	25.73	2 252.05	570.36	16 712	6 349
西安市	12.50	1 906.19	540.10	15 207	5 212
西宁市	0.67	221.31	44.72	11 929	3 944
银川市	0.39	3 65.69	78.60	14 458	4 917
郑州市	14.00	1 772.70	430.00	16 120	7 548
宁波市	25.38	1 728.24	307.75	25 304	11 450

16-1 续 2 （2008 年）

城市名称	地方财政一般预算收入（亿元）	金融机构存款余额（亿元）	金融机构贷款余额（亿元）	城乡居民储蓄存款余额（亿元）	居民消费价格总指数（%）
重庆市	577.24	8 021.95	6 320.81	3 988.96	105.6
厦门市	220.23	2 430.42	2 101.73	929.44	104.9
上海市	2 382.34	33 643.85	21 236.21	11 484.88	105.8
北京市	1 837.30	41 500.00	19 431.10	11 869.90	105.1
天津市	675.55	9 490.11	7 277.46	3 956.86	105.4
大连市	339.10	5 230.84	3 638.67	2 373.57	104.4
青岛市	342.44	4 735.38	3 748.32	2 123.36	104.7
深圳市	800.36	13 011.24	9 058.46	4 905.93	105.9
长春市	119.00	3 024.50	2 811.80	1 507.40	101.3
长沙市	205.57	3 819.63	3 420.85	1 472.67	105.2
成都市	354.58	8 317.08	5 409.72	3 264.79	104.3
福州市	168.86	3 858.76	3 078.22	1 709.90	104.4
广州市	621.96	16 421.05	10 304.73	6 867.29	105.9
贵阳市	89.05	1 994.78	1 623.77	767.05	107.0
哈尔滨市	164.00	3 974.80	2 636.80	1 916.80	104.7
海口市	31.03	1 322.54	940.93	517.95	105.8
杭州市	455.35	11 146.24	9 784.31	3 420.65	104.9
合肥市	160.94	2 270.96	2 475.33	811.03	106.4
呼和浩特市	82.24	1 649.83	1 458.61	640.56	104.6
济南市	186.02	5 036.80	4 116.70	1 588.50	105.7
昆明市	174.99	4 267.47	4 012.41	1 525.36	105.8
兰州市	50.86	2 156.29	1 520.26	823.83	107.2
南昌市	102.15	2 471.16	2 112.02	955.40	104.3
南京市	386.56	8 392.88	7 171.69	2 505.33	106.2
南宁市	92.88	2 320.48	2 316.63	888.65	108.4
沈阳市	290.90	5 275.92	3 526.16	2 471.78	104.4
石家庄	110.04				106.7
太原市	116.92	4 480.77	2 926.77	1 728.92	107.4
乌鲁木齐市	100.98	2 371.96	1 217.32	872.22	107.0
武汉市	277.32	6 397.52	4 998.15	2 428.02	105.7
西安市	145.61	5 711.27	3 235.84	2 504.41	106.0
西宁市	23.45	998.82	857.34	395.62	108.2
银川市	35.82	993.91	965.08	423.15	107.6
郑州市	260.40	4 916.40	3 612.30	2 067.20	106.1
宁波市	390.39	6 210.47	5 670.44	2 365.15	105.0

海口统计年鉴

HAIKOU STATISTICAL YEARBOOK

APPENDIX 附录 17

chapter 17

主要统计指标解释

一、综 合

地区生产总值 是按市场价格计算的国内生产总值的简称。它是一个国家(地区)所有常住单位在一定时间内生产活动的最终成果。地区生产总值有三种表现形态,即价值形态、收入形态和产品形态。从价值形态看,它是所有常住单位在一定时间内所生产的全部货物和服务价格超过同期投入的全部非固定资产货物和服务价值的差额,即所有常住单位的增加值之和;从收入形态看,它是所有常住单位的在一定时间内所创造并分配给常住单位和非常住单位的初次分配收入之和;从产品形态看,它是最终使用的货物和服务减去进口货物和服务。在实际核算中,地区生产总值的三种表现形态为三种计算方法,即生产法、收入法和支出法。三种方法分别从不同的方面反映地区生产总值及其构成。

增加值 指各部门(单位)在一定时期内从事经济、科技、社会活动获得最终成果的货币表现。反映生产单位或部门对国内生产总值的贡献。增加值包括固定资产折旧、劳动者报酬、生产税净额、营业盈余。

三次产业 根据社会生产活动历史发展的顺序对产业结构的划分,产品直接取自自然界的部门称为第一产业,对初级产品进行再加工的部门称为第二产业,为生产和消费提供各种服务的部门称为第三产业。它是世界上通用的产业结构分类,但各国的划分不尽一致。我国的三次产业划分是:

第一产业 农业(包括种植业、林业、牧业、渔业等)

第二产业 工业(包括采掘工业、制造业、自来水、电力、蒸气、热水、煤气)和建筑业

第三产业 除第一、第二产业以外的其他各业。由于第三产业包括的行业多、范围广,根据我国的实际情况,第三产业可分为两大部门:一是流通部门,二是服务部门。具体又可分为四个层次。

第一层次:流通部门,包括交通运输业、邮电通讯业、商业饮食业、物质供销和仓储业。

第二层次:为生活服务的部门,包括金融、保险业、房地产业、公用事业、居民服务、旅游业、咨询信息和各类技术服务业等。

第三层次:为提高科学文化和居民素质服务的部门,包括教育、文化、广播电视事业、科研、卫生、体育和社会福利等。

第四层次:为社会公共需要服务的部门,包括国家机关、党政机关、社会团体以及军队和警察等。

总消费 是常住单位在一定时期内对于物质产品和服务的最终消费支出的供不应求总消费分为居民消费和社会消费。

(1)居民消费 是常住居民在核算期内为个人最终消费需求而购买的物质产品和服务的全部支出。一是居民以货币直接购买的用于生活消费的各种物质产品。包括各种耐用消费品和非耐用消费品支出,不包括居民购买的房屋和用于生产目的的支出;二是居民直接购买的用于生活消费的各种支出,包括交通费、房租、洗理、日用品修理、医疗保健、教育、文化、家庭保姆等支出;三是居民以实物工资获得的各种生活消费,包括居民得到的免费和低于市场价格获得的各种物质产品和服务;四是居民自产自用的计入核算期社会产品中的物质产品、自有住房的虚拟房租消费等。

(2)社会消费 包括政府消费和集体消费两部分。政府消费,是指政府部门向社会提供的公共服务支出和对居民提供的消费性货物和服务的转移支出;集体消费,是各种生产单位和团体支付与本身生产活动无关的仅供集体最终消费的物质产品和服务的支出。

总投资 是常住单位在核算期内对固定资产和

库存的投资支出合计，分为固定资产形成和库存增加。

(1)固定资产形成 是常住单位在核算期内建造和购置的固定资产的全部投资。包括各类房屋、建筑物、机器设备、役畜种畜、各种经济林木营造和在建工程等，不包括居民拥有的耐用消费品和作为纯军事目的而使用的耐用品。具体固定资产形成包括四个部分，一是由基本建设投资所形成的固定资产价值;二是由更新改造投资增加的固定资产价值;三是通过大修理增加的固定资产价值；四是由其他资金支出形成的固定资产价值。

(2)库存增加 常住单位在核算期内库存实物量变动的市场价值。期初与期末差额为正值表示库存增加,负值表示库存减少。具体包括生产单位从其他单位购买的原材料、燃料和各种储备物资等。二是生产单位生产的各种产成品、在制品、半成品等。

当年价格 指报告期的实际价格，如工厂的产品出厂价格，农产品的收购价格，商业的零售价格等。按当年价格计算，是指一些与货币表现的物量指标,如工农业总产值、地区生产总值等,按照当年的实际价格计算总量。使用当年价格计算的数字,是为了使国民经济各项指标互相衔接，便于考察当年社会经济效益,便于对生产和流通、生产和分配、生产和消费之间进行经济核算的综合平衡。

按当年价格计算的价值指标，在不同年份之间进行对比时,因为包含有各年间价格变动因素,不能确切地反映实物量的增减变动。必须消除价格变动因素后,才能真实反映经济发展动态。因此,在计算增长速度时都使用按可比价格计算的数字。

可比价格 指在不同时期的价格指标对比时,扣除了价格变动因素,以确切表示实物量的变化。按可比价格计算有两种方法：一种是直接用按产品产量乘其不变价格计算;一种是用物价指数换算。

平均每年增长速度 在我国计算平均增长速度有两种方法,一种是习惯上经常使用的“水平法”,又称几何平均法，是以间隔期最后一年的水平同基期水平对比来计算平均每年增长(或下降)速度。另一种是“累计法”,又称代数平均法或方程法,是以间隔期内各年水平的总和同基期水平对比来计算平均每年增长(或下降)速度。

在一般情况下，两种方法计算的平均每年增长速度比较接近,但在经济发展不平衡,出现大起大落时,两种方法计算的结果差别较大。

本《年鉴》内年所列的从某年平均增长速度的年份,均不包括基期年在内。如海南省办经济特区以来15 年的平均增长速度是以 1987 年为基期计算的，则写为 1988—2003 年平均增长速度,其余类推。

各个计划时期:表内所用各个“时期”代表的年份如下：

第一个五年计划时期(简称一五时期)为 1953 年到 1957 年

第二个五年计划时期(简称二五时期)为 1958 年到 1962 年

第三个五年计划时期(简称三五时期)为 1966 年到 1970 年

第四个五年计划时期(简称四五时期)为 1971 年到 1975 年

第五个五年计划时期(简称五五时期)为 1976 年到 1980 年

第六个五年计划时期(简称六五时期)为 1981 年到 1985 年

第七个五年计划时期(简称七五时期)为 1986 年到 1990 年

第八个五年计划时期(简称八五时期)为 1991 年到 1995 年

第九个五年计划时期(简称九五时期)为 1996 年到 2000 年

第十个五年计划时期(简称十五时期)为 2001 年到 2005 年

二、人　口

总人口数 是指一定时点，一定地区范围内的有生命的个人的总和。年度统计的年末人口数是指每年 12 月 31 日 24 时的人口数。户籍人口是在公安部门户籍登记的基础上取得的。常住人口是指:1.常住本市,并在本市登记了常住户口的人;2.已在本市常住半年以上,常住户口在外地的人;3.在本市居住不满半年,但已离开常住户口登记地半年以上的人;

4.普查时住在本市,常住户口待定的人;5.原住本市,普查时在国外工作或者学习,暂无常住户口的人。

农业人口和非农业人口 是按职业性质划分的人口分组。农业人口是指从事农、林、牧、渔业生产活动的劳动者及其赡(抚)养人口;非农业人口是指上述农业(农、林、牧、渔)以外的其他各种职业的劳动者及其赡(抚)养人口。由农业和非农业劳动者共同赡(抚)养的人口按其主要生活费用来源进行划分。

出生率 是指在一定时期内(通常为一年)出生人数(活产婴儿)与同期平均人口数之比,它反映了该时期人口出生水平,一般以千分率表示。计算公式:

$$出生率=\frac{年出生人数}{年平均人口数}\times1000‰$$

死亡率 是指在一定时期内(通常为一年)死亡人数与同期平均人口数之比,一般以千分率表示。计算公式:

$$死亡率=\frac{年死亡人数}{年平均人口数}\times1000‰$$

人口自然增长率 是指在一定时期内(通常为一年)人口自然增长数(出生人数减死亡人数)与同期平均人口数之比,一般以千分率表示。计算公式:

$$人口自然增长率=\frac{本年出生人数-本年死亡人数}{年平均人口数}\times1000‰$$

人口自然增长率=人口出生率-人口死亡率

年平均人口数是年初、年末人口数的平均数。

人口平均增长速度 指在两年以上的时期内,平均每年人口增长程度或增长速度(包括人口机械变动因素),最常用的计算方法是几何平均数法。计算公式:

人口平均增长率=人口平均发展速度-1

三、从业人员和职工工资

社会从业人员 指从事一定社会劳动并取得劳动报酬或经营收入的全部劳动力。包括国有经济单位、城镇及集体经济单位、其他各种经济类型单位全部职工和其他从业人员、城镇私营企业从业人员、城镇个体劳动者、农村社会劳动者。

职工 指在国有经济、城镇集体经济、联营经济、股份制经济、外商和港澳台投资经济、其他经济单位及其附属机构工作,并由其支付工资的各类人员。不包括城镇私营企业和乡镇企业从业人员。

在岗职工 指调查时期(点)在单位工作并领取工资的职工。

离开本单位仍保留劳动关系的职工(不在岗职工) 指调查时期(点)不在单位工作,但仍与单位保留劳动关系并由单位统计的职工。

长期职工 指用工期限在一年以上(含一年)的职工。包括原固定职工、合同制职工、长期临时工以及国有单位使用的城镇集体经济单位的人员和其他使用期限在一年以上的原计划外用工。

临时职工 指用工期限不超过一年的职工。包括各单位根据国家有关规定招用的,签订一年以内的劳动合同或使用期不超过一年的临时性、季节性用工。

其他人业人员 指劳动统计制度规定不作职工统计,但实际参加社会劳动并取得劳动报酬的人员。包括再就业的离退休人员、民办教师以及在各单位中工作的外方人员和港、澳、台人员。

私营企业和个体从业人员 指在工商行政管理部门登记和批准,领取私营企业营业执照或个体营业执照,直接参加生产经营活动,并领取劳动报酬的人员。包括在私营或个体经营机构中劳动的私营业主、个体户主、帮工、学徒、雇用人员。

乡镇企业从业人员 指在乡镇企业劳动,并领取劳动报酬的人员。

农村从业人员 指户口在农村,并参加各种劳动,以取得相应实物或现金收入的人员。不包括在私营企业、乡镇企业工作的人员。

职工工资总额 指各单位在一定时期内直接支付给本单位全部职工的劳动报酬总额。包括:计时工资(含基础工资和职务工资)、计件工资、资金、津贴和补贴、加班加点工资和其他工资。

不在岗职工生活费 指用人单位对不在岗职工支付的生活补贴费用,此生活费不具有劳动报酬性质,在统计上与在岗职工工资总额分离。

职工平均工资 指企业、事业、机关单位的职工在一定时期内平均每人所得工资额。它表明职工工资收入的高低程度，是反映职工工资水平的主要指标。计算公式：

$$职工平均工资=\frac{报告期实际支付的全部职工工资总额}{报告期全部职工平均人数}\times 1000‰$$

劳保福利费用总额 指各单位在工资以外实际支付给职工个人和用于集体的劳动保险及福利的费用,不包括用于职工的劳动保护费用。从企业来讲，劳保福利费不仅包括由职工福利基金支出的部分，而且还包括由企业营业外支出、企业基金或利润留成、工会文教费、企业管理费支出的部分。预算单位包括由职工福利费、公务费、差额补助费等支出的部分。具体包括范围是：

(1)退休离休退职费 包括退休人员的退休费、离休人员的离休人员的护理费、易地安家退休离休退职人员的安家补助费、对退休离休退职人员的副食品价格补贴、宿舍取暖补贴、医药费、困难补助以及根据国务院规定，支付给离休退休人员的生活补贴费等。

(2)职工死亡丧葬及抚恤费 包括职工因公死亡或因工负伤致成残废完全丧失劳动能力退职后死亡丧、葬费和职工因病或非因工死亡的丧葬补助费、救济费等。

(3)医疗卫生费 包括实行公费医疗企业的职工及其供养的直系亲属的医疗费、医务经费、职工因工负伤就医路费等。卫生部门开支的事业及机关职工的公费医疗经费，以及未参加公费医疗的企业、事业、机关职工的医药费,也包括在内。

(4)职工生活困难补助 指对生活困难的职工实际支付的定期补助和临时性补助。

(5)文娱体育宣传费 包括企业、事业及机关实际支付的文娱体育宣传费,不包括学习费。

(6)集体宣传事业的补贴费 指对职工浴室、理发室、洗衣房、哺乳室、托儿所等集体福利设施各项支出与收入相抵后的差额补贴费。

(7)集体福利设施费 指按照国家规定开支的集体福利设施费用,如职工食堂炊事用具的购置、修理费用、职工宿舍的修缮费用等。不包括由企业、事业、机关自筹经费开支的职工福利设施的基本建设费用。

(8)其它 指探亲路费、因工负伤医疗期间的伙食补助、计划生育补贴(独生子女儿童保健费)等。

四、农林牧渔业

农林牧渔业总产值 指以货币表现的农林牧渔业全部产品产量，用价值量形式综合说明一定时期农林牧渔业生产的总成果和总规模。

(1)农业产值,包括种植业和其他农业的主要产品和副产品产值。

(2)林业产值,包括林木的栽培、林产品的采集和村及村以下竹木采伐产值。

(3)牧业产值,包括大小家畜的繁殖、增长和增重,家禽饲养、活的畜禽产品和其他动物产品产值。

(4)渔业产值,包括捕捞的海水、淡水天然产品和养殖水产品产值。

农林牧渔业总产值通常采用“产品法”计算,即凡是有产品产量的，都按产品产量乘以其产品单价求得每种产品的产值，然后将四业产品的产值相加求得。

农林牧渔业增加值 指农林牧渔业总产出中扣除中间消耗的价值，是农林牧渔业生产经营的最终成果。

农林牧渔业中间消耗 指在农林牧渔业生产过程中所消耗的物质产品和劳务价值的总和。

粮食产量 指全社会的产量。包括国有经济经营的、集体统一经营的和农民家庭经营的粮食产量,还包括工矿企业家属办的农场和其他生产单位的产量。粮食除包括稻谷、小麦、玉米、高粱、谷子及其他粮外,还包括薯类和大豆。其产量计算方法,豆类按去豆荚后的干豆计算;薯类(包括甘薯和马铃薯,不包括芋头和木薯),1963 年以前按每 4 公斤鲜薯折 1 公斤粮食计算,从 1964 年开始及以后改为按 5 公斤鲜薯折 1 公斤粮食计算。其他粮食一律按脱粒后的原粮计算。

油料产量 指全部油料作物的生产量。包括花生、油菜籽、芝麻、向日葵籽、胡麻籽(亚麻籽)和其他油料。不包括大豆,也不包括木本油料和野生油料。花生以带壳干花生计算。

水产品产量 指人工养殖的水产品和天然生长

的水产品的捕捞量。包括海水的鱼类、虾蟹类、贝类，不包括淡水生植物。

猪、牛、羊肉产量 指当年出栏并已屠宰后除去头蹄下水后带骨头(即胴体重)的重量。

耕地面积 指可以用来种植农作物、经常进行耕锄的田地，除包括熟地、当年新开荒地、边疆撂荒未满三年的耕地和当年的休闲地(轮歇地)外，还包括以种植农作物为主并附带种植桑树、茶树、果树和其他林木的土地，以及沿海、沿湖地区已围垦利用的“海涂”、“湖田”等面积。但不包括属于专业性的桑园、茶园、果园、果木苗圃、林地、芦苇地、天然或人工草地面积。

农作物播种面积 指实际播种或移植有农作物的面积。凡是实际种植有农作物的面积，不论种植在耕地上还是种植在非耕地上，均包括在农作物播种面积中，同时党政军包括因遭灾而重新改种和补种的农作物面积，种一公顷算一公顷。

灌溉面积 指有效灌溉面积，指具有一定的水源，地势比较平整，灌溉工程或设备已经配套，在一般年景下当年能够进行正常灌溉的耕地面积。

农用化肥施用量 指实际用于农业生产的化肥数量。包括氮肥、磷肥和复合肥。化肥施用量分别按实物量和折纯量两种方法计算。折纯法化肥施用量是把氮肥、磷肥和钾肥分别按含氮、含五氧化二磷、含氧化钾的百分之一百成分折算后的数量。复合肥按其所含主要万分折算。

农业机械总动力 指主要用于农、林、牧、渔业的各种动力机械的动力总和。包括耕作机械、排灌机械、收获机械、农产品加工机械、运输机械、植物保护机械、牧业机械、林业机械、渔业机械和其他农业机械(内燃机按引擎马力折成瓦(特)计算，电动机按功率折成瓦(特)计算)。不包括专门用于乡、镇、村、组办工业、基本建设、非农业运输、科学试验和教学等非农业生产方面用的动力机械与作业机械。

农林牧渔业劳动力 指直接参加农林牧渔业生产劳动的劳动力和直接从事采集、捕捞、农户家庭兼营(即以农业为主，利用农闲时间进行的)工业生产等副业劳动的劳动力。

五、工 业

工业 指从事自然资源的开采，对采掘品和农产品进行加工和再加工的物质生产部门。具体包括：(1)自然资源的开采，如采矿、晒盐、森林采伐等(但不包括禽兽捕猎和水产捕捞)；(2)对农副产品的加工、再加工，如粮油加工、食品加工、轧花、缫丝、纺织、制革等；(3)对采掘品的加工、再加工，如炼钢、化工生产、石油加工、机器制造、木材加工等，以及电力、自来水、煤气的生产和供应等；(4)对工业品的修理、翻新，如机器设备的修理、交通运输工具(包括小卧车)的修理等。

独立核算工业企业，应同时具备下列三个条件：(1)行政上有独立的组织形式；(2)经济上独立核算，自负盈亏，编制独立的资金平衡表(或资产负债表)；(3)有权与其他单位签订合同，并在银行设有独立户头。独立核算工业企业不论是单一性生产或联合性生产的企业，均以整个企业作为一个基本填报单位。

国有经济工业（即过去的全民所有制工业或国营工业） 指生产资料和产品或收入归国有经济的工业企业(单位)。包括中央和地方各级国家机关、部队、科研机构、学校、人民团体和国有经济企事业单位等举办的国有经济工业。

集体经济工业 指生产资料和产品或收入归劳动群众集体所有的工业企业（单位）。包括城市、县（区）、镇(建制镇)以及城(镇)街道举办的集体经济工业和农村乡镇办工业、村办工业等。

其他经济类型工业 指除国有经济工业、集体经济工业和个体工业以外的其他经济类型工业企业（单位）。包括联营经济、国有与集体联营、国有与私人联营、集体与私人联营；股份制经济(股份有限公司、有限责任公司)；外商投资经济(中外合资经营、中外合作经营、外资企业)；港、澳、台投资经济(与大陆合资经营，与大陆合作经营，港、澳、台独资企业)及其他经济类型的工业。

轻工业 指主要提供生活消费品和制作手工工具的工业。按其所使用的原料不同，可分为两大类：(1)以农产品为原料的轻工业，是指直接或间接以农产品为基本原料的轻工业。主要包括食品制造、饮料制造、烟草加工、纺织、缝纫、皮革和毛皮制作、造纸以及印刷等工业;(2) 以非农产品为原料的轻工业,是指以工业品为原料的轻工业。主要包括文教体育用品、化学药品制造、合成纤维制造、日用化学制品、日用玻璃制品、日用金属制品、手工工具制造、医疗器械制造、文化和办公用机械制造等工业。

重工业 指为国民经济各部门提供物质技术基础的主要生产资料的工业。按其生产性质和产品用途,可以分为下列三类:(1)采掘(伐)工业,是指对自然资源的开采,包括石油开采、煤炭开采、金属矿开采、非金属矿开采和木材采伐等工业;(2)原材料工业,指向国民经济各部门提供基本材料、动力和燃料的工业。包括金属冶炼及加工、炼焦及焦炭化学、化工原料、水泥制品等工业,以及为农业提供的生产资料如化肥、农药等工业。

根据上述划分原则,修理业中以重工业产品为修理作业对象的划分为重工业,反之划分为轻工业。

工业总产值 是货币表现的工业企业在一定时期内生产的已出售或可供出售的工业产品总量,它反映一定时间内工业生产的总规模和总水平。它包括:在本企业内不再进行加工,经检验,包装入库(规定需包装的产品除外)的成品价值,工业性作业价值,自制半成品、在制品期末期初差额价值(生产周期较长的企业计算)、工业总产值采用"工厂法"计算,即以工业企业作为一个整体,按工业企业生产活动的最终成果来计算,企业内部不允许重复计算,不能把企业内部各个车间(分厂)生产的成果相加。但在企业之间、行业之间、地区之间存在着重复计算。

轻重工业总产值的划分也是按"工厂法"计算的,即一个工业企业在正常情况下生产的主要产品的性质属于轻工业,则该企业的产值作为轻工业产值;一个工业企业生产的主要产品性质属于轻工业,则该企业的产值作为轻工业产值;一个工业企业生产的主要产品性质属于重工业,则该工业企业的产值作为重工业产值。

工业销售产值 是以货币表现的工业企业在一定时期内销售本企业生产的工业产品产量。包括已销售的成品、半成品价值,对外提供的工业性作业价值,对本单位基本建设部门、生活福利部门等提供的产品和工业性作业及自制设备的价值。已销售的成品、半成品不论是本期生产的还是上期生产的,只要是本期销售出去的均包括在内。对外提供的工业性作业是指企业按合同对外提供的工业性劳务。企业为本单位基本建设部门、生活福利部门等提供的产品和工业性作业及自制设备也视同销售,这部分也作为销售统计。

工业销售产值的计算范围、计算价格和计算方法与工业总产值计算上一致,但两者计算的基础不同:工业销售产值计算的基础是产品销售总量,工业总产值计算的基础是工业产品生产总量。

工业增加值 是指工业企业在报告期内以货币形式的工业生产活动的最终成果,是企业全部生产活动的总成果扣除了在生产过程中消耗或转换的物质产品和劳务价值后的余额,是企业生产过程中新增加的价值。工业增加值有两种计算方法:一是生产法,即工业总产出减去工业中间投入;二是收入法,即从收入的角度出发,根据生产要素在生产过程中应得到的收入份额计算,具体构成项目有固定资产折旧,劳动者报酬,生产税净额,营业盈余,这种方法也称要素分配法。

工业企业主要经济指标

(1)固定资产原值 是指工业企业在建造,购置、安装、改建、扩建、技术改造固定资产时实际支出的全部货币总额。它一般包括买价、包装费、运杂费和安装费等。

(2)固定资产净值 是指固定资产原值扣除历年提取折旧后的净额。

(3)流动负债 是指在一年内或超过一年的一个营业周期内偿还的债务,其中包括短期借款、应付款项、预收货款、应付工资、应交税金、应交利润、其他应付款和存货款。

(4)长期负债 是指偿还期超过一年的一个营业周期以上债务,其中包括长期借款、应付债务、长期应付款项等。

(5)资本金 通俗地讲就是办企业的本钱。根据财政部颁布的《企业财务通则》规定,资本金是指企业在工商行政管理部门登记的注册资金。

(6)所有者权益 是企业投资人对企业净资产的所有权。企业净资产等于企业全部资产减去全部负债的余额，其中包括企业投资人对企业的最初投入以及资本公积金、盈余公积金和未分配利润，对股份制企业，所有者权益即为股东权益。

（7）利税总额 指工业企业的产品销售税金及附加和利润总额之和。不包括企业计入生产成本的各项税金。

（8）应交增值税 指纳税人当期应上交的增填税额。增值税是我国 1994 年财税制度改革的一项重要内容，它是指以商品生产流通和劳务服务各个环节的增值因素为征税对象征收的一种流转税。其基本特征是，以应税产品的销售额为计税依据，同时又允许从税额中扣除已税部分的税额，秦为应纳税额，一般纳税企业的应交增值税等于当期销项税额减去当期进项税额。

六、固定资产投资和建筑业

全社会固定资产投资 固定资产投资是社会固定资产再生产的主要手段。通过建造和购置固定资产活动，国民经济不断采用先进技术装备，建立新兴部门，进一步调整经济结构和生产力的地区分布，增强经济实力，为改善人民物质文化生活创造物质条件。

固定资产投资额是以货币表现的建造和购置固定资产活动的工作量，它是反映固定资产投资规模、速度、比例关系和使用方向的综合性指标。全社会固定资产包括国有经济单位投资、城乡集体所有制单位投资、其他各种经济类型单位投资和城乡居民个人投资。国有经济单位固定资产投资总额分为基本建设、更新改造、房地产开发投资和其他固定资产投资；城乡集体所有制单位投资包括城镇集体所有制单位投资和农村集体所有制单位投资；城乡居民个人投资包括城市、县城、镇、工矿区所辖范围内的个人建房和农村个人建房及购买生产性固定资产（使用年限在二年以上，单位价值在 50 元以上的生产资料）的投资。

基本建设投资 基本建设是指国民经济各部门新建、扩建、改建和恢复工程的建造和机器设备、加辆、船舶、飞机等的购置。

基本建设投资额是以货币表现的基本建设完成的工作量，是反映一定时期内基本建设规模和建设速度的综合性指标。它是根据工程的实际进度按预算价格（预算价格是编制施工图预算时用的价格）计算的工作量。没有形成工程实体的建筑材料和没有开始安装的设备，都不计算投资完成额。

基本建设投资完成额与财政上的基本建设拨（贷）款和财务支出是含义完全不同的指标，“基本建设投资完成额”是按预算价格计算的工作量；“拨（贷）款”是银行根据国家计划拨（贷）给建设单位用于基本建设的资金；“财务支出”是建设单位实际支出的金额。使用时应加以区别。

更新改造投资 更新改造是指企业、事业单位对其固定资产进行更新改造的工程和购置（不包括大修理和维护工程）。更新改造投资是以货币表现的更新改造完成的工作量。根据我国现行统计制度，基本建设和更新改造的划分是：（1）列入基本建设计划的项目作为基本建设投资，列入更新改造计划的项目作为更新改造投资；（2）更新改造计划与基本建设计划结合安排的项目和未列入计划的项目，根据工程性质分别作为基本建设投资和更新改造投资。属于对企业、事业单位原有设施进行技术改造或更新的项目和增建主要生产车间、分厂等，其新增生产能力或效益尚未达到大中型标准的项目，以及由于城市环境保护和安全生产的需要而进行的迁建工程，作为更新改造投资。

其他固定资产投资 其他固定资产投资是指国有经济单位按规定不纳入基本建设计划和更新改造计划管理的固定资产投资，具体包括：用油田维护费、石油开发基金进行的油田维护和开发工程；矿山、森工等采伐采掘工业用维简费进行的开拓延伸工程；交通部门用公路养路费对原有公路、桥梁进行的工程；商、粮、供销部门零星建造和购置固定资产其计划总投资在二万到五万元的单项工程和单台设备。

固定资产投资按国民经济行业类别分 是按企、事业单位所从事的生产或其他社会经济活动的性质的同一性进行的分类。固定资产投资统计中的国民经济行业分类，基本建设项目按建成投产后的主要产品种类或主要用途及社会经济活动种类来划分，一般情况下，一个基本建设项目只能属于一种国民经济行业；更新改造、其他固定资产投资根据整个企、事业单位所属的行业来划分，一般情况下，一个企、事业单位只能属于一种国民经济行业。

固定资产投资按建设性质分 建设项目的性质一般分为新建、扩建、改建、迁建、恢复。基本建设按建设项目划分建设性质，更新改造、国有单位其他固定资产投资及城镇集体投资按整个企业、事业单位的建设情况确定建设性质。目前基本建设和更新改造是根据我国现行的计划管理体制区分的，所以基本建设和更新改造都可以分别按新建、扩建和改建等划分。

(1)新建 一般是指从无到有，"平地起家"新开始建设的单位。有的单位原有的基础很小，经过建设后其新增加的固定资产价值超过原有固定资产价值(原价)三倍以上的也算新建。

(2) 扩建 一般是指为扩大原有产品的生产能力，在厂内或其他地点增建主要生产车间(或主要工程)、独立的生产线或总厂之下的分厂的企业；事业单位和行政单位在原单位增建业务用房，行政机关增建办公楼等)也作为扩建。

(3)改建 是指对原有设施进行技术改造或更新(包括相应配套的辅助性生产、生活福利设施)，没有增建主要生产车间、分厂等的企、事业单位。现有企业、事业单位为适应市场变化的需要，而改变企业的主要产品种类(如军工企业转产民用品等)，或原有产品生产作业线由于各工序（车间）之间能力不平衡，为填平补齐充分发挥原有生产能力而增建不增加本企业主要产品设计能力的车间，也应作为改建。

固定资产投资按构成分 固定资产投资活动按其工作内容和实现方式分为建筑工程，安装工程，设备、工具器具购置，其他费用四个部分。

(1)建筑工程(建筑工作量）指各种房屋、建筑物的建造工程。包括各种房屋建造工程；各种用途设备基础和各种工作窑炉的砌筑工程；为施工而进行的各种准备工作和临时工程以及完工后的清事工作等；铁路、道路的铺设，矿井的开凿及石油管道的架设等；水利工程；防空地下建筑等特殊工程。

(2)安装工程(安装工程量）指各种设备、装置的安装工程。包括各种机械设备的安装工程；为测定安装工作质量，对设备进行试运工作。

(3)设备、工具、器具购置 指购置或自制达到固定资产标准的设备、工具、器具的价值。固定资产的标准按财务部门规定。新建单位、扩建单位的新建车间、按照设计和计划要求购置或自制的全部设备、工具、器具，不论是否达到固定资产标准均计入"设备、工具、器具购置"中。

(4)其他费用 指除建筑安装工程和设备、工具、器具购置以外的投资完成额。它包括两种性质的费用，一种是属于增加固定资产的费用，主要有：建设单位管理费、土地、青苗等补偿费和安置补助费、各种经济林木的营造费、办公和生活家具、器具购置费、引进技术和进口设备项目的其他费用、联合试运转费等；一种是属于不增加固定资产的费用，主要有：施工机构转移费、生产职工培训费、农业开荒费用及报废工程损失费等。

基本建设项目按大中小型划分 基本建设划分大中小型项目原则上应按照上级批准的设计任务书或初步设计所确定的总规模或总投资划分，没有正式批准设计任务书或初步设计的，按国家或省、自治区、直辖市年度基本建设投资计划中所列的总规模或总投资划分，上述两条均不具备的，按本年计划施工工程的建设总规模或总投资划分。生产单一产品的工业项目，按产品的设计能力划分；生产多种产品工业项目，按其主要产品的设计能力划分；品种繁多，难以按生产能力划分的，按全部设计投资额划分。划分标准以国家颁发的《大中小型建设项目划分标准》为依据，国家曾在 1958 年、1962 年、1972 年、1977 年和 1979 年五次修订《大中小型建设项目划分标准》。因此，各历史时期的大中小型项目数不完全可比。

施工项目 指报告期内曾进行建筑或安装施工活动的建设项目。包括报告期内新开工项目，报告期以前开工跨入报告期继续施工的项目，报告期施工并在报告期内全部建成投产或缓建的项目。

全部建成投产项目 工业项目是指设计文件规定形成生产能力的主体工程及其相应配套的辅助设施全部建成，经负荷试运转，证明具备生产设计规定合格产品的条件，并经过验收鉴定合格或达到竣工验收标准，与生产性工程配套的生活福利设施可以满足近期正常生产的需要，正式移交生产的建设项目；非工业项目是指设计文件规定的主体工程和相应的配套工程全部建成，能够发挥设计规定的全部效益，经验收鉴定合格或达到竣工验收标准，正式移交使用的建设项目。

新增生产能力 指通过固定资产投资活动而增加的设计能力或工程效益，它是用实物形态表示的固定资产的成果。新增生产能力的计算，是以能独立发挥生产能力或效益的单项工程（或项目）为对象。当单项工程（或项目）建成，经有关部门鉴定合格、正式移交投入生产，即可计算新增生产能力。新增生产能力的数量一般按设计能力计算。设计文件中规定的在正常情况下能够达到的生产能力，而不论投产后的实际产量如何。以设备数量、建筑物容积、面积、长度等表示为新增生产能力（或效益），则按建成的实际数量计算。

施工和竣工房屋建筑面积 房屋建筑面积是从房屋的外墙线算起的各层平面面积的总和，包括房屋结构（如柱、墙）占用的面积和地下室面积。多层建筑按各自然层面积总和计算，包括房屋内的楼隔层，突出墙面的眺望间、门斗、有柱雨罩的面积。不包括突出墙面结构的构件、艺术装饰等所占的面积，如台阶等。凸阳台按其水平投影面积的一半计算建筑面积。

施工面积 指报告期内施工的全部房屋建筑面积。包括本期新开工的面积和上期开工跨入本期继续施工的房屋的面积，以及上期已停建在本期复工的建筑面积。

竣工面积 指在报告期内房屋建筑按照设计要求已全部完工，达到住人和使用条件，经验收鉴定合格的正式移交使用的单位的建筑面积。

新增固定资产 指通过投资活动所形成的新的固定资产价值。包括已经建成投入生产或交付使用的工程价值和达到固定资产标准的设备、工具、器具，投资及有关应摊入的费用。它是以价值形式表示的固定资产投资成果的综合性指标，可以综合反映不同时期、不同部门、不同地区的的固定资产投资成果。

建筑施工企业 指从事房屋、构筑物和设备安装生产活动的独立施工单位，分为建筑安装企业和自营施工单位两种组织形式。建筑安装企业是指行政上有独立公司、安装公司、工程公司、工程局（处）等。自营施工单位是指附属于现有生产企业、事业内部或行政单位的，为建造和修理本单位固定资产而自行组织的。并同时具备下述条件：(1)对内独立核算；(2)有固定组织和施工队伍；(2)全年施工期在半年以上。

建筑业总产值 是指建筑安装企业或单位在一定时期内所完成的以货币表现的建筑生产成果总量指标。按现行报表制度规定，具体包括施工产值、建安附属构件厂外销构件产值、建安附属勘察设计单位向外提供勘察设计工作的产值。

建筑业增加值 是指建筑安装企业和自营施工单位在一定时期内建筑施工活动最终成果的货币表现。计算方法有分配法和生产法，分配法即是把投入生产的要素各项收入相加求得，它包括职工工资、职工福利基金、利润、税金、支付给个人的费用、支付给本企业的费用、固定资产折旧，大修理基金等。

年末自有机械设备价值 指年末本单位自有施工机械、生产设备、运输设备的全部机械价值，分别按原值和净值计算，不包括非生产用的机械设备价值。

利润总额 指建筑施工企业在一定时期内所实现的利润。它包括工程结算利润、产品销售利润、作业销售利润、材料销售利润及其他销售利润、营业外收支差额，此外，在实行产值工资含量包干的企业，应扣除工资含量包干节余。

工程结算收入 是本企业承包工程实现的工程价额结算收入以及向发包单位收取的除工程价款以外按规定列作营业收入的各种款项，如临时设施费、劳动保险费、施工机构调迁费等以及身发包单位收取的各种索赔款。

七、交通运输和邮电通讯业

货物（旅客）运输量 指运输业实际运送的货物（旅客）数量。货物按吨计算，客运按人计算。货物不论运输距离长短，货物类别，均按实际重量统计；旅客不论行程远近或票价多少，均按一人一次作为旅客运量统计。半价票、小孩票也按一人统计。货(客)运输量反映运输业为国民经济和人民生活服务的数量指标，也是制定和检查运输生产计划，研究运输发展规模和速度的重要指标。

货物(旅客)周转量 指运输业运送的货物(旅客)数量与其相应运输距离的乘积之总和，通常以吨公里和人公里为计算单位。计算货物周转量通常按发出站一到达站之间的最短距离，也就是计费距离计算。它是反映运输生产总成果的重要指标，也是编制和检查运输生产计划、计算运输效率、劳动生产率以及核算运输单位成本的主要基础资料。

沿海主要港口货物吞吐量 指由水运进出沿海主要港口港区范围，并经过装卸的货物数量。吞吐量可以分为进口、出口。又可以分为国内贸易和对外贸易。货物吞吐量的货种分类及其主要流向流量，反映了港口在国内外物资交流和对外贸易运输中的地位和作用。

邮电业务总量 指以货币表现的邮电部门为用户传递信息和提供其他邮电服务的总量，它用各种邮电分类业务量，如函件件数、电报份数、长话张数、市内电话和农村电话的年均户数、订销报刊累计份数等，分别乘以相应的平均单位(不变价)加总后再加上出租电路和设备的收入、其他业务收入求得。邮电业务总量综合反映了一定时期邮电工作的总成果，是研究邮电业务量构成和发展趋势的重要指标。

八、批发零售贸易和餐饮业

社会消费品零售额 指各种经济类型的批发零售贸易业、餐饮业、制造业和其他行业对城乡居民和社会集团的消费品零售额和农民对非农业居民零售额的总和。这个指标反映通过各种商品流通渠道向居民和社会集团供应的生活消费品来满足他们生活需要，是研究人民生活、社会消费品购买力、货币流通等问题的重要指标。社会消费品零售额包括：(1)售给城乡居民作为生活用的商品和修建房屋用的建筑材料；(2)售给机关、团体、学校、部队、企业、事业单位的职工食堂和旅店(招待所)附设专门供本店旅客食用，不对外营业的食堂的各种食品、燃料；企业、单位和国营农场直接售给本单位职工和职工食堂的自己生产的产品；(3)售给部队干部、战士生活用的粮食、副食品、衣着品、日用品、燃料；(4)售给来华的外国人、华侨、港澳台同胞的消费品；(5)居民自费购买的中、西约品、中药材及医疗用品；(6)报社、出版社直接售给居民和社会集团的报纸、图书、杂志、集邮公司出售的新、旧纪念邮票、特种邮票、首日封、集邮册、集邮工具等；(7)旧货寄售商店自购、自销部分的商品；(8)煤气公司、液化石油气站售给居民和社会集团的煤气灶具和罐装液化石油气；(9)农民售给非农业居民和社会集团的商品。不包括售给国民经济各部门企业、事业单位(包括国有经济的农场)生产经营用的各种原材料、燃料、设备、工具等和售给批发零售贸易业、餐饮业作为转卖用的商品、旧货寄售商店受托寄售卖出的商品、服务业的营业收入、邮局出售邮票的收入、自来水、电力、煤气生产(供应)单位的产品供应收入，也不包括农民之间的商品销售。

批发零售贸易业零售额 指专门从事商品转买业务的各种经济类型独立核算的批发零售贸易企业和其他行业附营的批发零售贸易单位直接售给居民和社会集团的消费品零售额。

住宿和餐饮业零售额 指专门从事食品的烹饪、调制并直接零售给居民饮食的各种饭馆、酒馆、茶馆等餐饮业的零售额。包括各种企业单位附设对外营业的饭馆、火车餐车、轮船餐厅、车站食堂、机场餐厅的零售额。不包括旅店(招待所)专供本店旅客食用，不对外营业的食堂，机关、团体学校、企业、事业单位的职工食堂出售饭菜的收入。

其他行业零售额 指批发零售贸易业、餐饮业、工业制造业以外的其他行业的直接零售额。包括各种经济类型的交通运输业、邮电业、建筑业、居民服务业、公用事业、出版社等行业的零售额(跨行业的经济联合组织的零售额，按其主营活动确定其所属行业，列入该行业的零售额内)。

商品销售总额(销售合计) 指售予本企业以外的单位和个人的商品金额(含增值税)。销售总额包括零售额和批发额两部分，其中零售额包括：售予居民和社会集团商品的金额;批发额包括:售予生产经营单位商品的金额和出口商品的金额。这个指标反映批发零售业在国内市场上销售商品以及出口商品的总量。

商品销售总额具体包括:

(1)售予城乡居民和社会集团的商品;

(2)售予国民经济各行业用于生产、经营用的商品;

(3)售予批发零售业作为转卖或加工后转卖的商品;

(4)对国(境)外直接出口的商品。

商品销售总额不包括:

(1)未通过买卖行为付出的商品,如随机构变动移交给其他企业单位的商品、借出的商品、归还受其他单位委托代保管的商品、付出的加工原料和赠送给其他单位的样品等;

(2)经本单位介绍,由买卖双方直接结算,本单位只收取手续费的业务;

(3)购货退回的商品;

(4)商品损耗和损失;

(5)出售本单位自用的废旧物资。

商品销售的计算方法:

商品销售的计算是按商品已经售出、商品所有权已经转移给买方后,以收到货款或取得收取货款的证据时作为商品销售。具体计算处理办法:

(1)采取直接收款方式的,在实际收到货款或取得收款的凭证时作为商品销售;采取托收承付和委托银行收款结算方式的,在发出商品并办妥托收手续时作为商品销售;采用分期收款方式的,按合同约定的收款日期作为商品销售;采用预收贷款方式的,在商品发出时作为商品销售。

(2)委托其他单位代销商品,以收到代销单位的销售清单时作为商品销售。在交款提货的情况下,如货款已经收到,只要帐单和提货单已经交给买方,不论商品是否发出,都应作为商品销售。

(3)出口商品销售,陆路以取得承运货物收据或铁路联运运单、海运已取得出口装船提单、空运以取运单并在银行办理了交单作业作为商品销售。预收货款不通过银行交单的,取得以上提单、运单后作为商品销售。出口商品一律以离岸价(FOB)计算商品销售,如按到岸价(CIF)对外成交的,应扣除商品离境后发生的由我方负担得以外汇支付的国外运费、保险费、佣金(不包括不易按商品认定的累计佣金)、银行财务费和对外理赔款等作为商品销售。

(4)自营进口商品销售,企业与境内用户签订合同实行货到结算的,在商品到达我国境内港口取得船舶到港通知,企业向订货单位开出结算凭证时作为商品销售;合同规定对境内实行单到结算的,企业凭境外帐单向订货单位开出结算凭证时作为商品销售;已先期到达并在相应的仓储企业单位库存的进口商品,企业凭出库单向用户开出结算凭证后作为商品销售。

零售额 指批发和零售业售予城乡居民用于生活消费和社会集团用于公共消费的商品金额。具体包括:

(1)售予城乡居民的各种生活消费品;

(2)售予人境旅游的外国人、华侨、港澳台同胞的各类商品;

(3)售予行政事业单位、社会团体、军队和武警等机构的商品,以及以零售方式售予各类企业的商品。具体包括:用于非生产和社会交往的办公用品,如通讯设备、计算器具和设备、电讯网络设备、文印设备、音像视听器材和设备、纸张、本册、文具及装订文印材料、家具、日用电器、针纺织品,清洁卫生用品、文体用品、奖品、经念品、礼品等;供内部人员乘坐的交通工具和燃料;用于办公设施修缮的各类配件、材料、工具等;用于取暖和防暑降温的设备、燃料、材料及食品等;专用于教学的用品和设备;非营利医疗机构的中、西药品、中药材和医疗设备器材;非专用的劳动保护用品;不对外营业的内部食堂用的餐具、炊具、设备、清洁卫生工具和食品、燃料等;军队、武警用于其人员生活的衣着品和个人用品;其他各类非生产性设备和用品。不包括:

(1)售予城乡居民已确知是用于生产、经营的商品;

(2)售予各类农业生产者的生产资料类商品;

(3)售予企业单位生产上专用的劳动保护用品

批发额 指批发零售企业单位向生产经营企业

单位销售的商品金额。具体包括:

(1)售予国民经济各行业用于生产经营、勘察设计、科研试验等的商品;加油站售予生产及营运用的运输工具的石油及制品类商品;售予民政部门救灾用的商品。

(2)售予批发零售业、餐饮业和其他服务行业用于转卖的商品。

(3)直接向境外出口的商品和委托外贸部门代理出口的商品。不包括售给外贸出口或加工后出口的商品以及在境内市场以外币销售的商品。外贸企业只统计自主出口的商品,不包括代理出口的商品。

住宿和餐饮业营业额 指住宿和餐饮业法人企业、产业活动单位在经营活动中因提供服务或销售商品等取得的收入。包括:客房收入、餐饮收入、商品销售收入和其他收入。

客房收入 指住宿和餐饮业法人企业、产业活动单位在经营活动中因提供住宿服务取得的客房收入。

餐费收入 指住宿和餐饮业法人企业、产业活动单位因为顾客提供就餐服务取得的收入。包括:经烹饪、调制加工后出售的各种食品,如主食、炒菜、凉拌菜等的收入。

商品销售收入 指住宿和餐饮业法人企业、产业活动单位伴随服务而出售商品所取得的收入。

其他收入 指营业收入中除客房收入、餐费收入、商品销售收入以外的其他收入。包括:娱乐、健身和商务服务等。

九、原材料和能源消费

原材料消费 指独立核算的法人企业在报告期内实际使用原材料的数量,包括主营活动用和附营活动用实际使用的原材料的数量,并包括由本企业(作为投资单位)代填的乡镇建筑企业为完成本企业建设项目而实际使用的原材料数量。原材料消费数量分别用实物量和价值量表示。

原材料消费的原则:“谁消费谁统计”,即原材料的哪个企业使用,就由哪个企业统计消费。原材料核算方法:原材料进入第一道生产工序,改变了原来的形态或性能,或者已经实际投入使用,即作消费统计。

能源消费 指独立核算的法人企业在报告期内实际使用的能源数量,包括主营活动和附营活动实际使用能源数量;并包括由本企业(作为投资单位)代填的乡镇建筑企业为完成本企业建筑项目而实际使用的能源数量。能源消费数量用价值和实物量表示。

消费的核算原则:“谁消费谁统计”,即能源在哪个企业使用,就由哪个企业统计消费。

消费的核算方法:能源进入第一道工序,改变了原来的形态或性能,或者实际投入使用,即作消费统计。

能源库存 指独立核算法人企业在报告期初、期末实际结存的原材料、能源的数量和价值。

库存的核算原则:“谁支配谁统计”,即凡是本企业有权支配动用的原材料、能源,不论存放在何处,都应作本企业库存统计;反之,本企业无权支配动用的原材料、能源,即使存放在本企业仓库,也不能作为本企业库存统计。

库存的核算方法:凡是本企业有权支配动用的某一实点实际结存的原材料、能源都应作本企业库存统计。

十、对外经济贸易和旅游业

进出口总额 海关进出口总额是指实际进出我国国境的货物总金额,包括对外贸易实际进出口货物,来料加工装配进出口货物,中外合资企业、合作企业和外商独资企业进出口货物和公用物品,以及国家间、联合国及国际组织无偿援助的物资和赠送品、华侨、港澳同胞、外籍华人的捐赠品的金额。进口按到岸价计算,出口按离岸价计算。

利用外资 是指我国各级政府、部门、企业、中国银行和其他单位通过对外借款、吸收客商直接投资和商品信贷及其他方式,从国外和港澳地区筹措的资金。

对外借款 是我国利用外资的主要部分,包括我国通过外国政府贷款、国际金融组织贷款、外国银行的买方信贷和现汇贷款以及对外发行债券和股票等方式,从国外和港澳地区借用的资金。

客商直接投资 是指外国企业和经济组织或个人（包括华侨、港澳同胞以及我国在增外注册的企业）按我国有关政策、法规，在我国境内开办独资企业、与我国境内的企业或经济组织共同举办合资企业、合作经营企业或合作开发资源的投资以及客商从企业得到收益的再投资。

主营业务收入 工业为产品收入；建筑业为工程结算收入；运输、邮电业为主营业务收入；批发、零售贸易业、餐饮业为商品销售收入或营业收入；房地产、公用事业、服务业和其他行业为经营收入。

主营业务成本 工业为产品销售成本；建筑业为工程结算成本；运输、邮电业为营业成本；批发、零售贸易业、餐饮业为商品销售成本或营业成本；房地产、公用事业、服务业和其他行业为经营成本。

营业税金及附加费 指企业销售产品或提供劳务者等主营业务应负担的产品税、营业税、城市维护建设税、资源税和教育费附加。

应交增值税 企业在报告期内应交纳的增值税额的合计。

增值税 = 销项税额 + 出口退税 + 进项税额转出数 – 进项额

利润总额 指企业在一定时期内实现的盈亏总额，是企业最终的财务成果，包括营业利润、补贴收入、投资收益、营业外净收入等，即：营业利润 + 补贴收入 + 投资收益 + 营业外收入—营业外支出。

旅游人数 指来我国参观、访问、旅行、探亲、访友、休养、考察、参加会议和从事经济、科技、文化、教育、体育、宗教等活动的外国人、华侨、港澳同胞和台湾同胞的人数，不包括外国在我国的常驻机构，如使领馆、通讯社、企业办事处的工作人员和来我国常住的外国专家、留学生等。

旅游外汇收入 指国内各部门为来我国旅游的外国人、华侨、港澳和台湾同胞提供商品和劳务而得到的外汇收入。包括供应商品、饮食和提供住宿、交通、邮电、文化娱乐导游等各项服务所得的全部外汇收入。

十一、财政和金融保险业

财政收入 国家财政参与社会产品分配所得的收入，是实现国家职能的财力保证。财政收入所包括的内容几经变化，目前主要包括：

(1)各项税收 包括增值税、营业税、消费税、土地增值税、城市维护建设税、资源税、城市土地使用税、印花税、固定资产投资方向调节税、个人所得税、企业所得税、关税、农牧业税和耕地占用税等。

(2)专项收入 包括征收排污费、征收城市水资源费收入，教育费附加收入等。

(3)其他收入 包括基本建设贷款归还收入、国家能源交通重点建设基金收入、国家预算调节基金等。

(4)国有企业计划亏损补贴 这项为负收入，冲减财政收入。

财政支出 国家财政将筹集起来的资金进行分配使用，以满足经济建设和各项事业的需要，主要包括：

(1)基本建设支出 指按国家有关规定，属于基本建设范围内的基本建设有偿使用、拨款、资本金支出以及国家批准对专项和政策性基建投资贷款，在部门的基建投资额中统筹支付的贴息支出。

(2)企业挖潜改造资金 指国家预算内拨给的用于企业挖潜改造资金和企业挖潜改造贷款资金，为农业服务的县办“五小”企业技术改造补助，挖潜改造贷款贴息支出。

(3)支援农村生产支出 国家财政支援农村集体(户)各项生产的支出。包括对农村举办的小型农田水利和打井、喷灌等的补助费；对农村水土保持措施的补助费；对农村举办的小水电站的补助费；特大抗旱的补助费；农村开荒补助费；扶持乡镇企业资金；农村农技推广和植保补助费；农村草场和畜禽保护补助费；农村造林和林木保护补助费；农村水产补助费；发展粮食生产专项资金。

(4)农林不利气象等部门的事业费用 国家财政用于农垦、农场、农业、畜牧、农机、林业、森工、水利、水产、气象、乡镇企业的技术推广、良种推广(示范)、植物(畜禽、森林)保护、水质监测、勘探设计、资源调查、干部训练等项费用，园艺特产场补助费，中等专业学校经费，飞播牧草试验补助费，营林机构、气象机构经费，渔政经费以及农业管理事业费等。

（5）文教科学卫生事业费 国家预算用于文化、出版、文物、教育、卫生、中医、公费医疗、体育、档案、地震、海洋、通讯、广播电影电视、计划生育、党政群干部训练、自然科学、社会科学、科协等项事业的经费支出和高技术研究专项经费。主要包括工资、补助工资、福利费、离退休费、助学金、公务费、设备购置费、修缮费、业务费、差额补助费。

（6）抚恤和社会福利救济费 国家预算用于抚恤和社会福利救济事业的经费，包括由民政部门开支的烈士家属和牺牲病故人员家属的一次性、定期抚恤金，革命伤残补助费、烈军属、复员退伍军人生活补助费、退伍军人安置费，优抚事业单位经费，烈士纪念建筑物管理、维修费，自然灾害救济事业费和特大自然灾害灾后重建补助费等。

（7）行政管理费 包括行政管理支出，党派团体补助支出，外交支出，公安安全支出，司法支出，法院支出，检察院支出和公检法办案费用补助。

（8）价格补贴支出 经国家批准，由国家财政拨给的政策性补贴支出，主要包括粮食加价款，粮、棉、油差价补贴，棉花帐购价外奖励款，副食品风险基金，市镇居民的肉食价格补贴，平抑市场物价，蔬菜价差补贴等，以及经国家批准的课本、报刊新闻纸等价格补贴。

中央财政收入和地方财政收入 按财政体制划分的中央本级收入和地方本级收入。1994 年分税制财政体制以后，属于中央财政的收入包括关税、海关代征消费税和增值税，消费税，中央企业所得税，地方银行和外资银行及非银行金融企业所得税，铁道、银行总行、保险总公司等集中缴纳的营业税、所得税、利润和城市维护建设税，增值税的 75%部分，海洋石油资源税和证券（印花）税 50%部分。属于地方财政的收入包括营业税，地方企业所得税，个人所得税，农牧业税，农业特产税，耕地占用税，契税，增值税的 25%部分，证券交易税（印花税）的 50%部分和除海洋石油资源税以外的其他资源税。

存款余额 存款是指企业、机关、团体和个人根据可以收回的原则，把货币资金存入银行或其他信用机构保管并取得一定利息的一种信用活动形式。存款余额是指在某一时点上的存款账户上结存的金额，它反映在一定时点上的存款数量。银行存款主要来源：企业存款、财政存款、机关团体存款、城镇居民存款和农村存款等。

农村存款 农村存款是指农村集体、个体等单位在银行的存款。它包括：1.乡镇企业事业存款；2.农村集体农业和个体户存款；3.信用社存款。

贷款余额 贷款是银行或其他信用机构根据必须归还的原则，按一定的利率和期限，为企业、个人等提供货币资金的一种信用活动形式。贷款余额是指在某一时点上贷款帐户上的结欠金额，它反映在一定时点上的贷款数量。银行贷款主要有工商企业和建筑安装企业流动资金贷款、固定资产贷款、农业贷款等。

城镇居民储蓄存款 是指城镇居民个人在银行的存款。城镇居民包括城市和农村集镇居民人数。

农村居民储蓄存款 是指农村居民个人在信用合作社的存款，它不包括农村居民个人直接存入银行的资金。

承保额 保险人承担赔偿或者给付保险金责任的最高限额。

保费 投保人为取得保险保障，按保险合同约定向保险人支付的费用。

赔款 保险人对保险事故造成的损失，根据合同约定向被保险人或受益人给予的经济补偿。

十二、物　价

居民消费价格指数 是反映居民家庭购买生活消费品和支出服务项目费用价格变动趋势和程度的相对数。编制居民消费价格指数，其目的在于观察居民生活消费品及服务项目价格的变动对城乡居民生活的影响，为各级党政领导掌握居民消费状况，研究和制定居民消费价格政策、工资政策以及为新国民经济核算体系中有消除价格变动因素的可比价格核算提供科学依据。居民消费价格指数还是反映通货膨胀的重要指标。

商品零售价格指数 是商品零售价格和集市成交价格的综合平均水平与基期水平对比的相对数。编制零售价格指数，其目的在于掌握商品零售的平均价格水平，为国家制定经济政策提供依据。同时，还可在此基础上编制其它各种派生的价格指数，为研究城乡市场流通和新国民经济核算体系提供科学依据。

十三、人民生活

城镇居民家庭就业人口 指从事社会劳动并取得劳动报酬或经营收入的人口。不论在国有经济单位、集体所有制单位、其他各种经济类型单位工作或从事个体经营，不论有固定性职业或临时性职业都是就业人口。各学校在校学生在假期参加劳动，虽然领取一定的报酬，但不计算为就业人口。

“就业人口”包括“国有经济单位职工”、“集体所有制单位职工”、“其他各种经济类型单位职工”、“个体经营者”、“个体被雇人员”、“离退休再就业人员”及“其它就业人口”等七项。

城镇居民现金收入 指城镇居民现金的实际收入和借贷收入。

城镇居民可支配收入 指城镇居民家庭在支付个人所得税之后，所余下的实际收入。

城镇居民现金支出 指城镇居民现金的实际支出和借贷支出。

城镇居民家庭消费性支出 指调查户购买商品和用于服务的全部支出，共分八类：食品；衣着；家庭设备、用品及服务；医疗保健；交通和通信；娱乐、教育、文化服务；居住；杂项商品和服务。购买商品支出是指从商店、集市、饮食业、工作单位食堂以及直接从工厂和农村购买各种商品的支出，包括自用的和赠送亲友的在内；服务支出是指调查户用于社会提供的各种文化和生活服务方面的支出，包括各种修理费、加工费、洗理美容费、保姆费、劳务费等。

农民家庭总收入 指农民年内从各种来源渠道得到的全部实际收入。它包括从集体统一经营收入（包括承包集体生产和家庭副业收入，未扣除物耗、税收部分）和其他借贷性收入。不包括储蓄借贷收入。

农民家庭纯收入 指农民全年总收入扣除费用性支出后可以直接用于进行生产和非生产性建设投资、改善生活积蓄的那一部分收入，它是反映农民家庭实际收入水平的综合性的主要指标。全年纯收入的计算公式是：

全年纯收入 = 全年总收入 — 家庭经营费用支出 — 缴纳税款 — 生产性固定资产折旧 — 上交集体承包任务 — 调查补贴

农民家庭总支出 指农民家庭全年用于生产、生活和再分配等方面的全部实际支出。包括家庭经营支出、缴纳税款、上交集体的承包任务、购买生产性固定资产支出、生活消费支出和其他非借贷性支出。储蓄借贷性支出不包括在内。

农民家庭生活消费支出 指农村常住居民家庭年内用于日常生活的全部开支。它是用来反映和研究农民家庭实际生活消费水平高低的重要指标。农民家庭生活消费支出，包括用于吃、穿、住、用等生活消费品支出和文化、生活服务费用开支两大部分。

十四、科技、教育、卫生、文化和体育

普通高等学校 按照国家规定的审批程度批准举办、通过全国统一招生考试、招收中等学校高中毕业生及具有同等学历者，实施高等教育，培养高等专门人才的学校。包括大学、专门学院、专科学校和短期职业大学。

成人高等学校 按照国家规定的审批程序批准举办、招收高中毕业或同等学历者，利用多种形式对成人实施高等教育，培养相当普通高等学校专科或本科专业水平的专门人才的学校。包括广播电视大学、农民高等学校、干部管理学院、教育学院、独立函授学校以及普通高等学校、职工高等学校举办的函授、夜大学等。

中等学校 按照国家规定的审批程序批准设立的、招收小学、初中（或部分高中）毕业生或同等学历者，实施普通中学教育或中等专业技术、职业技术教育的学校。包括中等专业学校、农业中学和职业中学、技工学校、普通中学。

中等中专学校 经国务院部、委或省人民政府批准举办，招收初中（或部分高中）毕业生或同等学历者，实施中等专业教育，培养中等专门人才学校。招收高中毕业生的，修业年限一般为二至三年。

中等专业学校分为中等技术学校和中等师范学校两大类。中等技术学校包括工业、农业、林业、医

药、财经、大法、体育、艺术等学校；中等师范学校包括培养小学教师的普通师范学校，培养小学外语课师资的外国语师范学校，培养幼儿园教养员的幼儿师范学校等。

农业中学和职业中学 是经县以上教育行政部门批准设立，招收初中和小学毕业生或同等学历者，进行职业（技术）教育和普通教育的学校。

技工学校 经国务院部、委或省人民政府批准设立，招收具有初中毕业文化程度的在职工人或初中、高中毕业生，进行技术培训，培养具备中等技术水平的熟练工人的学校。

普通中学 是经县以上教育行政部门批准设立的，招收小学、初中毕业生，实施普通中学教育的学校。

小学校 经县以上教育部门批准设立，招收学龄儿童，实施初等教育的学校。

幼儿园 指招收三周年以上学龄儿童进行学前教育，并具有三个班以上规模的学前教育单位。

毕业生数 指上学年度内，具有学籍的学生学完教学计划规定的全部课程，考试及格，实际毕业的学生数。不包括结业生和肄业生数。

招生数 新学期开始时，一年级实际招收入学的新生数。

在校学生数 学年初具有学籍的在校学生总数。

教职工数 在学校中工作的固定教职工人数。包括校本部、科研机构、校办工厂、农（林）和附属机构的人员。但不包括：离休、集体所有制的退休、退职人员；学校办的集体所有制单位和学校附属机构中属于集体职工；代课教师和各种临时工。

专任教师 主要从事教学工作的人员。包括临时（一年以内）调去帮助做其他工作的教学人员。但不包括调离教学岗位，担任行政领导工作或其他工作的原教学人员。

学龄儿童入学率 学年初已入小学的学龄儿童数占校内外学龄儿童总数的百分比。

计算公式为：

$$学龄儿童入学率=\frac{学年初已入学学龄儿童数}{学年初校内外学龄儿童总数}\times 100\%$$

卫生机构 从事医疗保健事业的医院，疗养院、所门诊部、所，专科防治所、站，卫生防疫站，妇女保健所、站，药品检验所、室等的总称。

卫生技术人员 卫生事业机构支付工资的全部固定工和合同制职工中现任职务从事卫生技术工作的人员。包括中医师、西医师、中西医结合高级医师、护师、中药师、西药师、检验师、其他技师、中医士、西医士、护士、助产士、中药剂士、西药剂士、检验士、其他技士、其他中医、护理员、中药剂员、西药剂员、检验员、其他初级卫生技术人员。

医生 经卫生部门审查合格，从事医疗工作的专业人员，包括中医师、西医师、中西结合高级医师、中医士、西医士和其他中医。

电影放映单位 拥有放映机器设备、有固定或不固定的放映场所与专职或兼职的电影放映技术人员，经文化行政部门登记批准，经常为观众放映电影的单位。包括：电影院、影剧院、电影放映队、对外开放的礼堂、俱乐部、对内的礼堂、俱乐部等。

艺术表演团体 从事戏曲、音乐、舞蹈、杂技等专业艺术表演，有独立账户，实行独立核算的团体。

十五、城市建设、海洋开发和环境保护

自来水厂生产能力 是指自来水取水、净化、送水、出厂输水干管等环节的综合生产能力，按实际生产能力计算。供水高峰阶段、超负荷增加的生产能力不予计算。不包括各单位自备水源能力，但包括厂矿企业为全市服务的自备水源能力。

各单位自备水源能力 是指城建部门供水系统以外的厂矿、企业、服务行业、机关、学校等的自备水源能力（如厂矿企业自备水源为全市服务，已计算在公用自来水厂生产能力内，则不重复计算）。

供水总量 是指自来水厂供出厂外的全部水量，包括有效供水量及损失水量。

年末营运汽车 是指经上级主管机关核准用于营运业务的全部车辆数。包括技术完好的、在修的、待修的、长期停驶的以及拟报废尚未经批准的车辆。

客运总量 是指城市公共交通企业实际运送的乘客人数，包括月票乘客人次、普通乘客人次和团体包车乘客人次。

年末实有铺装道路长度与面积 城市道路是指城区和郊区范围内修筑的交通路线，包括全市性干道、高速道路、工业区道路和住宅区道路，但不包括土路和街坊内部的胡同、里弄。道路长度与面积是指除土路外的路面经过铺装的道路，包括高级、次高级道路和普通道路。

城市下水道长度 下水道是凡是超汇集排除户院、街坊、工厂、学校雨污水作用，埋在地下各种结构的管道。下水道总长度是所有排水总管、干管、支管及暗渠、检查井、连接井进出水口等长度之和。

城市园林绿地总面积 是指城市公共绿地、专用绿地、生产绿地、防护绿地、郊区风景名胜区的全部面积。

公共绿地是指供游览休息的各种公园、动物园、植物园、陵园以及花园、游园和供游览休息用的林荫道绿地，广场绿地，不包括一般栽植林荫道的面积；专用绿地是指居住区以及工厂、机关、学校、医院、部队等单位的绿地；生产绿地是指为城市园林绿化生产苗木、花草的苗圃、草圃以及果园、竹园等；防护绿地是为保护和改善城市环境的各种防护林带；郊区风景名胜区是指城市郊区的风景名胜区。包括市区构不成风景区的风景林面积。

年末实有房屋建筑面积 是指年末城区及郊区（不包括县、镇）范围内各类房屋建筑面积的总和。包括住宅、工业、交通、商业、广教、卫生、服务行业、机关、其他等方面用房。

年末实有住宅建筑面积 是指城市居民居住的房屋（工厂、企业、医院、机关、学校的集体宿舍和家属宿舍包括在内）建筑面积。城市其他专门用途的房屋，如托儿所、病房、疗养院、旅馆等不统计在住宅内。

城市居住人口 是指与房屋居住面积统计范围一致的居住城区和郊区的非农业人口数。

平均每人居住面积 是指年末平均每个城市居民实际居住的面积，即年末实有住宅居住面积和城市居住人口相除所得。

废水排放总量 包括生产废水和生活污水。生产废水指企、事业单位在生产、科研过程中向外环境排放的所有热电厂放口的废水量总和。生活污水指城镇居民区和企、事业单位职工集中居住区排放的污水量。

工业废水排放量 指经过工业企业所有排放口排到企业外的生产废总量，包括外排的直接冷却水和矿区超标排放有毒有害矿井地下水，但不包括外排的间接冷却水（清污不分流的应计算在内）。

工业废水达标量 指全面达到国家排放标准的外排工业废水量（包括经营处理和未经处理的），但不包括虽经处理仍未达到国家排水标准的工业废水。国家尚未正式颁布标准的，以地方制订的标准为准。

工业废水处理量 指经过各种处理装置净化处理后的外排工业废水量（包括虽经处理仍未达到国家或地方标准的外排工业废水量）。

废气排放总量 指燃料燃烧和生产工艺过程中排放的各种废气总量，以标准状态下每年万标立方米表示。

燃料燃烧过程中废气排放量 指燃煤、油、气锅炉及工业窑炉在燃烧过程中所排废气的总量。

消烟除尘的废气量 指经过消烟除尘装置处理的烟气量。

工业粉尘排放量 指生产工艺过程中排放的固体粉状物重量。

工业粉尘加收量 指经过各种回收处理装置回收的工业粉尘和尘泥量（包括干法和湿法）。

工业固体废物生产量 指工矿企业、事业单位在生产（试验）过程中产生的固体废弃物总量，不包括矿山开采的剥离废石和掘进废石（煤矸石除外）。

工业固体废物综合利用量 指已用作农业肥料、造田、生产建筑材料，以及其他方式综合利用的工业固体废物量（不包括填埋和焚烧量）。

“三废”综合利用产品产值 指企业利用“三废”作为主要原料生产和回收利用的产品出售后所得的利润额。